HISTOIRE

DE LA DÉTENTION

DES PHILOSOPHES ET DES GENS DE LETTRES.

IMPRIMERIE DE FIRMIN DIDOT,
RUE JACOB, N° 24.

LE DONJON DE VINCENNES

HISTOIRE
DE LA DÉTENTION
DES PHILOSOPHES
ET DES GENS DE LETTRES
A LA BASTILLE ET A VINCENNES,

PRÉCÉDÉE DE CELLE

DE FOUCQUET, DE PELLISSON
ET DE LAUZUN,

AVEC TOUS LES DOCUMENTS AUTHENTIQUES ET INÉDITS.

PAR J. DELORT.

Tome Troisième.

PARIS.
FIRMIN DIDOT PÈRE ET FILS, LIBRAIRES,
RUE JACOB, N° 24.

1829.

HISTOIRE

DE LA

DÉTENTION DES PHILOSOPHES

ET DES GENS DE LETTRES.

L'ABBÉ DU LAURENS
ET GROUBENTALL DE LINIÈRE.

L'homme qui exerce les délicates fonctions du sacerdoce doit être conduit dans tous les instants de sa vie par le désir de faire le bien. Toutes ses pensées doivent tendre à ce but. Nous verrons si un ex-mathurin, dont nous allons entretenir le lecteur, suivit ce précepte, et si la vertu présida toujours à la composition de ses écrits.

Henri - Joseph Du Laurens, dont le père

était chirurgien-major du régiment de la Roche-Guyon, naquit à Douai, le 27 mars 1719. A peine eut-il terminé ses études, qu'il fit avec le plus brillant succès au collége de cette ville, que sa mère, femme d'une piété exemplaire, le plaça chez les chanoines réguliers de la Trinité, et, le 19 novembre 1737, il fut admis à la profession.

Doué d'une grande vivacité d'esprit et d'une imagination des plus ardentes, le jeune Du Laurens se livra tout entier à l'étude des belles-lettres et de la théologie. Il excita bientôt contre lui la jalousie de ses confrères, par l'étendue de ses connaissances; et peut-être son caractère méfiant, inquiet, turbulent et caustique fut-il cause de la mésintelligence qui régna entr'eux. Aussi les désagréments qu'il éprouva le déterminèrent-ils à demander sa translation dans l'ordre de Cluni. Mais ayant été refusé dans une maison de cet ordre, il protesta juridiquement contre ce refus, et se rendit à Paris, espérant trouver dans la carrière des lettres la gloire et la fortune, objet de ses vœux et de son ambition. Son espoir n'était pas sans fondement, car son génie était semblable à ces sources abondantes qui jaillissent sans cesse et ne tarissent jamais. De plus, il était né poète, écrivait parfaitement en prose, et joignait à ces rares talents une facilité inconcevable et des saillies heureuses. Mais comment aurait-il pu se soustraire aux contrariétés qui assiégent en général la vie humaine, lui qui, tout-à-fait étranger aux doux sentiments de l'amitié, se faisait surtout remarquer par la roideur et le nerf de ses idées, le feu de son esprit, une noire méchanceté et un goût prononcé pour la satire mordante, et pour les ouvrages anti-religieux et licencieux?

On a prétendu que le parlement de Paris ayant lancé, au mois d'août 1761, le célèbre arrêt contre les jésuites, Du Laurens, leur ennemi juré, saisit cette occasion de se venger, et composa contre eux, avec Grouber de Groubentall, son ami, une satire à l'imitation des *Philippiques* (1). Cet ouvrage fut achevé et im-

---

(1) Dans la Biographie Universelle, il y a une petite erreur qu'il est bon de relever. Au lieu de *Grouber de Groubental*, il faut lire Groubentall de Linière. Grouber de Groubental, avocat, fut mis plusieurs fois à la Bastille, comme auteur de Projets de Finances, qui ne furent jamais accueillis. (Voyez *la Bastille dévoilée*, 3ᵉ livraison.)

primé en huit jours, et parut sous le titre de *Jésuitiques*. On ajoute que, « craignant les poursuites de la police, Du Laurens partit à pied pour la Hollande le lendemain de la publication de son pamphlet, sans prévenir son ami, qui fut arrêté et conduit à la Bastille, où il resta un mois (1). »

Cette anecdote est vraie, comme on le verra dans la suite; mais si les biographes n'ont commis qu'une erreur de nom, ils ont du moins ignoré un autre fait relatif aux deux mêmes écrivains, et que voici :

En 1761, Du Laurens publia *Le Balai*, poème en dix-huit chants, qui ne lui coûta que vingt-deux jours de travail. Plusieurs exemplaires furent envoyés secrètement d'Amsterdam à Groubentall de Linière, pour qu'il contribuât sans doute au débit de cet ouvrage licencieux, contraire à la religion et aux bonnes mœurs. On crut d'abord à Paris que Groubentall en était l'auteur, et l'ordre suivant fut aussitôt donné :

« DE PAR LE ROI.

« Il est ordonné au sieur de Rochebrune, commis-

---

(1) Voyez la Biographie Universelle, article DULAURENS.

saire au châtelet de Paris, de se transporter, accompagné du sieur d'Hémery, chez le nommé Groubentall, à l'effet de faire une exacte perquisition, tant dans la chambre occupée par le dit Groubentall que dans l'appartement occupé à l'hôtel de Turin, rue des Grands-Augustins, par M. Hevin.

« Fait à Versailles, le 28 may 1762.

« Louis.

Plus bas,

« Philypeaux. »

M. de Sartine écrivit en même temps les deux lettres suivantes au commissaire de Rochebrune et à M. Defféran :

« A monsieur le commissaire de Rochebrune.

« Ce 28 may 1762.

« Le sieur d'Hémery étant chargé des ordres du Roy, monsieur, à l'effet d'arrêter et conduire au château de la Bastille le sieur Groubentall de Linière, je vous prie de l'accompagner dans cette opération et d'en dresser procès-verbal. Vous ferés aussi une perquisition exacte tant dans les papiers personnels du dit Groubentall, que vous saisirés et mettrés sous votre scellé s'il y en a de suspects, que dans tous les endroits qui vous seront indiqués par le dit sieur d'Hémery, dans l'hôtel de Turin, garni, rue des Augustins; ce dont vous dresserés aussi procès-verbal.

« Je suis, monsieur,

« Votre très humble serviteur,

« De Sartine. »

« A monsieur Defféran, lieutenant de roi du château de la Bastille.

« Ce 28 may 1762.

« Je vous prie, monsieur, de reçevoir et garder au château de la Bastille le nommé Groubentall, qui y sera conduit de l'ordre du Roy par le sieur d'Hémery, inspecteur de police. Je vous adresserai incessamment l'ordre en forme nécessaire pour vous y autoriser définitivement.

« Je suis avec un sincère attachement,

« Monsieur,

« Votre très humble et très obéissant serviteur,

« De Sartine. »

« Procès-verbal de perquisition chez le sieur de Groubentall au moment qu'il a été arrêté.

« L'an mil sept cent soixante et deux, le mardi premier juin, dix heures du matin, nous Agnan-Philippe Miché de Rochebrune, avocat au parlement, commissaire enquesteur et examinateur au Châtelet de Paris,

« En exécution des ordres du Roy à nous adressés par monsieur le lieutenant-général de police à l'effet de nous transporter, accompagné du sieur d'Hémery, inspecteur de police, chez le sieur Groubentall de Linière pour faire perquisition dans ses papiers personnels que nous saisirons, et sur lesquels nous apposerons nos scellés, ainsi que dans tous les endroits qui nous seront indiqués par le sieur d'Hémery, dans l'hôtel de Turin, garni, rue des Augustins ;

« Et sur l'avis qui nous a été donné que le dit sieur Groubentall, qui demeure rue d'Anjou, quartier Saint-Germain-des-Prez, étoit rue des Augustins, à l'hôtel de Turin, nous nous sommes transportés avec le dit sieur d'Hémery au dit hôtel de Turin, sus dite rue des Augustins, et, étant montés dans l'appartement du premier étage, occupé par le sieur Hevin, député de la ville de Rennes, nous avons trouvé dans une salle de compagnie, ayant vue sur la rue, le sieur Marc-Ferdinand de Groubentall de Linière, âgé de vingt trois ans, natif de Paris, premier secrétaire de monsieur Hevin de Thébaudais, maire, lieutenant de police, colonel des milices et agent de la députation de la ville de Rennes, demeurant à Paris, rue d'Anjou, près la rue Dauphine, à l'hôtel Saint-Pierre, et le dit sieur d'Hémery ayant demandé à parler au dit sieur Hevin, que le dit sieur Groubentall a dit d'abord être allé rue de Richelieu, il a enfin appris qu'il étoit couché, et il lui a remis une lettre de la part de monsieur le lieutenant-général de police (1), et, après la lecture faite de la dite lettre par le dit sieur Hevin, qui a été instruit du sujet de notre transport, nous avons engagé le dit sieur de Groubentall de vider ses poches, et les papiers qu'il en a tirés, ainsi que ses papiers personnels, trouvés dans la table où il travailloit et écrivoit à notre arrivée, ont été renfermés dans une feuille de papier, sur les bouts de laquelle

---

(1) Voici la lettre à M. Hévin, maire, lieutenantde police et député de la ville de Rennes :

« Ce 29 mai 1762.

« Le ministre vient de m'addresser, monsieur, les ordres du Roi pour faire arrêter le sieur de Groubentall de Linière, qui se dit votre premier secrétaire, et faire faire dans ses papiers une perquisition exacte à l'effet de saisir ceux qui pourroient avoir trait au motif de sa détention. Je vous prie, monsieur, de vouloir bien concourir à l'exécution entière de ces ordres. J'ai recommandé au sieur d'Hémery, qui en est chargé, d'observer que, lors de la saisie qui pourroit être faite des papiers du dit sieur de Groubentall, on n'en comprenne aucuns qui puissent vous intéresser. Je me flatte que vous voudrés bien donner les mains à ce que cette opération se fasse avec la plus grande exactitude possible.

« Je suis, avec un très-sincère attachement,

« Monsieur,

« Votre très-humble et très-obéissant serviteur,

« De Sartine. »

nous avons apposé un seul cachet de nos armes en cire d'Espagne rouge, lequel paquet, ainsi scellé, est demeuré en la garde du dit sieur d'Hémery, qui s'en est chargé, pour en faire la représentation quand il sera ainsi ordonné.

« Nous avons ensuite fait perquisition dans l'antichambre du dit appartement et dans la chambre de Marie-Anne Picot, fille de chambre de madame Hevin, et il ne s'y est trouvé ni papiers ni imprimés suspects.

« Dont et de tout ce que dessus nous avons fait et dressé le présent procès-verbal pour servir et valoir ce que de raison, et ont signé avec nous,

« Miché de Rochebrune,

« De Groubentall,

« D'Hémery.

« Et le dit jour premier juin, au dit an mil sept cent soixante-deux, onze heures et demie du matin, nous commissaire susdit pour l'exécution des ordres de Sa Majesté,

« Sommes transportés avec les dits sieurs d'Hémery et de Groubentall, rue d'Anjou, près la rue Dauphine, à l'hôtel Saint-Pierre, tenu garni par Nicolas Loreilles, et étant montés au deuxième étage et entrés dans la chambre du dit sieur Groubentall, ayant vue sur un jardin et de laquelle il nous a fait ouverture, nous avons fait en sa présence perquisition dans la dite chambre, et nous avons trouvé dans le bas d'une armoire dont le dit sieur de Groubentall a fait ouverture, six exemplaires d'un imprimé broché ayant pour titre : *Le Balai*, poëme-héroï-comique en XVIII chants, à Constantinople, de l'imprimerie de Mouphti, M. DCC LXI, plus une lettre missive dans laquelle il est parlé du dit ouvrage, et ayant entouré les dites brochures et la dite lettre d'une petite ficelle, nous avons, sur les bouts réunis d'icelle, apposé nos scellés et cachets en cire d'Espagne rouge au nombre de deux, et le dit paquet, ainsi scellé, est demeuré en la garde du dit sieur d'Hémery, qui s'en est chargé pour en faire la représentation quand il sera ainsi ordonné, et qui s'est chargé de conduire au château de la Bastille le dit sieur de Groubentall, conformément aux ordres de Sa Majesté, desquels il est porteur, et avant que d'y être conduit, le dit sieur de Groubentall nous a déclaré qu'il n'a point participé à l'édition du poëme intitulé *Le Balai*, qu'il en a seulement reçu vingt-cinq exemplaires en payement d'argent par lui avancé tant au nommé Prudent de Roucourt qu'au sieur Laurent, auteur de cet ouvrage, et qu'il est à la connaissance du déclarant que Michel Rey, imprimeur à Amsterdam, a envoyé l'édition au dit Prudent, qui la distribuée.

« Dont et de tout ce que dessus nous avons fait et dressé le procès-verbal pour servir et valoir ce que de raison, et ont signé avec nous commissaire,

« D'Hémery,

« De Groubentall,

« Miché de Rochebrune. »

Groubentall fut en effet conduit à la Bastille le 1er juin, ainsi que le prouve la lettre suivante à M. de Sartine :

« De la Bastille, le 1er juin 1762.

« Monsieur,

« J'ai l'honneur de vous informer que j'ai reçu le nommé Groubentall, conduit par le sieur d'Hémery, sur votre lettre datée du 28 du mois dernier, en attendant l'ordre en forme.

« Je suis avec respect,
« Monsieur,
« Votre très humble et très obéissant serviteur,
« Defféran. »

Le 3 du même mois, M. de Sartine adressa la lettre que voici au commissaire de Rochebrune.

« Ce 3 juin 1762.

« Je vous prie, monsieur, de vous transporter au château de la Bastille, à l'effet d'y interroger le nommé Groubentall de Linière, qui y est détenu. Il est nécéssaire que vous commenciez par lever les sçellés que vous avez apposés sur les papiers qui ont été trouvés chez lui : et j'ai donné ordre au sieur d'Hémery de vous les représenter. Vous les lui ferés ensuite parapher, et vous l'interrogerés de façon qu'il donne les indications les plus exactes et les mieux suivies sur l'ouvrage qui a donné lieu à sa détention. Je joins ici une note de différentes choses qu'il a déclarées verbalement et qui vous mettront sur la voie pour sçavoir de lui tout ce qui concerne l'ouvrage en question.

« Je suis, monsieur, votre très humble serviteur,

« DE SARTINE. »

« Procès-verbal de reconnoissance et levée de scellés sur les papiers et brochures du sieur Marc-Ferdinand de Groubentall, détenu à la Bástille.

« L'an mil sept cent soixante et deux, le mardi huit juin, trois heures et demie de relevée, nous Agnan-Philippe Miché de Rochebrune, avocat au parlement, commissaire enquesteur et examinateur au châtelet de Paris,

« En exécution des ordres à nous adressés, le trois du présent mois, par monsieur le lieutenant-général de police, à l'effet de nous transporter au château de la Bastille pour reconnoître et lever, en présence du sieur de Groubentall de Linière, qui y est détenu de l'ordre du Roy, les scellés par nous apposés en vertu des ordres de Sa Majesté, le premier du présent mois de juin, sur les papiers du dit sieur de Groubentall, et que nous lui ferons parapher, dont et de quoi nous dresserons procès-verbal,

Sommes transportés au dit château de la Bastille,

où, étant dans la salle du conseil, nous y avons fait venir de sa chambre le sieur Marc-Ferdinand de Groubentall de Linière, et, en sa présence, nous avons reconnu sains et entiers, et comme tels levés et ôtés nos scellés et cachets apposés de l'ordre de Sa Majesté, sçavoir, sur un paquet plié en forme de lettre, cacheté d'un seul cachet de nos armes en cire d'Espagne rouge, et sur un paquet entouré d'une feuille sur les bouts de laquelle étoient deux cachets de nos armes, aussi en cire d'Espagne rouge, et desquels deux paquets représentation nous a été faite par le sieur Joseph d'Hémery, inspecteur de police qui en étoit gardien, et ayant procédé à l'examen des papiers et brochures qui étoient renfermés dans les dits deux paquets, six exemplaires imprimés d'un poëme héroï-comique en dix-huit chants, intitulé: *Le Balai*, brochés, avec mention qu'il a été imprimé à Constantinople, de l'imprimerie de Mouphti, MDCCLXI; plus quatre autres brochures d'un ouvrage intitulé *les Jésuitiques à Rome aux dépends du général*, et enfin quatre lettres missives signées d'Henriville, deux lettres signées de Plainville, une autre signée Boutinot, dont six à l'adresse du dit sieur de Groubentall; plus un errata du dit *Balai* fait à la main, desquelles huit pièces nous avons fait une simple liasse unique que nous avons cottée par première et dernière, et paraphée avec le dit sieur de Groubentall. nous avons encore paraphé, avec le dit sieur de Groubentall, deux exemplaires du poëme du *Balai* et des *Jésuitiques* sur le verso de chacun des frontispices; et, après avoir annexé au présent procès-verbal un exemplaire de chacun de ces deux ouvrages, nous nous sommes chargés des deux paraphés et de la liasse unique aussi paraphée, pour les remettre à monsieur le lieutenant général de police, avec les quatre exemplaires du *Balai* et les deux des *Jésuitiques* non paraphés. Et comme il s'est trouvé trois lettres missives et une pièce de vers, le tout indifférent, nous les avons enveloppés dans une feuille de papier blanc, sur les bouts de laquelle nous avons apposé un seul cachet de nos armes en cire d'Espagne rouge ; lequel paquet, ainsi scellé, est demeuré en la garde du sieur Chevalier, major de la Bastille, qui s'en est chargé, pour en faire la représentation quand il sera ainsi ordonné, et au moyen de ce que les scellés dont le dit sieur d'Hémery étoit gardien ont été reconnus et levés, il en demeure vallablement quitte et déchargé.

« Dont et de tout ce que dessus nous avons fait et dressé le présent procès-verbal pour servir et valoir ce que de raison, et ont signé en notre minutte avec nous, commissaire sus dit et soussigné,

« De Rochebrune.
« Chevalier,
« De Groubentall. »

« Interrogatoire fait de l'ordre du Roi par nous Agnan-Philippe Miché de Rochebrune, avocat au parlement, commissaire enquesteur et examinateur au châtelet de Paris, subi par le sieur Marc-Ferdinand de Groubentall de Linière, prisonnier de l'ordre de

Sa Majesté au château de la Bastille, auquel interrogatoire nous avons procédé, dans la salle du conseil du dit château, ainsi qu'il suit:

« Du mercredi, neuf juin mil sept cent soixante et deux, quatre heures de relevée;

« Premièrement interrogé de ses noms, surnoms, âge, pays, qualité et demeure,

« A dit, après serment, de répondre vérité se nommer *Marc-Ferdinand* de Groubentall de Linière, âgé de vingt-trois ans ou environ, natif de Paris, premier secrétaire de monsieur de la Thébaudais, maire, lieutenant général de police, colonel des milices bourgeoises et agent de la députation de la ville de Rennes, le répondant demeurant à Paris, petite rue d'Anjou, à l'hôtel Saint-Pierre, paroisse Saint-André-des-Arts.

« Interrogé quel est l'auteur du poëme intitulé: *Le Balai*, et dont il s'est trouvé six exemplaires dans la chambre du répondant,

« A dit que c'est l'abbé Laurent d'Henriville, cydevant chanoine régulier de l'ordre de la Trinité, et à présent sécularisé en vertu d'un bref du pape, et demeurant actuellement à Amsterdam.

« Interrogé depuis quel temps il connoît le dit abbé Laurent,

« A dit qu'il en a fait la connoissance au mois de mai de l'année dernière, et que le dit abbé Laurent, qui est sécularisé depuis deux ans et demi ou environ, demeuroit l'année dernière à Paris, petite rue Taranne, dans la même maison où logeoit le répondant, et qui est parti de Paris le vingt août dernier, et s'est rendu à Mons, puis à Bruxelles et ensuite en Hollande.

« Interrogé quel motif a engagé le dit abbé Laurent de sortir de Paris, précisément la veille du jour que le répondant a été arrêté et conduit au petit Châstelet,

« A dit qu'il fut arrêté au mois d'août de l'année dernière, au sujet d'un ouvrage intitulé : *Les Jésuitiques*, que le répondant avoit composé en société avec le dit abbé Laurent, qui, apréhendant d'estre arrêté, se détermina de quitter Paris avec d'autant plus de raison, que le dit abbé Laurent avoit fait imprimer cet ouvrage.

« Interrogé si le dit sieur abbé Laurent, quand il demeuroit à Paris, n'a pas montré au répondant le poëme du *Balai*, qu'il a depuis fini en Hollande,

« A dit que oui.

« Interrogé si le *Balai* n'a pas été imprimé à Amsterdam par le sieur Rey, imprimeur-libraire de la dite ville, et quel est le nombre des exemplaires qui en ont été tirés,

« A dit qu'il ignore le nombre des exemplaires qui ont été imprimés par le dit Rey.

« Interrogé combien le répondant a eu d'exemplaires de cet ouvrage, et par quelle voye il a reçu ceux qui étoient pour lui, répondant :

« A dit que le dit abbé Laurent devoit vingt-six livres au répondant, à qui il étoit dû trente-six livres par le sieur Prudent, et que le répondant a reçu du dit Prudent vingt-cinq exemplaires du *Balai*, savoir : treize sur le pied de quarante sols de la part du dit sieur abbé Laurent, et douze sur le pied de trois livres de la part du dit Prudent, ce qui formoit une compensation avec ce que l'un et l'autre devoit au répondant; qu'il est vrai que le dit Prudent a reçu des exemplaires du dit poëme intitulé *Le Balai*, par les carrosse et messagerie de Sédan et de Bouillon; mais le répondant ignore si le dit Prudent a reçu les six cents exemplaires qui lui étoient destinés, et qu'il disoit avoir demandés.

« Interrogé dans quel temps le dit Prudent a reçu les exemplaires qui lui ont été envoyés,

« A dit que c'est au commencement du mois de mai dernier.

« Interrogé où les exemplaires du poëme du *Balai*, envoyés au dit Prudent, ont été cachés dans les environs de Paris, et comment le dit Prudent est venu à bout de les faire entrer dans Paris,

« A dit qu'il l'ignore.

« Interrogé si le répondant n'a reçu de cet ouvrage que vingt-cinq exemplaires,

« A dit que c'est précisément le nombre qu'il a reçu du dit Prudent.

« Interrogé que puisqu'il ne s'est trouvé que six exemplaires du *Balai* chez le répondant, il a donc distribué les dix-neuf qui manquoient, et nous l'avons interpellé de nous déclarer quelles sont les personnes à qui il les a distribués, et sur quel pied il les a donnés.

« A dit qu'il a vendu seize exemplaires du dit *Balai*, sur le pied de quatre livres, au nommé Darnancy, cordonnier de profession, et qu'il en a donné trois exemplaires, sçavoir : un au sieur Grangé, libraire; un autre au sieur Joly, ancien sous-fermier, et le dernier à monsieur le chevalier de La Motte, pour le remettre à monsieur le prince de Montauban.

« Interrogé si le répondant comptoit recevoir encore d'autres exemplaires du même ouvrage,

« A dit que non.

« Interrogé si le répondant a envoyé un exemplaire du *Balai* au sieur Boutinot de Plainville, qui lui a demandé par les lettres des quatre, vingt-deux et vingt-six mai dernier (1),

« A dit qu'il n'en a pas envoyé au dit sieur de Plainville, qui avoit lu, l'année dernière, le manuscrit en partie de cet ouvrage dans l'état qu'il étoit alors.

« Interrogé si le répondant n'a pas fait l'*errata* du dit *Balai*, et qui s'est trouvé dans les papiers qu'il a paraphés,

« A dit que oui, et qu'il comptoit l'envoyer au dit abbé Laurent; mais qu'ayant réfléchi que cet ouvrage étoit imprimé, et peut-être distribué, cet *errata* devenoit inutile.

« Interrogé pourquoi la détention qu'il avoit essuyée au sujet des *Jésuitiques* ne la pas empêché de se mêler de la distribution du dit poëme du *Balai*, contraire à la religion et aux bonnes mœurs, et qu'il

---

(1) Les lettres de Plainville, cousin de Groubentall, dont nous avons eu connaissance, prouvent que le *Mémoire contre les jésuites*, et le poème du *Balai*, ne furent point envoyés à ce premier, qui les désirait beaucoup. Nous n'avons pas cru devoir publier ces trois lettres, attendu qu'elles étaient étrangères à la détention de Groubentall, et que d'ailleurs il ne s'agissait que d'affaires de famille.

n'étoit pas permis de distribuer dans le public, étant marqué au coin de la réprobation :

« A dit ses réponses contenir la vérité de ce interpellé, y a persisté et a signé avec nous, commissaire susdit, en notre minutte.

« Et le samedy, douze du dit mois de juin, au dit an mil sept cent soixante et deux, cinq heures de relevée, nous, commissaire susdit, sommes transportés au château de la Bastille, où, étant dans la salle du conseil du dit château, nous y avons fait venir de sa chambre le dit sieur Marc-Ferdinand de Groubentall de Linière, à la continuation de l'interrogatoire du quel nous avons procédé ainsi qu'il suit :

« Interrogé si le dit Prudent lui a fait confidence où étoient arrivés, aux environs de Paris, les exemplaires du dit poëme du *Balai*, à lui envoyés d'Hollande par le dit sieur abbé Laurent,

« A dit, après serment de répondre vérité, qu'il a sondé sur cet article le dit Prudent, qui a toujours répondu qu'il ignoroit quand et comment le dit ouvrage lui parviendroit, sans s'être jamais expliqué nettement.

« S'il n'est pas vrai que le dit Prudent a dit au répondant qu'il avoit chez monsieur le lieutenant de police quelqu'un qui savoit tout ce qui s'y passoit et qui l'en instruisoit, et qu'au moyen de ces instructions, lui Prudent, rendoit inutiles et infructueuses les démarches du sieur d'Hémery, inspecteur de la librairie, que même le dit Prudent s'est vanté qu'en conséquence des avis qui lui avoient été donnés, il avoit changé à Paris le dépôt des exemplaires du *Balai*,

« A dit que oui.

« Interrogé si le dit Prudent lui a nommé la personne de qui il reçevoit de pareils avis,

« A dit que non.

« Interrogé si le répondant a eu part à la seconde édition de ce poëme à Paris, et s'il n'en a pas vû une feuille imprimée,

« A dit que le dit Prudent apporta, vers le milieu du mois de mai dernier, au répondant, une feuille imprimée de ce poëme, et, en ayant examiné les caractères de l'impression, il prétendit que cette feuille imprimée venoit de l'imprimerie où l'on avoit contrefait la seconde édition des *Jésuitiques*, et, se faisant fort de découvrir par ses soins d'où venoit cette feuille imprimée, il déclara qu'il feroit part au dit sieur d'Hémery de ce qu'il découvriroit à ce sujet.

« Interrogé si le dit Prudent a appris au répondant comment il avoit eu cette feuille imprimée,

« A dit que non.

« Interrogé s'il y a eu des augmentations ou corrections dans la nouvelle édition des *Jésuitiques*, faite depuis peu à Amsterdam, et si le répondant y a travaillé,

« A dit que le répondant n'a eu aucune part à l'édition de cet ouvrage ni augmentations, qui sont du fait du dit sieur Laurent, et qui concernent la mort du père Malagrida, suivant que le dit sieur Laurent le lui a marqué.

« Interrogé s'il sçait de quel livre de Rousseau veut parler le dit sieur Laurent dans sa lettre du 22 avril dernier, et par laquelle il marque que l'objet de cet ouvrage roule sur une matière que le gouvernement ne trouvera point de son goût,

« A dit que le sieur abbé Laurent ne lui a jamais appris le titre de l'ouvrage.

« Interrogé ce qu'a voulu dire le sieur abbé Laurent par sa lettre du six mai dernier, et dans laquelle il s'exprime en ces termes : *Je ne sçai si la marchandise est arrivée à Paris ; engagez le sieur Prudent de m'en donner avis. Je vais encore faire gémir la presse d'un nouvel ouvrage plus considérable, plus original que le Chinois ; chaque mot est une charge ;*

« A dit que par cette *marchandise*, il a entendu le *Balai*, qu'il désigne ensuite par *le Chinois*, mais que le répondant ignore l'ouvrage dont le dit abbé Laurent lui annonce l'impression.

« Interrogé que renfermoit le gros paquet dont le dit abbé Laurent lui marque de lui apprendre la réception par sa lettre du 10 mai dernier,

« A dit que ce paquet renfermoit trois arrêts du parlement de Bordeaux et un procès-verbal qui regardoit le sieur Corbière, dont il s'agissoit d'accommoder l'affaire qui l'avoit obligé de quitter le royaume.

« Interrogé ce que signifie cette autre phrase dans la même lettre : *« Sitôt que j'aurai des fonds, nous raccommoderons le marché des Balades, »*

« A dit que les *Balades* étoient des pièces de vers qui avoient remporté les trois prix de l'académie de Douai, dont le dit abbé Laurent et le répondant avoient remporté chacun un prix, et le troisième en société.

« Interrogé si le répondant, suivant qu'il est marqué

dans la même lettre, a reçu quelques exemplaires des *Jésuitiques* et d'autres choses, et qui devoient lui être remis par la demoiselle de Villeneuve, qui devoit partir de la Hollande pour Paris,

« A dit qu'il n'a point reçu les dits exemplaires, et qu'il ignore si la demoiselle de Villeneuve est à Paris.

« Interrogé si le dit Prudent lui a fait l'aveu du nombre des exemplaires qu'il avoit débités du dit poëme du *Balai*,

« A dit que le dit Prudent ne lui en a jamais parlé, et qu'il est vraisemblable qu'il en a débité un bon nombre, ayant dit au répondant : « J'enverrai incessamment cent écus à l'imprimeur Rey, d'Amsterdam. »

« La lecture à lui faite du présent interrogatoire, et de ses réponses, a dit ses réponses contenir vérité de ce interpellé, y a persisté, et a signé avec nous, commissaire susdit et soussigné, en notre minutte.

« DE GROUBENTALL.

« DE ROCHEBRUNE. »

Comme Groubentall n'avait été reçu à la Bastille que d'après une simple lettre du lieutenant-général de police, *l'ordre en forme* fut envoyé le jour même que l'interrogatoire qu'on vient de lire eut lieu, ainsi que le prouve la lettre que voici à M. de Sartine :

« De la Bastille, le 12 juin 1762.

« MONSIEUR,

« J'ai l'honneur de vous renvoyer cy-joint votre lettre qui a servi de réception au sieur de Groubentall, en ayant reçu l'ordre en forme.

« Je suis avec respect,

« Monsieur,

« Votre très humble et très obéissant serviteur,

« Defferan. »

Les parents de Groubentall firent des démarches pour obtenir la grace du prisonnier; mais, parmi les lettres écrites à ce sujet, nous n'avons distingué que les deux suivantes :

« Monsieur,

« Comme mes infirmités m'empêchent d'exécuter les ordres que le prince de Montauban m'a fait donner samedi dernier de vous faire souvenir que vous lui aviez promis la liberté de mon fils, j'ai l'honneur de vous représenter très humblement que tout ce qui est à ma connoissance est qu'il avoit gagné un prix à l'académie de Douai; que cet honneur a occasionné sa détention, parcequ'il a imprudemment pris en payement des brochures. Je ne prétends point que cette imprudence soit plus que suffisamment punie par un mois de Bastille; car, si je le réclame, ce n'est que pour le marier, afin de lui procurer un établissement et des occupations utiles. Mais, si une plus longue détention rompoit nos arrangemens, comme elle lui a déjà fait perdre son poste chez M. Hévin, maire et député de la ville de Rennes, parceque des gens de la police lui ont dit qu'il étoit étonnant qu'il se fût servi de lui, je ne pourrois, monsieur, que de l'abandonner à votre sage discrétion ; car étant né à Paris, où la jeunesse a acquis des licences presque généralement applaudies, je ne pourrois, après m'avoir épuisé à lui donner de l'éducation pour être utile à l'État, âgé de 60 ans, et toujours infirme, le suivre pas à pas. En sorte que, s'il devenoit un citoyen perdu, il ne seroit pas de ma faute.

« D'un autre côté, étant plus que persuadé que vous êtes convaincu, monsieur, qu'on vous en a imposé que la mère avoit averti l'auteur de la détention de son fils de se sauver, puisqu'une telle démarche répugne à la nature et à la raison. J'ose espérer que vous ne refuserez plus sa liberté en faveur de l'illustre maison de Rohan, qui l'a toujours honoré de sa protection en considération de sa mère et de ses talents.

« J'ai l'honneur d'être avec un parfait respect,

« Monsieur,

« Votre très humble et très obéissant serviteur,

« De Groubentall.

« Paris, ce 29 juin 1762. »

« Monsieur,

« La personne que le prince de Montauban a envoyée, samedi dernier pour recommander la sortie de mon fils, m'ayant assuré que vous lui aviez dit que ses prétendus beau-père et belle-mère étoient informés de sa détention à la Bastille, je ne me suis point rapporté aux politesses et amitiés qu'ils m'ont témoignées depuis sa détention; j'ai prié avec instance celui de leurs amis qui a proposé et négocié le dit mariage, qui m'a assuré qu'ils le croioient à la campagne, et qu'ils lui avoient demandé, il y a peu de jours, quand il seroit de retour, qu'ils avoient un poste tout prêt à lui faire avoir.

« J'ai lieu de penser, monsieur, que ce n'est point le seul faux rapport qu'on vous ait fait contre lui; car on lui a reproché, en l'arrêtant, qu'il avoit été le mardi de Pentecôte aux tuilleries avec des filles, et qu'il avoit passé la nuit avec elles à la campagne, mais il a été prouvé, par le témoignage des gens de probité, qu'il avoit été à la promenade avec ses prétendus beau-père et belle-mère, la demoiselle leur fille et une de leur parente; qu'à son retour chez lui, plusieurs de ses voisins, qui avoient fait une partie d'aller souper à Pantin, l'avoient, malgré lui, emmené avec eux; que l'inspecteur qui l'a arrêté, avoit reproché à sa mère qu'il étoit sans religion, qu'on avoit employé toute son éducation du côté des sciences, et sur ce qu'elle lui a observé qu'il avoit composé des prônes et sermons qui ont été prêchés dans les paroisses de Paris, dont les preuves se trouvent dans ses papiers, qu'il n'auroit pas pu faire ces ouvrages à son âge s'il n'avoit pas eu une éducation recherchée dans sa religion; on a répondu à ces justifications que ce n'étoit point le motif pour lequel il avoit été arrêté. On peut cependant juger, sans se méprendre, que ces reproches n'ont été faits que pour aggraver sa détention. Mais votre équité est trop connue pour laisser périr un citoyen sur de pareilles calomnies.

« J'ai l'honneur d'être avec tout le respect possible,
« Monsieur,
« Votre très humble et très obéissant serviteur,
« De Groubentall.
« Ce 29 juin 1762. »

Ces lettres restèrent sans réponse; et, au lieu d'avoir égard aux sollicitations du père, on retira des mains du fils les livres qu'on lui avait prêté *pour s'amuser*, attendu qu'*il écrivait sur tous son nom, ses surnoms, sa demeure, des misères et autres choses inutiles à dire*, ainsi que le raconte Chevalier, major du château, dans une lettre sur différents prisonniers, adressée à M. de Sartine. Enfin, le 7 août suivant, ce dernier présenta la note que voici à M. le comte de Saint-Florentin.

« Le nommé Groubentall a été conduit à la Bastille, le 28 mai dernier, pour avoir contribué au débit du poëme intitulé : *le Balai*, ouvrage licencieux et contraire à la religion et aux bonnes mœurs, et dont on a trouvé chez lui plusieurs exemplaires. Il demande sa liberté, et expose que les exemplaires qui ont été trouvés chez lui, n'y étoient que parcequ'il les avoit reçus en payement d'une somme que l'auteur lui devoit, et que sa détention lui fait un tort considérable, étant à la veille, lorsqu'il a été arrêté, de former un établissement avantageux.

« Je pense qu'il est suffisamment puni de la part qu'il peut avoir eue à cet ouvrage, d'autant plus que l'auteur est en Hollande et n'a pu être arrêté. En sorte que si M. le comte de Saint-Florentin consent à sa liberté, à laquelle d'ailleurs M. le prince de Montauban s'intéresse, il est supplié d'en faire expédier l'ordre. »

Le comte de Saint-Florentin écrivit sur le mémoire :

« Bon pour l'ordre, ce 8 août 1762; mais attendre pour le mettre en exécution. »

Le 28 du même mois, la lettre suivante fut écrite au commissaire de Rochebrune.

« Je vous prie, monsieur, de vous transporter, dans le jour, au château de la Bastille, à l'effet d'y reconnoître et lever les scellés par nous apposés, le 8 juin dernier, sur trois lettres missives et une pièce de vers qui se sont trouvées dans les papiers du sieur Groubentall de Linière, et dont M. Chevalier, major du château, qui vous les représentera, est demeuré gardien. Comme il vous a paru, lors de l'apposition de ce scellé, que ces quatre pièces étoient indifférentes, vous pourrez les remettre au dit sieur de Groubentall, qui vous en donnera décharge au bas de votre procès-verbal. Je vous préviens que le dit sieur Groubentall doit être mis aujourd'hui en liberté, mais que ce ne sera qu'après que votre opération sera faite.

« Je suis, monsieur,

« Votre très humble serviteur,

« De Sartine. »

« Procès-verbal de reconnoissance et levée de sçellés sur les papiers du sieur Groubentall de Linière à la Bastille.

« L'an mil sept cent soixante et deux, le samedi, vingt huit août, quatre heures et demie de relevée, nous Agnan-Philippe Miché de Rochebrune, avocat au parlement, commissaire enquesteur et examinateur au châtelet de Paris,
« En exécution des ordres à nous adressés aujourd'hui par monsieur le lieutenant général de police, à l'effet de nous transporter dans le jour au château de la Bastille, pour reconnoître et lever, en présence du sieur Groubentall de Linière, les sçellés par nous apposés, le huit janvier dernier, sur trois lettres missives et une pièce de vers trouvées dans ses papiers, et que nous remettrons au dit sieur Groubentall, attendu que les dites quatre pièces sont indifférentes, en en donnant toutes décharges valables et nécéssaires, et des quels sçellés représentation nous sera faite par le sieur Chevalier, major de la Bastille, qui en est demeuré gardien,
« Sommes transportés au château de la Bastille, où, étant dans la salle du conseil, nous y avons fait venir

de sa chambre le sieur Marc-Ferdinand Groubentall de Linière, prisonnier au dit château en vertu des ordres du Roi, et, en sa présence, nous avons reconnu sain et entier, et comme tel levé et ôté le sçellé par nous apposé en cire d'Espagne rouge sur un petit paquet couvert de papier, représenté par le dit sieur Chevalier, qui en étoit gardien, et du quel paquet nous avons fait la remise au dit sieur Groubentall de Linière, qui en donne toutes décharges valables et nécéssaires, et, au moyen de la reconnoissance et levée de notre dit sçellé, le dit sieur Chevalier, major, qui en étoit gardien, en demeure valablement quitte et déchargé.

« Dont et de tout ce que dessus avons fait et dressé le présent procès-verbal, pour servir et valoir ce que de raison, et ont, les dits sieurs Groubentall et Chevalier, signé avec nous.

« De Groubentall.

« Chevalier.

« Miché de Rochebrune. »

Aussitôt que le procès-verbal fut dressé, Groubentall sortit de la Bastille, ainsi que l'attestent les deux lettres que voici à M. de Sartine.

« De la Bastille, le 28 août 1762.

« Monsieur,

« Vous trouverez ci-joint la lettre de monsieur le

lieutenant de Roi qui vous accuse la liberté du sieur Groubentall, qui est sorti du château cet après-midi, à quatre heures, après la levée, qui a été faite par monsieur de Rochebrune, des scellés et tous les papiers remis au sieur Groubentall, conformément à votre ordre daté de ce jour...................

« Je suis avec un profond respect,

« Monsieur,

« Votre très humble et très obéissant serviteur,

« CHEVALIER. »

« De la Bastille, ce 28 août 1762.

« MONSIEUR,

« J'ai l'honneur de vous informer que j'ai mis en liberté le sieur Groubentall, sur un ordre du Roi contre-signé Phelypaux, daté du 8 de ce mois.

« Je suis avec respect, monsieur,

« Votre très humble et très obéissant serviteur,

« DEFFERAN. »

Groubentall sortit donc de la prison royale, après y être resté trois mois moins deux jours : mais nous avons tout lieu de croire que la police vigilante ne cessa point d'observer ses démarches et de surveiller aussi les personnes qui pouvaient être en relation avec lui.

On savait à Paris que le peu d'argent que Du Laurens retirait des libraires d'Amsterdam lui avait fait abandonner cette ville pour se rendre à Liége, où il espérait vendre plus avantageusement ses productions licencieuses. L'écriture de Groubentall était connue de la police, et, quoique celui-ci eût l'adresse d'écrire à l'abbé Du Laurens sous le nom d'*abbé de Saint-Albin*, la police ne fut pas dupe de ce stratagème, ainsi que le prouvera la lettre que voici, et qui fut saisie à la porte de Paris.

« A monsieur l'abbé de Saint-Albin, chez monsieur Delbecq, à l'hôtel du Saint-Esprit, rue Straton, à Liège.

« Paris, 12 novembre 1763.

« Le Roi revoïant un de ses anciens favoris, qu'il avoit perdu de vue depuis long-tems, lui dit : *Quoi! vous voilà encore? Ma foi, je vous croiois mort.* Ne pourrois-je pas à juste droit, mon bon ami, vous faire le même compliment? Vous voilà donc sous la domination du prince le plus léger! Je ne vous croiois pas mon voisin si proche, car monsieur Tarvouliet me dit, il y a six mois environ, qu'il croioit qu'à votre départ d'Amsterdam vous aviez passé à Berlin, et j'en étois flatté pour vous, attendu que le souverain de ce païs recpecte les sciences et honore ceux qui les cultivent. Vous êtes un vrai cosmopolite, habitant de la terre, et vous apprenez la géographie pratique. Mais, s'il vous plaît, pourquoi avoir gardé un si profond silence envers moi? que vous avois-je fait? Vous m'apprenez une nouvelle agréable, en me parlant de votre futur retour en France. Si cela étoit, je compterois bien jouir du plaisir de vous posséder ce printems à Paris. Mais vous ne me parlez point de votre situation actuelle; je sais que vous n'étiez pas à l'aise en Hollande; l'êtes-vous à Liège? Vous travaillez toujours, mais je ne vois rien. J'ai fait et je fais encore des notes et des corrections au *Balai*, dont j'espère vous faire part un jour. Je ne donne aucun ouvrage, et de long-tems n'en donnerai, tant j'ai en horreur les prisons de l'inquisition française. D'un autre côté, depuis l'exil de notre Chancellier, la littérature est devenue la proie de notre petit lieutenant de police musqué, et de son cher favori, le sieur d'Hémery, de scélérate mémoire. Monsieur le président de Malesherbes n'a plus la librairie, depuis que monsieur de Maupou est vice-chancellier. J'ai vu à Paris votre *Aretin*, ouvrage plein d'esprit et de méchanceté; j'ai reconnu l'auteur au style; je dirai avec vous, à cet egard, que

> L'on pardonne aisément les sottises d'un livre,
> Lorsque l'auteur travaille uniquement pour vivre;

car, au milieu de mille choses pleines d'esprit, il y a des fautes et des négligences sans nombre. Toutefois, je voudrois bien que vous pussiez rencontrer quelqu'occasion de me faire parvenir tous vos ouvrages, et vous me flatteriez beaucoup. Revenons à moi. Mon aventure de la Bastille m'a porté un préjudice dont je ressens encore les effets. Ma situation n'est point heureuse, quoique brillante. Je joue à Paris le rôle d'un homme qui a huit ou dix mille livres de rente, et je n'en ai pas, en vérité, le centième denier. J'ai trouvé des ressources dans la plus aimable et la plus spirituelle personne du monde, dont je vous ferois voir, si vous étiez ici, des vers adorables qu'elle fait *elle-même*. Je suis répandu dans le plus grand monde, et vous dire que j'ai l'honneur de manger aux tables des princes et des princesses, c'est vous en dire assez. Si j'étois à mon aise avec cela, je serois au comble du bonheur; j'en attends le moment. Mille protecteurs ardens, mille protectrices charmantes s'empressent à l'envi de m'être utiles; je n'attends que la décison de mon sort.

« Mon mariage est suspendu, comme l'étoit ma liberté; je veux dire jusques à nouvel ordre. Voilà, mon cher bon ami, une esquisse de mon état actuel.

« Je vous dirai pour nouvelle, que notre ami Clermont est marié depuis six mois, et établi rue Dauphine. Sa boutique est près de moi; il m'a souvent demandé de vos nouvelles. J'ai eu le plaisir de voir ce matin monsieur Lambert, dont j'ai considéré les traits *lumineux* d'après le portrait que vous en avez fait. Il a vendu cent mille francs son fonds au petit Panckoucke de Lille. Je voudrois avoir les ouvrages dont vous me parlez avant qu'ils soient imprimés. L'intérêt que je prends à votre gloire me fait gémir sur les fautes qui sont dans les deux précédens que vous avez donnés.

« Le sieur Suard, qui joue le petit marquis, m'a dit qu'il ne savoit où étoit ce que je lui demandois, et qu'il avoit quelqu'idée cependant d'avoir vu quelque chose de semblable. Ce qu'il y a de sûr, c'est que ses avantages sont considérables; jugez-en par les offres que l'Impératrice a faites à d'Alembert de cent mille livres de rente pour l'éducation de son fils; j'ai vu moi-même les lettres de la Reine. Ainsi, sans vous envoyer ce que vous me demandez, vous pouvez dire aux personnes pour qui vous vous intéressés qu'il y a tout à gagner.

« Je devois faire, cet hiver, un voïage en Angleterre avec monsieur le prince de Masserand, ambassadeur d'Espagne, mais peut-être n'irai-je point. On me propose de partir pour l'Espagne, mais je ne suis point de cet avis.

« Le petit La Harpe vient de donner le Comte de Warwick, tragédie, qu'on a fort applaudie à la première représentation et fort sifflée à la seconde. Je ne sais quel sera le succès de la troisième. Je vais donner aux Italiens ma pièce réduite en trois actes; je vous en instruirai dans le tems.

« Adieu, mon bon ami, portez-vous bien et prospérez en tout, c'est le vœu du meilleur et du plus sincère de vos amis,

« DE GROUBENTALL.

« *P. S.* Je n'ai pu vous répondre plutôt, étant à la campagne à l'arrivée de votre lettre. Dites à monsieur Mathieu Lansberg qu'il fasse imprimer plus lisiblement ses almanachs. »

Aussitôt que le lieutenant-général de police eut connaissance de cette lettre, il fit prendre de nouvelles informations sur la conduite de Groubentall. Voici le rapport qui fut fait à cette occasion par l'inspecteur d'Hémery, qui résidait alors au Luxembourg.

« Monsieur,

« J'ai l'honneur de vous rendre compte qu'en conséquence de vos ordres, je me suis informé de la retraite du sieur de Groubentall. Il demeure en chambre garnie, rue d'Anjou, près celle Dauphine, à l'hôtel Saint-Pierre. Ce n'est qu'un polisson et un mauvais écrivain qui a la plume dangereuse, faufilé avec de fort mauvaise compagnie. Je doute très fort qu'il soit initié aux tables des princes et princesses, comme il s'en vante dans la lettre qu'il écrit à son ami.

« Je ferai, monsieur, tout ce que vous m'ordonnerez là dessus. »

Groubentall fut sans doute informé qu'on le surveillait, du moins est-on autorisé à le croire, car ni sa conduite ni ses écrits ne donnèrent plus lieu à de nouvelles arrestations.

Quant à l'abbé Du Laurens, son ami, quoique doué d'une imagination féconde et d'une facilité prodigieuse pour le travail, il vécut toujours dans un état voisin de la misère. Sa *Chandelle d'Arras* et son *Compère Mathieu* (1) surtout, qui eut, comme tous les ouvrages licencieux, la plus grande vogue, ne purent le tirer de l'indigence. Enfin, ayant été dénoncé à la chambre ecclésiastique de Mayence, comme auteur d'ouvrages anti-religieux, il fut arrêté, jugé et condamné, le 30 août 1767, à une prison perpétuelle. On l'enferma dans une maison de pauvres prêtres, située près de Mayence, appelée *Mariabom*, où il termina misérablement ses jours vers le milieu de 1797.

---

(1) On sait que cet ouvrage fut attribué dans le temps à Voltaire.

L'ABBÉ PRIEUR.

Dans une *Histoire du donjon et du château de Vincennes* (1), l'historien parle de quelques prisonniers qui ont été détenus dans cette prison d'État. Mais ni l'exactitude ni le jugement n'ont présidé à son travail. Le faux et le vrai y sont confondus sans discernement. L'auteur affirme sans examen, sans autorité, et sans citer les sources dans lesquelles il a puisé. Par exemple, s'il parle de l'abbé Prieur, voici tout ce qu'il dit sur ce prisonnier, dont aucun chroniqueur n'a parlé.

« Il s'étoit mis dans la tête de faire une nouvelle orthographe, qui avoit pour but d'écrire beaucoup de mots de notre langue avec le moins de lettres possibles. Il s'avisa de faire passer au roi de Prusse (Frédéric-le-Grand) quelques détails sur sa découverte. Il savoit combien ce monarque accueilloit et protégeoit les talens, et il lui offrit l'hommage des siens. Il forma une lettre de mots et de caractères bizarres qui

---

(1) Par J. B. N., tom. III, pag. 154.

la rendoient indéchiffrable : elle fut ouverte à la poste ; probablement les ministres ne pouvant y rien comprendre, crurent voir des hiéroglyphes dont le sens mystérieux cachoit les secrets de l'État, et ils firent conduire l'abbé Prieur à Vincennes, où il mourut au bout de plusieurs années. »

Pour nous, ennemis du mensonge, et qui n'écrivons pas d'après des livres, attendu que nous avons tous les matériaux originaux sous les yeux, nous allons sans crainte relever les erreurs, afin que notre ouvrage mérite une entière confiance et répande un nouveau jour sur la captivité et les travaux des hommes de lettres.

L'esprit et les talents font souvent le malheur de ceux qui les possèdent : la vie de l'abbé Prieur fournit une nouvelle preuve de cette vérité.

Né dans une condition obscure, il avait reçu une éducation au-dessus de sa naissance; mais en ornant son esprit, ses maîtres avaient, à ce qu'il paraît, négligé de lui inculquer les principes qui doivent servir de règle de conduite à tous les hommes, et qui leur apprennent à se contenter d'un état inférieur, quand ils ne peuvent s'élever que par des moyens coupables ou du moins peu honorables.

L'abbé Prieur avait beaucoup d'esprit, de capacité, d'instruction et surtout d'ambition. C'est à cette ambition et à son caractère remuant et difficile qu'il dut les malheurs qui l'ont accablé. Il les attribue, dans les lettres que nous aurons occasion de rapporter, à la perfidie de ses ennemis; mais il eut trop d'ennemis pour ne pas avoir eu beaucoup de torts. Au reste, quels que fussent ces torts, il les a expiés d'une manière trop cruelle pour qu'on puisse éprouver, en songeant à lui, d'autre sentiment que celui de la pitié.

L'abbé Prieur (1) naquit à Paris en 1731. Ses parents, qui n'étaient point riches, avaient épuisé tous leurs moyens pour lui donner une bonne éducation. Ils le regardaient comme le soutien de leur vieillesse. Au sortir de ses études, où il s'était distingué, le jeune Prieur avait pris la tonsure, à l'âge de 17 ans (2).

Après avoir rempli pendant trois ans les fonctions de sous-précepteur dans un collége, il alla tenir une école dans un village de la province du Perche (3); mais à la suite de différents, sur-

---

(1) Jean-Louis.
(2) En 1748.
(3) A Verneuil.

venus entre lui et le curé dont il dépendait, et de plaintes adressées par celui-ci à l'évêque de Chartres, ce prélat obtint du ministre un ordre du Roi en vertu duquel l'abbé Prieur fut arrêté et tenu long-temps en prison. Voici comment il rend compte de cette affaire dans une lettre écrite du donjon de Vincennes à M. le lieutenant général de police.

« Tandis que le curé de Brezolles, de funeste mémoire, m'avoit fait interdire, et remuoit ciel et terre pour m'ôter mon pain, des chanoines de Dreux, de mes anciens amis, que j'ignorois y être, entendirent parler de moi; mon nom réveilla leur attention. La querelle du curé ne leur fit aucune impression; plus il me calomnioit, moins il trouvoit de créance, parcequ'il étoit connu. Mes amis m'ouvrent le chemin à une chaire. Je fournis les preuves de capacité qu'exigea le chapitre à qui j'étois inconnu. On vient s'informer de moi sur le lieu, on reçoit des témoignages satisfaisants, d'aise, on lâche que je serai placé dans peu. Cette parole parvint au curé; son dépit se rallume; il écrit contre moi à monsieur l'évêque, au chapitre. A ceux-ci, il observe que je suis interdit, et que m'employer c'est encourir, *ipso facto*, l'indignation du prélat. C'étoit, à quelques égards, le *si hunc dimittis non es amicus Cæsaris*. Là dessus, par délibération du chapitre, on écrit à monsieur de Chartres une apologie motivée de ma personne. Le prélat irrité se donne la peine d'écrire au chapitre que je n'ai aucune qualité qui leur convienne, etc... Cette lettre est gardée au secrétariat comme un monument de son humeur... De là lettre de cachet, etc., etc. »

Ayant obtenu sa liberté, Prieur se retira à Orléans; mais bientôt l'évêque de cette ville demanda au ministre une autre lettre de cachet contre lui. Heureusement il trouva le moyen de s'y soustraire par la fuite.

Au commencement de l'année 1765, l'abbé Prieur revint à Paris, et, se voyant sans ressources, il se fit écrivain public sous le nom de *Ruperi* qui est l'anagramme du sien.

Prieur avait un frère qui occupait un emploi dans un bureau d'une administration; mais il était brouillé avec ce frère, qui paraissait le regarder comme un parent dangereux et qu'il était plus prudent de désavouer que de secourir.

Dans sa nouvelle profession, Prieur trouvait peu de ressources. Il était des jours où il ne gagnait que 4 sous, et il en payait 5 pour son loyer. Habillé tantôt en laïque et tantôt en ecclésiastique, il courait le monde, cherchant des protecteurs de tous côtés, et s'adressait à toutes les personnes qu'il supposait pouvoir lui être utiles. C'est alors qu'il écrivit les lettres suivantes à M. Coger, afin de l'engager à employer pour lui le grand crédit dont il jouissait dans l'université.

A M. COGER.

« 18 janvier 1765.

« Je ne saurois craindre de votre piété... que quelques petites pièces, sorties inconsidérément des mains de ma jeunesse, soient aujourd'hui capables de nuire à ma fortune. Ces idées sont passées il y a longtemps... et pour prévenir toute méprise de la nature que vous savez, et afin d'oublier autant qu'il est en moi le souvenir de ces anciennes impressions et en abolir les traces, sur votre conseil, j'en ai fait un sacrifice à Vulcain. A présent, il m'importe de savoir si, indépendamment de ces *juvenilia* qui n'existent plus, je serois estimé digne de remplir utilement une chaire. C'est un examen que je m'offre de subir. Depuis le temps que j'enseigne, et avec quelque réputation, il est aisé de se figurer que j'aie pu acquérir l'expérience nécessaire pour le gouvernement de la jeunesse. Je sais entendre mes auteurs et les faire entendre aux autres. Et pour vous faire voir que je sais bien me connoître, je ne disconviendrai pas que telles pièces sérieuses que j'ai faites ne soient médiocres et dépourvues de noblesse et d'aménité; mais il en faut accuser la fortune plutôt que mon génie. Je souffre de n'être pas placé à portée de cultiver le talent que j'ai reçu de la nature, c'est-à-dire de Dieu. Or, le chagrin ne sauroit subsister dans une ame sans en diminuer l'activité. Mais je suis persuadé que si j'avois un meilleur sort, un peu de prospérité releveroit les facultés de mon esprit. C'est à raison de pareilles conjonctures que La Bruyère disoit : *tels peuvent être loués de ce qu'ils ont fait et tels de ce qu'ils auroient fait.*

« Tel de vos disciples vous a quelquefois apporté des vers de ma Minerve qui ne vous ont pas absolument déplu. D'où je veux conclure que si j'avois le temps de travailler, avec le goût que j'ai pour l'étude, je deviendrois capable de quelque chose. Je vous prie d'en être persuadé et de vous intéresser pour moi en conséquence. Vous devant mon bien-être, je ne vivrai que pour demander au Ciel qu'il vous comble de ses plus douces bénédictions.

« Agréez, etc. »

AU MÊME.

« 27 mai 1765.

« Je suis très las de servir en qualité de garçon précepteur. Quand je consumerai la meilleure partie de ma vie dans des baraques de pensions pour mes dépens bien justes, après une longue suite d'années, après avoir essuyé bien des peines, après avoir eu froid, après avoir sué, que me restera-t-il? A quoi cela me conduira-t-il? à mourir à l'hôpital. Voilà la perspective que j'ai.

« Le malheureux de l'Évangile, après être tombé entre les mains des brigands qui l'ont maltraité, a enfin rencontré un Samaritain qui l'a rétabli de ses pertes et de ses blessures. J'ai quelques traits avec cet infortuné. Ne pourrai-je pas espérer de trouver aussi un honnête homme qui prenne à cœur d'améliorer mon sort? Faut-il que je quitte la partie des lettres après m'y être appliqué depuis que je me connois et m'y être quelque peu dégrossi? C'est une chose que je ne me résoudrai jamais à faire que dans le désespoir. Mais peut-être ne suis-je pas éloigné de cette extrémité.

« Pour n'avoir rien à me reprocher, je parle, je sollicite, je cherche. J'ai encore été voir aujourd'hui monsieur Gardin. En lui déclinant le nom des personnes qui peuvent me connoître, celui qui l'a affecté le plus c'est le vôtre, monsieur; ainsi je pense qu'il ne manquera pas de vous consulter à mon sujet.

« En le quittant, j'ai été pour avoir l'honneur de vous saluer à cette occasion; mais j'ai eu le déplaisir de ne vous point trouver. A la conversation de monsieur Gardin, j'ai senti qu'il avoit une occasion prochaine de me placer. Je vous prie donc de ne point empêcher sa bienveillance, et, au contraire, de l'augmenter, s'il est possible; car il est favorablement disposé, tant, parcequ'il a vu de moi que par le bien qu'il en a entendu dire et les excellentes attestations que je lui ai exhibées.

« Quant à ma religion et à mes mœurs, elles sont telles qu'on les peut désirer dans un maître chrétien, et je défie que sur cet article on puisse rien motiver contre moi. Je suis d'âge de penser à m'établir. J'aime le bon, le vrai, l'ordre. On peut faire de moi un excellent professeur. C'est du moins ce que certifieroient messieurs *Le Neveu*, *Fourneau*, *Le Bel*, *Guérin*, *Guillot*, *Dair*, *Douveau*, *Monin-Tarquet*, etc. Je ne demande qu'à être employé, examiné, éprouvé et connu par mes *œuvres*, parceque j'espère y gagner. Votre piété et vos lumières me donnent droit d'espérer, monsieur, que vous serez charmé de trouver l'occasion de contribuer à mon bien-être en plaçant un corps dans sa sphère. Je vous promets de faire en sorte que vous receviez des louanges à cause de moi; satisfaction moindre à la vérité pour un cœur bien né que le plaisir délicat d'avoir fait une bonne œuvre.

« J'ai l'honneur, etc. »

L'abbé Prieur s'adressait en même temps à l'auteur de *l'Esprit*, et les lettres qui suivent prouvent qu'il savait changer de principes en changeant de correspondant.

A HELVÉTIUS.

« 18 février 1765.

« Dimanche 17, j'ai été voir des capucins de la rue Saint-Honoré, pour savoir de source la nature du procès mis entre les soi-disans Pères et les Frères. J'ai donc appris que les Pères avoient voulu interdire aux Frères la liberté de se trouver au chapitre pour y avoir voix délibérative. Les Frères alors eurent recours au Parlement, lequel, appuyé sur les constitutions du fondateur saint François, rendit, en septembre dernier, un arrêt qui maintenoit les Frères dans le droit de se trouver au chapitre et d'y donner leur voix.

« En suite, de chose à autre, j'amenai la conversation au chapitre de votre immortel ouvrage *de l'Esprit*, pour sonder leur affection à cet égard. (Il est bon de noter que je parlois, non au Fretin de la capucinière, mais aux savans hébraïsans qui donnent une nouvelle version de l'écriture.) « Oh! fi, l'indigne ouvrage, » me dirent-ils, et tout de suite exhalèrent, avec une religieuse profusion, le venin de leur cœur ulcéré. Je les écoutois avec une patience vraiment méritoire. Quand ils eurent tout débagoulé, je leur dis que ce qui soulevoit tant de gens contre vous, étoit précisément ce qui intéressoit en votre faveur un grand Monarque, le roi de Prusse; que ce prince désiroit de vous voir et étoit charmé de vous connoître; que, pour vous fixer auprès de sa personne, il vous proposoit des avantages considérables. « Le diable ne le demandera-t-il pas bientôt aussi ? » m'interrompirent-ils brusquement. C'est que ces bénis frocards vous croyoient près de mourir, c'est-à-dire âgé. A ce langage, il n'est que trop aisé de reconnoître celui de l'intérêt. Cette vermine vit à l'aise de la stupidité des sots. Or, quel chagrin pour eux de voir que la philosophie s'efforce, depuis un temps, d'arracher le bandeau dont l'ignorance couvre les yeux du vulgaire abruti. Et, si elle en venoit jamais à bout, au diable iroit la moinaille, au diable la prêtraille et tous ces gros bénéficiers, vicieux, fainéants, qui s'enivrent à longs traits dans le torrent de la volupté des biens de ce monde, à la faveur du manteau de la religion. Mais, graces à la lumière éternelle qui éclaire tout homme quand elle veut, petit à petit les yeux du peuple commencent à se dessiller. Il n'y a plus que la can..... qui va importuner les prêtres pour les obliger d'entendre le récit de leurs fredaines. Les féries *esuriales*, l'abstinence de certaines viandes, l'usage des viandes dites *quadragésimales* et l'observation de telles autres pratiques d'invention humaine, ont cessé d'être de mise chez les gens qui ont seulement une ombre de gros bon sens......

« Ce n'est pas sans peine que je me suis élevé au-dessus des préjugés de mon éducation : mais enfin ayant pris sur moi de me défaire des erreurs de ma puérilité, que je ferois ce me semble de belles choses si la fortune ne m'étoit pas contraire ; mais la misère m'assaillant, c'est nécessité que mon courage s'abâtardisse, que mon âme *s'afflige*, que les bornes de mon esprit se rétrécissent. Je languis de tristesse ; je vois qu'il me faudra terminer mes jours avant le tems *a tempore non meo*, et naturellement cette idée me désole. Je me sens bien assez de force pour contempler la sagesse et la raison, écouter leurs leçons et en profiter, mais la pauvreté m'en empêche, me déprime et m'applique sérieusement à des minuties grammaticales pour vivre ; et, après avoir bien travaillé la journée, quelle récompense en ai-je ? vous le savez, cinq sous ; voilà pour m'entretenir ! O sort ! que ta rigueur est terrible ! que La Bruyère avoit raison de dire que « Tels peuvent être loués de ce qu'ils ont fait et tels de ce qu'ils auroient fait ! » Que la condition de Roi est digne d'envie! et de sentir le mérite et de savoir le récompenser! ce que c'est aussi que d'en avoir! l'on en connoît bien mieux le prix! Que je voudrois être Roi, ou attaché à Sa Majesté par quelqu'endroit! Quel que soit votre malheur de n'avoir pas la liberté de parler, le mien est infiniment plus grand. Je n'ai pas même le loisir de penser. Que je suis à plaindre d'être réduit à végéter parmi un tas de sots, d'hypocrites, d'ames de boue! Autrefois la reine de Saba est venue de loin pour visiter *Salomon*, et moi je voudrois avoir le bonheur d'aller avec vous admirer la sagesse de Frédéric. Au pis aller (et ce pis aller seroit mon mieux), je serois en état de remplir avec distinction une chaire dans le collége de ce royaume, aussi bien qu'en celui-ci: je suis maître-ès-arts en l'université de Paris, et n'ai pas le moyen de prendre d'autre grade. D'ailleurs, celui-là suffit absolument. Me rendre très digne d'emploi, c'est mon devoir: le reste ne me regarde plus; c'est l'affaire des autres.

« J'ai l'honneur de me dire avec une vénération singulière pour vos vertus, monsieur,... etc. »

AU MÊME.

« 13 mai 1765.

« Vous êtes maintenant à portée de connoître le païs, monsieur; vous savez à quoi je suis propre et où je pourrois être utilement placé; par exemple, professeur dans un collège, ou précepteur. Je suis en état d'enseigner les auteurs grecs relatifs à toute classe, et mieux que cela. Vous connoissez ma façon de penser, dégagée des préjugés de l'enfance et filtrée pour ainsi dire par la chausse de la raison. Étant tel que je suis, il n'est pas possible d'espérer de faire jamais fortune en France. C'est une terre ingrate qui dévore ses meilleurs habitans.

« Par l'Auguste du siècle, on entend généralement le roi de Prusse ; dédaigneriez-vous, monsieur, le titre de Mécène ? Comme j'ignore l'état du clergé de Prusse, je ne sais si je pourrois y être aggrégé. Au moins je ne pense pas que la loi du célibat, que quelques-uns vantent tant parmi nous, y soit en si grande vénération.

« Indépendamment de votre recommandation auprès du sage Monarque philosophe, trouveriez-vous, monsieur, que je fisse mal d'écrire moi-même directement à Sa Majesté? N'y auroit-il pas de risque que ma lettre fût interceptée en France? Et alors à quels dangers ne serois-je pas exposé de la part de nos bêtes noires ?

« J'ose espérer de votre humanité que vous ne négligerez pas, dans quelques momens de vos loisirs, d'honorer d'une réponse celui qui est avec les sentimens du plus profond respect, monsieur, votre, etc.

« J'apprendrai avec plaisir que l'air du climat n'apporte aucun préjudice à votre santé.

« A Paris, vous avez entendu parler dans le tems qu'un certain garçon boulanger avoit assassiné son maître et sa maîtresse enceinte avec un merlin. Eh bien ! ce scélérat a enfin été reconnu et arrêté près de

Chartres. *Rarò antecedentem scelestum deseruit pede pœna claudo.* Hor.

« Le 18 mars, il a été amené au Châtelet. Comme on l'attendoit, la multitude s'est attroupée autour de la prison pour applaudir à sa capture. Dès l'instant son procès a été commencé et instruit avec une diligence incroyable. Le 20 il a été exécuté à mort. Ses billets d'enterrement n'ont été distribués par la ville que le lendemain, faute d'avoir pu être imprimés pour le jour même. Le parlement l'avoit condamné à faire amende honorable devant la cathédrale et à être rompu vif. Il a été exécuté à six heures, et a vécu sur la roue jusqu'au lendemain cinq heures. Il a donné des signes de repentir, baisant son confesseur et le crucifix. Quoique son arrêt de mort n'eût point été crié, toutes les rues de son passage et la place de Grève étoient remplies de monde. Il y eut partout une presse prodigieuse, tant étoit vif l'intérêt que le public prenoit à sa punition. Vers la fin de mars on a publié une analyse historique de la vie de ce coquin, avec différentes complaintes qui se sont succédées l'une à l'autre.

« Je ne vous marque rien des nouvelles journalières, parceque les écrits périodiques vous les apprennent.

« Depuis votre départ, le tems a continué d'être doux et pluvieux, ce qui fait qu'on espère abondance de blé, de vin, de grains et de fruits. Il y a peu d'abricots à cause de certaines petites gelées; mais, en revanche, il y a des pêches *à tout rompre*, pour me servir de l'expression des païsans.

« Les eaux de la Seine sont encore très grosses et ont fort endommagé les ouvrages de la Garre. Tout dernièrement il y a eu un arrêt du conseil, signifié à la ville, qui défend de plus travailler à la dite Garre. Sur-le-champ tout a cessé. Vous savez que feu monsieur Turgot avoit projeté de faire une garre dans les fossés de la Bastille. Si ce plan simple eût été suivi, il eût épargné bien des millions. Les entrepreneurs des ponts et chaussées ont représenté que cette garre étant un ouvrage public et royal, c'étoit à eux d'y pourvoir et d'y travailler. En conséquence, on compte que la semaine prochaine les travaux recommenceront de plus belle.

« Je ne vous parle point du projet de supprimer le grand conseil ; des démissions spontanées de tous les membres... Les gazettes vous ont informé de ces nouvelles.

« Le 5 mai, l'Hôtel-de-Ville et la duchesse de Chevreuse, parrain et marraine, ont tenu et nommé une cloche à la cathédrale. L'archevêque fit la cérémonie de la bénédiction. Le 12, même cérémonie de baptême de plusieurs cloches à Saint-Louis en l'île de Notre-Dame. Le maître maçon qui avoit entrepris le nouveau clocher à la Polonoise, faute d'avoir bien connu cet ouvrage, en a été pour 20,000 livres du sien.

« Le parlement a condamné le Dictionnaire philosophique portatif à être brûlé par la main du bourreau. Que de réflexions à faire qui ne vous échappent point ! »

On voit par différents passages de cette dernière lettre, qu'Helvétius était à Berlin lorsqu'elle lui fut adressée. Prieur y annonce l'intention d'écrire directement au roi de Prusse, en exprimant la crainte que sa lettre ne soit interceptée et ne lui attire la vengeance des ennemis des philosophes. Malheureusement il n'écouta pas assez ces pressentiments, qui ne se réalisèrent que trop tôt.

A cette époque, Prieur avait assurément conservé peu de vocation pour l'état ecclésiastique ; cependant, poussé par le besoin, il faisait, en désespoir de cause, des démarches pour y entrer, ainsi que le témoigne la lettre cy-après, écrite à monsieur l'abbé de Lubersac, vicaire-général de Narbonne.

« Actuellement que nos seigneurs les évêques sont à Paris, me seroit-il permis d'espérer que vous voulussiez bien vous donner la peine de penser à moi pour une chaire dans quelque collége ou université. Je suis d'âge à former un établissement et en état de bien faire. Ma capacité vous est suffisamment connue. Je suis maître-ès-arts ; je voudrois que ce grade ne me fût pas infructueux. Depuis que j'étudie, le but que je me suis proposé est de remplir un jour quelque chaire ; c'est là ma sphère, hors de là je serai déplacé. Ce n'est pas que je ne fusse charmé de devenir prêtre, mais je n'en ai pas le moyen. Si quelqu'évêque vouloit me faire la grace de m'incorporer ou affilier à son diocèse, cela me feroit plaisir comme étant un degré à ma fortune; mais faute de protection il faut végéter, languir dans le néant, quoique l'on puisse valoir d'ailleurs. Ce paralytique qui n'avoit personne pour l'aider à propos à se jeter dans la Piscine demeura trente ans sans être guéri. J'ose donc me recommander fortement à vous et vous conjurer de vous souvenir de moi dans l'occasion. Si je vous devois ma fortune, je vous proteste que je ne cesserois de me dire toute ma vie, avec les sentimens de la plus vive reconnoissance et du respect le plus profond, etc. »

Au moment où Prieur prenait tant de peines pour obtenir des moyens d'existence, on était sur le point de le délivrer de ces soucis d'une manière bien affreuse pour lui.

Le 19 août 1765, l'ordre de le renfermer au donjon de Vincennes fut délivré par monsieur le comte de Saint-Florentin, sur la proposition du lieutenant de police Sartine.

Le principal motif de cette mesure, qui fut exécutée sur-le-champ, était une lettre adressée par Prieur au roi de Prusse, le 8 juillet précédent, lettre qui avait été interceptée à la poste.

Cette lettre était conçue en ces termes :

« Ce n'est que dans le cœur de Votre Majesté que je puis déposer mes secrets; je vais le faire avec la rondeur d'un honnête homme et avec la candeur d'un Parisien.

« Je suis né dans cette capitale en 1731, d'honnêtes gens, mais peu fortunés pour me faire un sort; ils se sont mal aisés pour me procurer toute l'éducation possible. Ce n'a pas été sans fruit. Au collége, j'ai remporté les prix dans toutes les classes.

« En 1748, j'ai reçu la tonsure cléricale; dans ce tems là j'étois encore imbu, comme la multitude, des préjugés de l'ignorance sur le compte des prêtres, c'est-à-dire que je m'imaginois que c'étoient des modèles de science et de vertu; mais la lecture ayant développé en moi le germe de la raison, mes yeux se sont dessillés, j'ai vu clair. J'ai considéré l'Église, et j'ai remarqué les abus de sa doctrine. J'ai examiné ses gens et je les ai trouvés plus hommes que les autres. Je ne les ai si bien connus que par la triste expérience que j'en ai faite : je veux dire les cruelles persécutions que j'ai essuyées de leur part. Il m'en a coûté cher pour me guérir de la stupide vénération que le vulgaire a pour eux. Mais enfin, grace à leurs soins, j'en suis guéri.

« Mon histoire ne laisse pas de contenir des anecdotes curieuses et intéressantes; mais elle ne pourroit jamais paroître en France. La manière dont j'ai lieu d'être affecté à l'égard de notre Mère sainte Église m'ôte toute espérance de m'élever par son moyen. D'ailleurs, le crédit énorme dont elle jouit encore lui donne toujours la liberté de faire de ses chefs-d'œuvre dont je pourrois de nouveau devenir la victime; ce m'est donc nécessité de chercher fortune ailleurs, puisque cette terre ingrate dévore ses meilleurs habitans.

« Dans cette conjoncture, à qui puis-je mieux m'adresser qu'à Votre Majesté, Sire, qui êtes le plus brave des hommes, le plus grand des capitaines, le plus savant des généraux, le plus habile des conquérans, le plus vaillant des héros, le plus sage des monarques, et plus que tout cela, le prince des philosophes et l'Auguste du siècle? Au tribut de louanges que l'Univers éclairé rend de toutes parts à Votre Majesté, agréez, Sire, que je joigne mes faibles hommages.

« A ces causes, si Votre Majesté veut acquérir un sujet utile et vertueux, je puis me donner pour tel et payer de conduite. Monsieur Helvétius, la perle des philosophes de nos jours, qui goûte le précieux avantage d'être à votre illustre cour, pourra certifier de moi à Votre Majesté. Si je n'étois pas obligé de travailler pour vivre, je ferois quelque chose de bon dans un collége. Je suis en état de professer toute classe et d'expliquer les auteurs grecs y relatifs. Je pourrois encore être utilement employé à une bibliothèque.

« Je suis avec les sentimens du plus profond respect, etc.

« L'abbé Prieur, maître-ès-arts.

« Je n'ai pas le moyen de prendre d'autres grades; j'ai cependant étudié trois ans en Sorbonne.

« 8 Juillet 1765. »

Pour avoir écrit cette lettre, bien condamnable sans doute de la part d'un ecclésiastique, mais qui n'aurait dû attirer qu'une réprimande sévère à l'auteur, l'abbé Prieur fut enfermé dans le donjon de Vincennes. Peu de jours après son arrestation, le 4 septembre, il fut interrogé. Ses réponses ne sont pas sans intérêt.

« Le dit sieur Prieur, interpellé de nous déclarer quel est le souverain à qui il a écrit la dite lettre... nous a fait réponse, après serment, que la dite lettre étoit adressée à Sa Majesté le Roi de Prusse... et qu'il l'avoit mise, le 8 juillet dernier, à la boîte aux lettres, rue des Blancs-Manteaux...

« Observe que de prime abord cette lettre pourroit prévenir contre lui et donner à penser qu'il ne seroit pas un bon François et attaché à son Roi; mais il se flatte que nous voudrons bien insérer, dans notre présent procès-verbal, ses moyens de défense et de justification, et il espère que les inquiétudes qu'on a pu prendre à son sujet s'évanouiront aussitôt.

« Déclare que cette lettre part à regret d'un cœur François qui a offert sa personne à qui en voudroit, s'y trouvant forcé par les rigueurs excessives de monsieur l'évêque de Chartres, lequel a eu l'adresse de surprendre la religion de monsieur le comte de Saint-Florentin, ce ministre si éclairé, et dont le cœur est porté cependant à obliger tous les sujets du Roi.

« Déclare que les abus que le déclarant a remarqués sont la révélation de sa propre confession, et d'où résulte la perte de sa réputation et de son état.

« Il a cru devoir dénoncer cette révélation à monsieur l'archevêque de Paris, et les gens du prélat s'en sont servis pour décrier le déclarant du côté des mœurs et de la religion, le qualifiant de libertin, d'impie; accusation ordinaire quand on veut perdre un homme, mais que l'on doit regarder comme des injures triviales, usées, cent fois réfutées et cent fois rechauffées, pour nuire à ceux qui déplaisent, et il est étonnant qu'une pareille diffamation, toujours hazardée et sans preuve, trouve encore du crédit auprès des personnes éclairées et en place, qui, en en connoissant le venin, ne devroient point y ajouter foi, ni y donner aucune créance.

« Observe que son histoire, c'est-à-dire l'histoire qu'il a faite des moines qu'il a connus, contient des choses qui démontrent que cette espèce d'hommes détruit plus la religion qu'elle ne l'édifie, et tout auteur qui tenteroit de découvrir leurs mystères d'iniquité pourroit s'attendre d'être traité d'impie, et en conséquence persécuté, vilipendé et déshonoré, et on sait, par parenthèse, les difficultés qu'a éprouvées l'auteur du *Tartuffe* après la première représentation de sa pièce.

« Ajoute que, pour se faire bien venir d'une mère, il faut trouver ses enfans jolis, bien élevés, aimables, et, comme il n'a point vu cela dans les prêtres en général qui l'ont vexé et persécuté, il suit de là qu'il n'a rien à espérer de la bienveillance des ministres de notre Mère Sainte-Église.

« Observe que l'histoire prouve malheureusement que les gens d'Église sont en possession sur leur parole, et sans preuve ni fondement, de persécuter tous les gens de bien, qui ne leur font d'autre mal que de corriger leurs actions par une vie irréprochable.

« Déclare que l'idée qu'il a conçue du Roi, du meilleur des Rois, et nommé à juste titre le Bien-Aimé, il a cru devoir l'attribuer au Roi de Prusse, dont le déclarant recherchoit, malgré lui et comme forcé, la bienveillance.

« Enfin, le déclarant n'est pas un sujet indifférent pour sa patrie, et qui veut voir du pays; il est un sujet vraiment François, attaché à sa patrie, tout dévoué à son Roi, que ses études, depuis ving-cinq ans, ont rendu capable de servir avec utilité ses concitoyens, et qui s'est vu dans la triste nécessité d'aller offrir ses services à l'étranger, en se voyant poursuivi par un prélat qui a toujours empêché le déclarant d'être placé en aucun lieu, conformément à ses talens, c'est-à-dire occuper une chaire dans différens colléges.

« Ajoute qu'il a toujours sollicité d'être employé, comme intelligent et propre à l'éducation de la jeunesse, et c'est une vérité dont sont convenus tous les gens éclairés qui le connoissent par lui-même et qui n'en ont point jugé suivant la passion d'autrui, et a signé en notre minute.

« Au château de Vincennes, le 4 septembre 1765, dix heures du matin.

« MICHÉ DE ROCHEBRUNE. »

Une année s'était à peine écoulée depuis l'arrestation de Prieur, que déjà sa santé s'altérait, sa vue s'affaiblissait. L'ennui ne lui était pas moins funeste que l'insalubrité de son cachot. Il demandait à grands cris de l'occupation, des livres, et surtout des grammaires et des dictionnaires. Il était tellement disposé à s'occuper de questions grammaticales, que le lieutenant-général de police lui ayant fait remettre la grammaire de Wailly, il s'avisa, dans une lettre à ce magistrat, de discuter quelques assertions du grammairien, et offrit ainsi le singulier spectacle d'un prisonnier d'état donnant, du donjon de Vincennes, une leçon de langue française à un lieutenant de police : la chaire et l'écolier étaient faits l'un pour l'autre.

Les lecteurs apprécieront la justesse de ses critiques : nous en citons quelques unes à cause de la rareté du fait.

« De *Wailly*, dit Prieur, blâme, souvent à tort, *Restaut*. Son verbe *pronominal* n'est pas plus intelligible que le verbe *réflectif* de son antagoniste. Il me faudroit la pièce de comparaison, si c'étoit votre volonté, monseigneur. Les verbes que *Restaut* appelle *neutres*, à l'instar des grammairiens latins, sont appelés *actifs* par la nouvelle grammaire. Mais l'auteur n'a pas su distinguer entre mouvement et action, lorsqu'il dit, page 23 : Cet enfant est continuellement en action ; il court, il danse, il saute, etc., etc.

« L'auteur écrit *œuil :* cette manière d'écrire a été imaginée par les grammairiens de Port-Royal. La Bible de Sacy comporte partout *œuil*. On feroit mieux d'écrire *euil*. L'autre écrit *accœuillir;* c'est une faute de plus qu'il introduit dans ce qu'on appelle l'orthographe. C'étoit bien assez et trop d'avoir *cœur*. On ne fait pas attention que le *c* devant *œ* se prononce comme une *s*; exemple : *Cælum*, *cœrimonia*, *cœnomanum*, *cœnobium*, d'où l'on a formé *cœnobite*, que l'auteur du Traité d'orthographe en forme de dictionnaire (1) écrit mal à propos avec un *c* cédillé... L'auteur est une nouvelle preuve que l'on n'est pas grammairien pour avoir écrit sur la grammaire.......

« Prieur.

« 8 novembre 1766. »

Après plus d'une année de détention, on permit à Prieur d'écrire à ses parents, mais à condition de ne point mettre de date à sa lettre, et de ne pas indiquer le lieu d'où elle partait. Ainsi, dans ce temps, un homme arrêté était, dans certains cas, un homme perdu. Ses parents, ses amis, ignoraient entièrement ce qu'il était devenu ; et si on l'autorisait à leur écrire, on le mettait dans l'impossibilité de recevoir leur réponse.

Dans le courant de l'année 1767, le malheureux abbé Prieur écrivait au lieutenant de police :

« Monseigneur,

« J'ai besoin de *Novum Testamentum græco-lati*-

---

(1) Édition de 1764.

num... pour m'aider à sanctifier mes souffrances. Depuis ma détention, je supplie qu'on le fasse demander aux Minimes du Parc : on n'y a pas encore songé. Le confesseur, touché de ma misère pitoyable, m'a promis de me l'envoyer, s'il vous plaît lui en donner ordre. Je suis privé de tout secours humain et spirituel, excepté la messe. Je n'ai point l'office divin. Je deviens paralytique comme tels autres. Il me survient plusieurs infirmités que j'expose inutilement au chirurgien. Quand je serai mort, j'espère qu'on croira que j'aurai été malade. La tête me tourne et je perds la vue......... »

Le lieutenant de police écrivit sur cette lettre : *inutile*. Il était en effet fort inutile de faire soigner un homme que la prison seule conduisait à la mort, et qu'on était bien décidé à retenir jusqu'à la fin de ses jours.

Le 20 avril, la lettre suivante fut adressée par monsieur de Rougemont, gouverneur du château de Vincennes, au lieutenant de police.

« Monsieur,

« Le sieur abbé Prieur, prisonnier par les ordres du Roi au donjon, ayant eu l'imprudence de me faire passer avec le papier duquel il avoit à me faire justifier l'emploi, la lettre ci-jointe que j'ai l'honneur de vous adresser qu'il écrit à son frère, j'ai cru devoir lui faire supprimer, jusqu'à nouvel ordre, plumes, *ancre* et papier pour le punir d'en avoir fait un si mauvais usage. Je vous prie de me mander si vous approuvez ce parti........

« De Rougemont. »

Le lieutenant de police mit sur la lettre cette apostille :

« Répondre que je le remercie de son attention et que j'approuve le parti qu'il a pris. »

Il paraît que l'abbé Prieur, voyant que les lettres soumises qu'il écrivait depuis trois ans au lieutenant de police pour réclamer sa liberté, ou du moins des adoucissements à sa position, ne produisaient aucun résultat, et ne pouvant plus contenir les sentiments que lui inspirait le cruel traitement dont il était l'objet, avait pris, dans son désespoir, le parti de se venger de ses bourreaux autant qu'il était en son pouvoir de le faire ; pour cela, il avait exhalé, dans une lettre supposée adressée à son frère, les sentiments d'horreur et d'indignation qu'il éprouvait. Il avait ensuite fait en sorte que cette pièce passât sous les yeux de ceux auxquels il adressait de **dures vérités. Cette lettre, extrêmement longue** et très-difficile à déchiffrer, n'offre rien d'assez remarquable pour que nous la rapportions en entier. Voici les passages les plus saillants :

« Quand on entre au donjon, on est innocent : tout-à-coup on y devient criminel. Les gardes, le chirurgien, tout le monde a intérêt que vous soyez coupable. Plus de poires, plus de pepins. La lettre que j'ai écrite à Paris, à mon illustre persécuteur, auroit converti des soldats aux gardes, rien ne durcit tant le cœur que la fonction de gouverneur. Le premier principe est d'abjurer toute loi, même la religion naturelle. On travaille bien mieux quand on n'est pas gardé. Toutes les cruautés que je souffre me font délirer. Bientôt on vous dira : il est fou : allez voir à quoi il est bon ? qu'en voulez-vous faire ? il vaut bien mieux le laisser en prison ; il est bien pour tous. L'imposture multiplie les paroles, et fait illusion à force de charger et d'entortiller ses discours. A entendre mon persécuteur, je vous défie de discerner la vérité, ni même de le soupçonner d'imposture..............
....
....

« Ceux qui me haïssent sont gens à vous aimer ; ils rendront volontiers justice à vos bonnes qualités ; ils vous prêteront même des vertus que vous n'avez pas. Flatté d'une pareille complaisance, vous vous figurez qu'ils sont infaillibles quand ils me calomnient. Que vous êtes bon ! J'ai écrit deux fois à notre cousin sans lui parler de la persécution ; il la connoît, il conçoit bien le mystère. Comme je n'ai pas vu ses réponses,

il est clair que la police a fait de la cendre de mes lettres.................................̃......
....

« Lorsque nous avons quelque chose à...... de la part des témoins de nos crimes, il faut les tuer adroitement et en secret. Voilà le superfin de la doctrine des....... doctrine que le Parlement a condamnée; c'est exécrable. Mais le Parlement ne fait pas loi en matière de politique. Combien de gens qui font du fracas dans le monde et qui n'y sont estimés que pour avoir sçu pratiquer cette prudente méthode. Ils jouissent d'une réputation d'autant plus belle qu'ils ont eu toute l'aisance possible pour s'innocenter........,..
....

« Comme vous ne connoissiez rien en matière d'iniquité, il convenoit de vous en faire un exposé capable de vous faire éprouver les cruautés que j'éprouve. Faire le bien, ce n'est pas ce qui touche les hommes; mais recevoir des louanges et des applaudissemens, voilà notre grand mobile. On vous a dit nombre de choses que j'ignore toutes, afin que vous me laissiez tuer avec indifférence; mais comme je sçais toute la vérité en ma qualité de patient, le grand magistrat s'est borné, en septembre 1766, à me dire : Vous savez pourquoi je vous ai fait arrêter; vous avez offert vos services à un prince étranger, et cela fort sérieusement.....................................̄..........
....•........

« Vous conviendrez que c'est nécessité d'offrir mes services à un prince étranger, lorsque mon prince naturel les rejette et me tyrannise; l'oppression me

fait tourner la tête. Je suis tellement engourdi à végéter dans mon cachot que souvent je ne réchauffe pas de la nuit; les souris viennent par légions me tenir compagnie..................................
....

« La persécution pourroit cesser s'il m'étoit permis d'écrire aux magistrats et aux gens de bien qui connoissent la persécution. Mais cela feroit..... à monsieur de Sartine qu'il passât pour perpétuer une persécution qui fait honneur. Périssent plutôt tous les opprimés que l'honneur des oppresseurs reçût quelque échec. Voilà ce qui s'appelle savoir son monde. Mais la persécution ne cessera pas parcequ'on sait vous jeter de la poudre aux yeux. Je me plains de tout, direz-vous : n'est-ce pas naturel, puisque tout est fait pour me molester injustement?..........
....

« Pendant cinq mois, j'ai demandé sans cesse un cure-oreille à monsieur Guyonnet. Vous n'en aurez pas, me dit-il laconiquement. Mal d'autrui n'est qu'un songe. L'oreille continuant à me faire souffrir un supplice très cruel, je demandai enfin à la police un cure-oreille; enfin on m'en envoya un de deux liards. Je conserve cet instrument avec un soin extrême. Il faut que je l'aie continuellement à la main à cause de l'infirmité qui m'est survenue à l'oreille, pour avoir été privé de ce cure-oreille si long-tems. Il est certain qu'on a résolu de me faire périr, attendu qu'on m'accable de rigueurs. Je suis vêtu comme un gueux.....
....

« Avant la persécution, ma philosophie pouvoit me

promettre cent ans de vie, selon mon tempérament;
et il me faut, dans la fleur de mon âge, éprouver les
infirmités de la vieillesse, et périr parceque j'ai fait du
bien et que je n'ai point fait de mal. On me pousse
au désespoir et à la rage; mais je souffre patiemment,
parceque Dieu voit tout et qu'il ne tiendra pas pour
innocents ceux qui me tuent contre toute loi, contre
leur conscience. C'est en vain qu'ils s'efforcent de s'é-
tourdir et de vous éblouir par des paroles spécieuses.
L'esclavage où je languis dépose contre l'oppression.
....

« On me fait accroire que le froc est l'auteur de
toutes les injustices, de toutes les cruautés que je souffre depuis sept ans. Depuis quand le Bien-Aimé est-il
un Néron? Louis XV n'est pas, comme Louis XIV, la
dupe des ecclésiastiques; s'il est vrai que le froc se
mêle de moi. Pourquoi ne vous dit-on pas, mon frère,
de vous pourvoir par devers le Roi, d'implorer sa clémence, puisqu'il est notoire que le traitement que je
subis est une persécution qui fait horreur aux plus
indifférens? Comme il est donc vrai que je dépends
absolument de la police, je n'ai rien à espérer......
....

« Après avoir végété un an dans mon cachot, on
m'accorda la promenade; j'avois les muscles tellement
engourdis, que je ne pouvois pas alterner les jambes.
Je ne respirois l'air que le dimanche............
....

« Dites que vous ne ferez plus de bien à personne,
ils ne vous croiront pas; ils savent que vous avez du
talent et nuls vices essentiels. Dites que vous serez

tranquille comme eux, faisant toute sorte de mal à leur exemple : il se moque de nous, diront-ils. Promettez de ne point parler du mal qu'ils vous font, ils diront que vous promettez plus que vous ne pouvez tenir. Ainsi, de tous côtés, raison pour vous tuer. Périssez donc, mon cher frère, mon infortuné frère, puisque votre mort aide dans les sages vues de vos persécuteurs. Bonnes mœurs! belle religion!.......
....

« L'oppression m'a appris une plus belle maxime : *Vix jus*. Voilà le code du siècle. Ces deux monosyllabes sont le grand principe de la charité, le fondement de la paix, le lien de la concorde, la source de tant de bien. A-t-on jamais dit que les persécuteurs, que les oppresseurs étoient des esprits remuants, brouillants, inquiets, dangereux, mauvais, pernicieux? Ces vices n'appartiennent en propre qu'aux opprimés. Voyez tous oppresseurs, tous persécuteurs, ils n'ont que cela à objecter à leurs victimes; c'est la selle à tous chevaux. Quand mon illustre persécuteur, éclairé par son conseil, assisté du Saint-Esprit, quand ce prélat vit que ma bonne conduite et peut-être mes talens m'attiroient l'amitié et l'estime du peuple, des magistrats, des curés, il me laissa mon bon droit, *jus*, et se tourna vers la force *vix jus*. Ne pouvant me faire tout le mal qu'il vouloit, il engagea le ministre à me le faire à sa décharge. Le ministre, qui aime la paix, crut que le moyen sûr pour l'obtenir étoit de me tuer tout de suite, sans forme de procès. Telles longueurs ne causent que du trouble. Il a eu la complaisance de lâcher des lettres de cachet qui m'ont tellement mal-

5.

traité que j'en ai été près des portes de la mort.....
....

« L'auteur de la Loi ancienne, Moyse, a décerné peine de mort pour tel crime. L'auteur de la nouvelle Loi a également décerné peine de mort. Celui qui tuera par l'épée, dit le saint, périra par l'épée.

« A dit que le prince portoit l'épée pour punir les malfaiteurs. Monsieur de Sartines pousse l'héroïsme de sa religion plus loin que ces hommes divins. Il vous dit que je suis coupable de crime capital, et que cependant il me traite avec toute la douceur et l'humanité possible, ne me laissant manquer de rien. Voilà une charité qui n'a pas d'exemple; charité d'autant plus louable, que ce magistrat a pour moi toutes ces bontés, sans que personne l'en ait requis; car il ne me connoissoit pas. Il ne m'a pas donné la liberté de prier personne pour solliciter sa justice ni sa charité. Ainsi, vous voyez qu'un seul paradis est trop peu pour tant de mérites..
....

« Les plus beaux postes sont occupés par des incapables ou des indignes; mais ils font plus que Dieu en opprimant ceux qui mériteroient un sort gracieux. Les magistrats savent bien qu'ils sont trop souvent trompés par l'artifice, par la jalousie, par la cupidité; cependant ils ne laissent pas de se prêter continuellement aux importunités des persécuteurs, qui, sous prétexte de demander correction de tels coupables, travaillent à leur destruction. Ainsi les maisons de force se trouvent peuplées et l'État dépeuplé. Les victimes trouvent leur tombeau dans la maison où ils

sont entrés à titre de correction. Impossibilité de faire parvenir ses gémissemens ou ses plaintes ou sa justification. Et quand les opprimés le feroient, on n'y auroit point d'égard, parcequ'ils sont censés ne pouvoir être jamais trop punis. Les rigueurs excessives qu'ils éprouvent leur rendent la vie plus cruelle que la mort; les mauvais traitemens, la perte de la liberté, le désespoir de la recouvrer les obligent de se défaire de manière ou d'autre. Les geoliers qui les gardent, afin de se rendre utiles, tyrannisent tant qu'ils peuvent ces malheureux, et sont toujours loués. Je suis dans la plus pitoyable misère..................
....

« La nourriture ne convient point à mes infirmités. Stupeur du genre nerveux, étourdissement, hémorrhagie, mélancolie, inertie, ennui. Depuis trois ans de cet esclavage, si j'avois eu des instrumens, j'aurois appris quelque langue ou quelque métier. Mais qu'importe aux oppresseurs que les citoyens soient utiles à la société ? Plus ils ont de talens et de vertus, plus on calomnie le bien qu'ils font pour avoir droit de les tuer. »

Cette privation des moyens d'écrire, si pénible pour un prisonnier, ne fut pas la dernière rigueur qu'eut à essuyer l'abbé Prieur, ainsi qu'on le verra par la lettre suivante, adressée le 18 juin 1768 à M. de Sartine, par le gouverneur Rougemont :

« Monsieur,

« La présence d'un tiers ne me permit pas, la dernière

fois que j'ai eu l'honneur de vous aller faire ma cour; d'avoir celui de vous rendre compte que l'abbé Prieur, prisonnier par ordre du Roi au donjon, ayant fait effraction à la trémie de sa fenêtre, pour tâcher de communiquer, suivant les apparences, avec le sieur de Langorla, j'avois été obligé de le changer dans une des chambres du bas qui sont en quelque sorte des cachots. L'immensité de mes affaires ne m'a pas laissé un moment pour pouvoir aller recevoir vos ordres à son occasion; mais j'ai lieu de ne pas douter, monsieur, que vous n'approuviez ma conduite à son égard, surtout lorsque vous apprendrez qu'il n'a pas été d'expédient bas et vilain qu'il n'eût employé pour tâcher de faire perdre dans mon esprit son porte-clef, à qui il n'a à reprocher, dans sa façon de penser, que trop d'exactitude et de probité....................

« De Rougemont. »

M. le lieutenant de police approuva tout; et long-temps après, le malheureux prisonnier écrivit à ce magistrat la lettre que voici :

« Au donjon de Vincennes, le 31 octobre 1769.

« Monsieur,

« Il est remarquable que j'aie été empêché de vous écrire depuis le 10 avril, et qu'aujourd'hui il ne me soit enfin permis de vous écrire qu'avec des précautions insolites. Le geolier est présent et suit des yeux ma plume et ma main, et ma lettre risque de ne parvenir pas jusqu'à vous. Je vous prie, supplie et conjure de remédier à un procédé dont les conséquences sont si funestes pour vous. Vous ne recevrez nos lettres qu'autant qu'elles seront du goût du lieutenant; mais pensez, monsieur, si le goût du lieutenant peut être conforme au vôtre. Vos intérêts sont opposés aux siens; habile comme vous êtes, monsieur, la réflection vous découvrira ce que je ne dis pas. Je vous prie de me faire donner un cachet et de la cire, et du papier pour vous écrire et autant de papier commun pour garder une minute de mes lettres dont je ne sois pas comptable au lieutenant. Il est trop poli à votre égard pour vouloir avoir le nez bridé de mes affaires qui se rapportent à vous seul. Quant au cachet, je ne vous demande pas de faire la moindre dépense. Il ne se peut faire que dans vos bureaux, ou chez vous-même, il n'y ait quelque vieux cachet inutile, soit chiffre, soit armoiries. L'important est que j'aie un cachet que vous connoissiez et dont le lieutenant n'ait pas le pareil. Un cachet commun de six liards me suffiroit, mais il est trop facile d'en avoir le pareil. Il convient que ce que j'ai à vous écrire vous parvienne sûrement. Vous serez le maître, quand vous aurez reçu ma lettre, de la présenter à lire au lieutenant. Je ne vous dirai rien que je craigne qu'il sache. La vérité me conduit, parceque je suis innocent, et mon innocence vous est connue. Ce qui m'étonne c'est d'être traité en votre nom pis que les plus grands criminels. Je manque du nécessaire physique et moral...

« Enfin, vous me refuserez tous mes besoins, ce qui ne s'accorderoit pas avec votre humanité. Depuis la fatale époque (10 avril 1768) (1), je n'ai point l'usage libre de ma mémoire et de ma raison; mon esprit ne m'obéit plus à volonté..., et la présence du geolier ne m'apporte pas ma présence d'esprit. Je ne sais ce que je veux dire; je ne pense pas à ce que j'ai dit, et demain j'aurai perdu l'idée de ce qui occupe actuellement mon imagination. Ma stupidité vient évidemment de ma stupeur des nerfs et de la stagnation du sang, infirmités qui me sont causées par cette cruelle détention. Toujours immobile sur ma chaise, buvant d'une eau qui m'est contraire. Cette eau me fait tousser; elle me charge le sang des sucs pierreux dont elle est imprégnée; ce qui ne peut qu'obstruer les vaisseaux. Si la tête me tourne, c'est un effet qui suit nécessairement de la cause. Privé de respirer l'air au jardin, comme un criminel condamné à mort; cela devroit-il arriver par votre ordre, monsieur, vous qui connoissez mon innocence. Je demande donc autant de papier que je vous en envoye pour en conserver la minute, afin de ne pas vous écrire plusieurs fois la même chose; ce qui arriveroit immanquablement, faute de cette minute ou mémorial; et, attendu l'aliénation de mon esprit, il étoit nécessaire que vous vinssiez cette année comme les précédentes; et, quoique le lieute-

---

(1) C'est celle où on a retiré à Prieur le papier, l'encre et les plumes.

nant vous ait représenté pour vous empêcher de venir, croyez qu'il y a bien d'autres raisons qu'il ne vous a pas dites. Il est prudent; il connoît mieux que vous ce qui importe à ses intérêts; cependant il est nécessaire que vous connoissiez la vérité. Je vous prie de prendre en considération ce que vous marque celui qui est avec le plus profond respect, etc....

« L'abbé Prieur, maître-ès-arts,

« Prisonnier de fait depuis le 28 septembre 1765 (1).

« Votre bonté excusera si j'écris comme un cochon, ayant perdu l'habitude d'écrire. »

Cette lettre fut remise au lieutenant-général de police, qui mit dessus, comme sur la plupart des autres : *Rien à faire*. C'est la dernière qu'ait écrite l'abbé Prieur.

L'état de la santé de ce prisonnier empira rapidement, et, le 22 octobre 1771, la mort mit un terme à sa détention.

Le procès-verbal, dressé par le commissaire Rochebrune et par les médecins Raulin et Fon-

---

(1) On voit que l'abbé Prieur a raison de dire qu'il a perdu la mémoire. Il se trompe d'un mois sur la date de son arrestation, et de son entrée au donjon.

telliau, attribue sa fin prématurée (1) à une hydropisie ascite, maladie évidemment causée par les conséquences de son séjour au donjon de Vincennes.

Prieur fut enterré, le 23 octobre, dans le cimetière de la paroisse du château, et son porte-clef fut son héritier.

---

(1) Il avait 40 ans.

DE ROZOI.

Pierre-Barnabé-Farmin de Rozoi naquit à Paris, en 1743, et non pas en 1745, comme on l'a dit dans la Biographie universelle. Un goût irrésistible le porta vers les lettres de très-bonne heure, et l'un de ses premiers essais fut *Mes dix-neuf ans, ouvrage de mon cœur,* que l'auteur fit imprimer en 1762, époque où il venait d'atteindre sa 19me année. En 1764, il publia les *Lettres de Cécile à Julie;* et sa tragédie intitulée : *les Décius français, ou le siége de Calais*, parut en 1765. On nous a laissé ignorer que cette nouvelle production occasionna quelques désagréments à l'auteur; et nous en sommes instruits par une note de M. de Sartine que nous allons placer sous les yeux du lecteur, et où nous apprenons qu'il fut mis au Fort-l'Évêque.

Voici cette note :

« Le ministre a approuvé que j'aye fait arrêter et

conduire au For-l'Évêque, le 10 de ce mois (1), le sieur de Rosoy, auteur de la tragédie : *le siége de Calais*, pour avoir fait imprimer à la tête de cette pièce, une préface qui contenoit des endroits répréhensibles, que je lui avois ordonné de retrancher.

« Il m'a paru touché de sa faute, et a promis d'être à l'avenir plus exact. D'ailleurs, plusieurs personnes de considération se sont intéressées à sa liberté, et j'ai cru devoir la lui accorder le 19 suivant.

« En conséquence, le ministre est supplié de faire expédier un ordre de la même datte pour autoriser celui que j'ai signé. »

M. de Saint-Florentin écrivit sur ce même rapport : *Bon pour l'ordre*, 24 *février* 1765; et l'on envoya *au concierge des prisons du For-l'Évêque l'ordre du Roy pour la liberté du prisonnier.*

Cette contrariété n'arrêta point le jeune de Rozoi dans ses travaux littéraires. Peu de temps après sa sortie de prison, il publia *Clairval philosophe, ou la force des passions;* et, en 1766, parut son *poème* intitulé *les Sens*, dans lequel on trouva que l'auteur avait trop négligé *le sens commun;*

---

(1) Février 1765.

peut-être eût-on mieux fait de lui reprocher d'avoir oublié la décence (1). Enfin cette même année il publia aussi *le Génie, le Goût et l'Esprit, poëme* (2), qui n'ajouta rien à sa réputation, attendu que l'auteur montra, par sa nouvelle composition, que la nature lui avait refusé, en partie du moins, les dons heureux qu'il venait de chanter.

Néanmoins, il nous semble que La Harpe, Palissot et l'abbé Sabatier de Castres, qui ne mériterait pas d'être nommé après eux, ont porté un jugement bien sévère sur les ouvrages de cet écrivain, qui peut-être eut le tort de vouloir s'exercer dans tous les genres. Mais lors même que cette sévérité n'aurait été contredite par personne, on ne peut s'empêcher de reconnaître quelque mérite dans les écrits de cet homme, qui, d'ailleurs, a prouvé que la médiocrité d'esprit n'est pas incompatible avec une dignité de caractère bien rare et une générosité d'ame que n'eurent point

---

(1) Ce fut sans doute à cet oubli, que l'auteur dut la seconde édition de son poëme, qu'il donna à Londres en 1767.

(2) En quatre chants.

ses critiques, ainsi que nous le verrons plus tard.

De Rozoi avait à peine 25 ans lorsqu'il perdit son père; et comme celui-ci n'avait point songé à transmettre à ses enfants l'honnête aisance dont il avait joui, le jeune homme devint le soutien de sa mère, qui avait encore deux demoiselles à sa charge. Aussi tendre fils que bon frère, il travailla sans relâche et publia, en 1769, un recueil de fables, d'épîtres, de contes, de chansons; et puis un *Essai philosophique sur l'établissement des écoles gratuites du dessin pour les arts mécaniques.* Mais comme la vente de ces livres ne lui rapporta que fort peu d'argent et que les besoins de sa famille épuisaient ses ressources, il composa de nouveaux ouvrages, et offrit ses manuscrits au libraire Lesclapart, qui les acheta avec la résolution d'aller en Hollande pour les faire imprimer à la dérobée. Voici comment la police eut connaissance de la publication de ces différents ouvrages : nous allons laisser parler M. de Sartine.

« Les commis des fermes préposés à la barrière des Carmes, arrêtèrent, le 5 de ce mois (mai 1770), un particulier portant un paquet de brochures prohibées. Il s'est échappé de leurs mains; mais ils ont retenu les brochures, les papiers et lettres missives qu'il avoit dans ses poches. Il s'en est trouvé une par laquelle un colporteur lui offre quatre ouvrages actuellement sous presse (1).

---

(1) Voici la lettre en question :

A M. DELORME, MARCHAND LIBRAIRE A BETHUNE.

« Paris ce 13 mars 1770.

« MONSIEUR,

« J'ai l'honneur de vous donner avis que je vais faire paroître incessamment *les jours d'Ariste, Dieu et l'homme, le Nouvel ami des hommes, l'éloge de M. le duc de Choiseul et Azor*, tragédie Péruvienne. Les quatre premiers seront sans approbation. Vous m'obligerez beaucoup, de me faire sçavoir la quantité d'exemplaires que vous en désirez. Soyez assuré que je vous donnerai gros à gagner, mais en revanche vous me ferez le plaisir de voir un de vos libraires de Hollande, ou de lui écrire et le prier de m'annoncer les quatre premiers ouvrages énoncés dans ma lettre, comme si ce fût lui qui me les fît tenir; il pourra me marquer la quantité d'exemplaires. Il faudroit qu'ils se montent à cinq ou six cents de chaque; je lui en ferai parvenir ce qu'il jugera à propos à un prix honnête, afin qu'il y gagne. Vous devez penser que la précaution est sage. J'ai bien d'autres nouveautés, qui sont pareillement à votre service, sçavoir.... ....J'attends vos ordres, et vous prie de ne rien négliger pour ce que je vous mande............

« GEORGES LESCLAPART. »

« Le 1er, *Dieu et l'Homme.*
« Le 2e, *le Nouvel Ami des Hommes.*
« Le 3e, *les Jours d'Ariste.*
« Le 4e, *l'Éloge de M. le duc de Choiseul.*

« J'ai fait faire la recherche du colporteur, et on a sçu par lui qu'il faisoit imprimer, à Beauvais et à Meaux, ces quatre ouvrages, et que l'édition en étoit presque entièrement finie; que les deux premiers s'imprimoient chez le sieur Desjardins, à Beauvais, et les deux derniers chez le sieur Courtois, à Meaux; que l'auteur du premier est un avocat à Troyes, nommé de Valmire, qui avoit présenté cet ouvrage à la censure, et à qui la censure avoit refusé son approbation (1).

« Que les trois autres ouvrages sont du sieur de Rosoy, qui lui a vendu les manuscrits 3000 livres et qui lui avoit promis de faire entrer l'édition entière dans les voitures de monsieur le duc de Gramont (2).

---

(1) « Le Censeur qui l'a examiné, a refusé son approbation (c'est l'abbé Chrétien). Il trouve que cet ouvrage est sans suite; contraire à tous les principes de la religion et de la morale. Il croit même que l'auteur n'a pas la tête saine. Un nouveau censeur qui vient de l'examiner le regarde comme un ouvrage impie qui mérite le feu. L'auteur croit de bonne foi qu'il est excellent. »

(Note de M. de Sartine.)

(2) « Son procédé est d'autant plus indigne, qu'il est at-

« J'ai fait arrêter et conduire au château de la Bastille le sieur de Rozoi, après perquisition faite dans ses papiers (1), et le ministre a fait expédier les ordres

---

taché à M. le duc de Gramont, de qui il attend la place de secrétaire du gouvernement de Bearn. »

(Note extraite d'une lettre de d'Hémery.)

(1) « L'an mil sept cent soixante dix, le samedy douze may, heure de midi, nous Jean François Hugues, conseiller du Roy, commissaire au Châtelet de Paris, en vertu des ordres du Roy, à nous adressés par monsieur le lieutenant général de police, nous sommes transportés avec le sieur Joseph d'Hémery, conseiller du Roy, inspecteur de la librairie, rue Beaurepaire, en une maison dont est principal locataire le sieur Mailly, vitrier et montéz en deux petites chambres au second étage du corps de logis de derrière, ayant vue sur la cour, les dites chambres occupées par le sieur Pierre Barnabé de Rozoi, associé à l'académie des Arcades de Rome, où étant, et parlant au dit de Rozoi, nous avons, en sa présence, fait recherche et perquisition dans les tiroirs d'un secrétaire et autres lieux fermants à clefs dans les dites deux chambres où étaient renfermés ses papiers, et il ne s'y est trouvé aucun papier, ni autres choses de suspect; après quoi le dit sieur d'Hémery s'est assuré de la personne du dit sieur de Rozoi, pour le mener et conduire en vertu des ordres dont il est porteur, au lieu de sa destination, et a signé, avec le dit sieur de Rozoi et nous enfin de la minutte des présentes demeurée en notre possession.

« De Rozoi,
« Commissaire Hugues,
« D'Hémery, inspecteur. »

en forme nécessaires pour autoriser ceux que j'avois donnés á cet égard.

« J'ai ensuite chargé, le 13 de ce mois, le sieur d'Hémery de se transporter en la ville de Beauvais, chez le dit Desjardins, et à Meaux, chez le dit Courtois, à l'effet d'y faire une exacte perquisition et saisir ceux de ces ouvrages qui s'y trouveroient encore.

« Il les a effectivement trouvés conformément aux indications qui avoient été données.

« Pour autoriser cette opération, le ministre est supplié de faire expédier un ordre en forme de la date du dit jour 13.

» Ci-joints sont les détails relatifs à chacun de ceux qui sont impliqués dans cette affaire. »

Nous ne rapporterons pas ici les détails des perquisitions ni les déclarations des libraires-imprimeurs, attendu qu'elles ne présentent aucun intérêt. Il suffira de savoir que Courtois et Desjardins déclarèrent et prouvèrent par leur conduite, qu'ils n'avaient commencé à imprimer ces divers ouvrages, *que sur l'assurance positive que le dit Lesclapart leur avait donnée qu'il avait la permission tacite, qu'il leur enverrait.*

Quant à Delorme, dont le véritable nom était Thomas-Rognon (1), il se sauva à Dunkerque,

---

(1) Il faisait habituellement le commerce de livres prohi-

où il fut poursuivi par ordre de M. de Caumartin, intendant de Flandre et d'Artois, ainsi que nous le prouvera la lettre suivante à M. de Sartine.

« Arras, le 14 novembre 1770.

« Monsieur,

« Le nommé Rognon, dit Delorme, étoit parti de Bethune depuis deux jours, dans l'intention de se rendre à Dunkerque, lorsque j'ai fait passer dans cette première ville l'ordre du Roy que vous m'avez fait l'honneur de m'adresser le 29 octobre; j'ai chargé sur le champ mon subdélégué (1) de faire les diligences nécessaires pour découvrir sa retraite à Dunkerque et parvenir à l'arrêter; mais il a trouvé moyen de s'échapper des mains de ceux qui, à défaut de cavaliers de maréchaussée, ont été employés à cette opération, ce que je ne peux attribuer qu'à leur peu d'expérience à remplir ces sortes de commissions........

« Caumartin. »

Enfin, pour en revenir à de Rozoi, il fut ar-

---

bés, et il venait de recevoir à cette époque, d'un libraire de Londres, plus de 200 exemplaires du Système de la Nature.
(Note d'un officier de police.)

(1) M. Tavernes.

rêté et conduit à la Bastille, le 12 mai 1770, quoique l'ordre en forme ne fût envoyé au gouverneur, au commissaire Hugues et à d'Hémery, que le 22. La lettre que le prisonnier écrivit au ministre, le 18 du même mois, nous paraît d'un trop grand intérêt pour ne pas être placée sous les yeux du lecteur.

« Ce mercredi après midi.

« Monseigneur,

« Vous n'êtes plus seulement pour moi le protecteur des arts, vous êtes encore mon juge. Mais, s'il étoit possible de ne pas être pénétré de repentir en forçant l'un de ces caractères à céder en vous tous ses droits à l'autre, je sentirois quelque joie d'avoir cette occasion d'éprouver par moi-même combien l'homme en vous est digne du magistrat. Quelques détails sur mon sort vous feront juger, monseigneur, quels sont mes principes et mes chagrins.

« J'ai perdu mon père il y a dix-huit mois; il n'avoit point vécu pour ses enfans. Ma mère recueillit des débris échapés à une négligence de trente années. Obligée de vendre une maison pour des partages de famille, elle prit des effets royaux, qui ont été depuis réduits à moitié, et dont le payement ne se fait que d'une année à l'autre. Une langueur mortelle s'étoit déjà emparée d'elle; depuis six mois elle empiroit : J'étois son seul soutien. Enfin, le jour même où je fus arrêté, je l'avois vue le matin; elle me dit un dernier adieu, remit entre mes bras deux sœurs dignes d'elle par leurs vertus, et les recommanda pour toujours à ma tendresse. Le cœur déchiré, baigné de ses larmes et des miennes, j'étois retourné chez moi prendre quelque argent pour remplir les devoirs funèbres que je devois à la nature. Ma captivité m'a arraché à ma mère expirante; elle en sera morte peut-être avec douleur, en soupçonnant ma tendresse pour elle; c'est une idée affreuse qui dévore mon cœur. O ma mère! qui aura pris soin de vous? Et mes sœurs qui les console, qui les nourrit en attendant leur revenu?

« Autre malheur. Il y a quinze mois que quelqu'un, qui avoit prêté cent pistoles sur ma recommandation, vint me solliciter de les lui faire rembourser. L'emprunteur ne le pouvoit pas. Ma délicatesse crut devoir acquitter un prêt fait en mon nom, à ma recommandation, et je pris des engagemens en conséquence.

« Jamais je n'ai pu voir un malheureux sans lui offrir de ce qui est à moi. Un homme vint me dire, il y a six mois: Ma femme vient d'accoucher; je suis sans pain, sans feu, sans argent; je dois deux cens livres; on a obtenu une sentence, et je vais aller en prison. Aussitôt de m'offrir pour m'engager pour cet infortuné. Je fis des billets, je partageai ma bourse avec lui; vêtement, linge, etc., tout lui fut offert.

« La maladie de ma mère épuisa mes ressources. Un jour, dévoré d'inquiétudes, je pensai au manuscrit de *l'Ami des Hommes*; j'inventai le projet d'une réponse aux *Nuits de Young*, et je résolus de faire imprimer mon *Héroïde de Colbert*. La tête échaufée, je travaillai aux *Jours d'Ariste*, résolu d'envoyer le tout en Hollande, comme autant d'enfans perdus, et d'en tirer au moins mille écus. J'acquittois alors tous mes engagemens, et ma mère partageoit le fruit des travaux que ses malheurs me rendoient sacrés. Le hazard voulut que j'en parlasse au sieur Georges Lesclapart. Peu riche, chargé d'enfans, jeune, ayant cent pistoles à toucher au mois de décembre dernier, il résolut d'aller en Hollande faire faire ces éditions, gagner dessus, le prix de son temps et de ses peines, pour revenir ensuitte mettre ce gain pénible dans un commerce légitime. Le sort le voulut autrement. Le banquier, qui devoit payer la lettre de change, fit banqueroute. Ce malheur du libraire l'aveugla sur l'imprudence de toute édition illicite. Il avoit les manuscrits; je cédai, par plusieurs raisons.

« 1° Le manuscrit de l'Ami des Hommes étoit d'un vieil ami, mort dans mes bras il y a huit à dix ans.

« 2° M'ayant recommandé de le faire paroître, je l'envoyai pour concourir aux prix de l'académie il y a quatre ans; et il fut approuvé de deux docteurs en Sorbonne, suivant l'usage.

« 3° Me défiant d'un sujet aussi délicat, j'avois demandé un censeur. Plus le terme des éditions approchoit, plus mon ame, oppressée de ce fardeau, sentoit la nécessité de soumettre tout aux loix. J'avois même cherché mon mandat. Il étoit sur ma table lors de la visite du commissaire dans mes papiers. J'aurois fait des cartons.

« Telle est, monseigneur, l'histoire malheureuse d'ouvrages qui, je le sens à présent, pouvoient me perdre sans vos bontés. Pardonnez la longueur de cette lettre. Mais il me reste à vous faire une demande sans laquelle tout est perdu pour moi.

« Chargé d'une partie dans l'Encyclopédie militaire, engagé par honneur à envoyer, avant huit jours à Neuf-Châtel, ma partie de travail pour le journal helvétique, je perds ces objets si je diffère à travailler. Bien plus, ayant consenti à recevoir du pauvre Lesclapart des billets en payement, mes effets seront livrés au cours de la justice, si je ne puis veiller à cet objet. Je suis loin de vouloir qu'il les acquitte. Il est père de famille, et je ne dois pas ruiner ses enfans.

« Cette grace, que j'ose demander, seroit donc, monseigneur, d'être transféré au For-l'Évêque, ou ailleurs, autant que la loi et mon honneur ne s'y opposeroient pas. Je n'ose vous exposer que depuis six jours j'ai éprouvé toutes les douleurs dont on peut être accablé. Libre d'envoyer quelqu'un voir mes sœurs, s'informer de leur état..... Si par hazard le Ciel avoit prolongé la vie à ma mère, je pourrois veiller sur ses derniers besoins, et sur ce moment affreux qui est sans retour. Vous avez un fils, monseigneur : je vous l'ai vu embrasser plus d'une fois ; il doit vous rendre la nature bien chère ; et vous demander sa grace entière au nom de cet enfant aimable, ne seroit-ce pas consacrer son enfance par une époque digne de vous ? La première anecdote de sa vie seroit un bienfait ; et que j'aimerois à en être l'objet !

« Croyez, monseigneur, que six ans de captivité ne m'instruiroient pas plus que ces six jours sur les devoirs que le malheur m'avoit fait oublier. Si vous me rendez à ma famille éplorée, à mes travaux, à la paix du cœur, je me souviendrai toute ma vie que, pouvant prolonger ma douleur, vos bontés n'ont pas trouvé de plus sûr moyen d'augmenter mon repentir que de me faire juger de l'étendue de ma faute par la célérité de mon pardon, par l'humanité du magistrat de qui je l'aurai obtenu.

« J'ai l'honneur d'être avec un profond respect,

« Monseigneur,

« Votre très humble et très obéissant serviteur,

« De Rozoi.

« On m'a dit qu'il étoit permis de joindre une lettre, dont vous permettiez aussi que l'envoi se fît, pourvu qu'elle fut non-cachetée. Je profite d'un moyen aussi indispensable pour moi de veiller sur des devoirs d'honneur. »

De Rozoi ne fut pas transféré de la Bastille au For-l'Évêque, ainsi qu'il le désirait; mais il faut croire que *monsieur le duc de la Vrillière, qui demanda un exemplaire de chaque livre,* s'intéressait au sort du prisonnier (1).

---

(1) On raconte que ce duc eut une main emportée à la chasse, et que Louis XV lui écrivit de la sienne, une lettre où il lui disait : « *Tu n'as perdu qu'une main, et tu en trouveras toujours deux en moi à ton service.* »

Les amis qu'il avait obligés, ses deux sœurs, et surtout madame de Reich, firent des démarches pour obtenir sa grace. Voici une lettre qu'il écrivit à cette dame.

« A MADAME DE REICH, RUE DE RICHELIEU, VIS-A-VIS LA PETITE PORTE DU PALAIS-ROYAL.

« Ce lundi, 18 juin 1770.

« MADAME,

« Vous me dites de vous faire réponse : eh ! que puis-je qui soit à la fois plus juste et plus consolant. L'intérêt que vous m'assurez prendre à mes malheurs est bien fait pour les adoucir. Ma santé est tellement dépendante de mes inquiétudes, qu'elle n'est guère susceptible d'autres soins que de ceux que vous voudrez bien prendre de hâter la fin de mes chagrins. Vous me parlez, madame, des vers que j'ai adressés à ce magistrat dont vous faites si bien l'éloge. Je suis resté bien au-dessous du sujet ; et d'ailleurs l'hommage d'un captif a moins de prix ; il peut paroître intéressé : c'est un chagrin pour ma délicatesse.

« Comme je ne vous ai rien dit, madame, sur mes moyens de defférise, je vais vous les tracer. Ils acquereront dans votre bouche un prix bien différent.

« *L'Ami des Hommes* m'avait été laissé par monsieur de Saint-Remy, dont je vous ai parlé plusieurs fois. Vous sçavez qu'il y a plus de trois ans que je vous en dis quelque chose. Je n'en étois donc que l'éditeur ; et sans les circonstances qui me firent désirer d'en tirer parti, je l'avois laissé pendant dix ans, et je n'y aurois point pensé sans l'occasion qui me fit la loi.

« Quant aux *Jours*, tous les portraits y sont comme ceux de La Bruyère, ressemblant à tout le monde et à personne. Les morceaux de métaphysique ne sont pas tous orthodoxes ; mais les mœurs et l'amour de l'humanité, mais le culte d'un Dieu et le goût de la vertu y sont établis avec soin.

« Vous sçavez d'ailleurs que mon dessein étoit de demander un censeur. Cela est si vrai que j'avois suspendu le second volume et qu'il n'est pas fini.

« Une preuve bien frappante de mon respect pour le siècle où je vis, c'est la préface de mon *Héroïde*, où le dix-huitième siècle, comparé avec ceux qui l'ont précédé, est si bien apprécié, quant à sa supériorité, pour les lumières, la tolérance, la police et les arts. Ce respect de ma part est d'autant plus sensible que je restois ignoré. Je ne prétendois à aucune récompense ni de gloire ni d'intérêt. Le patriotisme seul m'avoit fait écrire.

« De plus, je ne puis trop insister sur ma résolution de demander un censeur ; ayant déjà un mandat pour l'*Ami des Hommes*, que j'avois demandé, lorsqu'il y a je crois deux ans, je l'envoyai au concours d'une académie.

« D'ailleurs ce qui s'y dit sur la guerre n'est pas plus pour l'Europe que pour l'Asie. Monseigneur le duc de Choiseul ne peut être attaqué par un ouvrage antérieur à la dernière guerre, qu'il a terminée par la paix. Ses largesses pour les arts et pour les lettres, sa grandeur et son génie ne peuvent être offensés des principes ou des maximes que feu mon ami avoit hazardés. Ceux, dit Cicéron, qui, dans des portraits généraux, font des allusions en les lisant, sont coupables eux seuls, puisqu'ils indiquent des choses que l'auteur n'a point vues, et qu'ils lui prêtent des intentions malignes.

« Vous sçavez d'ailleurs, madame, combien de fois en lisant les lettres que ce ministre vous a adressées, je vous ai parlé avec admiration de sa supériorité en tout genre. Attaché depuis neuf ans à un seigneur, qui est son bon-frère; que de raisons en ma faveur! D'ailleurs mon *Héroïde* me justifie assez; et ce vers :

Sous un autre Henry le destin l'a fait naître.

c'est l'éloge du Roi le plus court, mais le plus digne de ce prince.

« Voilà, madame, mes moyens de justification; outre mon projet, dont j'atteste le Dieu vengeur des parjures, de demander un censeur, ou de faire passer tout en Hollande, afin qu'il n'en restât aucune trace dans ma patrie.

« Ajoutez à cela les pertes que je ferai, les raisons de désintéressement, et, tranchons le mot, de bienfesance qui m'avoient mis dans le cas de désirer cette affaire, et l'on verra que je suis bien moins coupable.

« La dernière raison est, madame, que l'ouvrage n'ayant point paru, le scandale n'existe point. Le digne magistrat que vous sollicitez pour moi n'a point à ménager la vindicte publique. Tout dépend de sa clémence. Si l'on ne veut point ma mort, pourquoi me ruiner? Si je suis ruiné, pourquoi ne pas me donner la mort?

« Vous, madame, dont les vertus morales sont dignes d'appuyer la recommandation, lisez bien cette lettre, et faites valoir, je vous prie, toutes les observations qu'elle entraîne. Il manque à tout cela des détails que l'état de mes pensées ne permet pas que je puisse exprimer heureusement; suppléez-y.

« Pourquoi ne me parlez-vous pas de votre santé et de celle de maman et de ma sœur?

« Engagez bien monsieur Beaumier à ne pas s'ennuyer de me venir voir. J'ai besoin de croire que tout le monde ne me délaisse pas.

« Recevez toutes les assurances d'une reconnoissance qui ne me permet point de trouver aucun terme dans notre langue qui y suffise.

« Monsieur de Jumilhac m'a comblé de bontés. Je serois charmé que vous m'aidassiez à m'acquitter envers lui. Vous sçavez combien il vous estime.

« Je suis avec tous les sentimens dus à vos qualités et à vos soins généreux, madame,

« Votre très humble et très obéissant serviteur,

« De Rozoi. »

Le 14 juillet 1770, la note qui suit fut soumise au ministre.

« Le sieur de Rozoi, détenu par ordre du Roy à la Bastille, depuis le mois de mai 1770, ne cesse de demander sa liberté. Il a été arrêté parcequ'il se proposoit de faire imprimer des ouvrages contre le ministère. Il représente que sa détention le ruine en l'empêchant de continuer les ouvrages qu'il avoit entrepris. Il n'a que vingt-sept ans. Sa jeunesse l'excuse et son repentir paroît sincère.

« Si le ministre pense qu'il soit suffisamment puni, il est supplié de faire expédier une lettre à monsieur le comte de Jumilhac pour la sortie de la Bastille du sieur de Rozoi. »

L'Excellence écrivit sur la note : *Bon pour l'ordre, 15 juillet 1770*; et de Rozoi fut mis en liberté le 21 du même mois.

A peine sorti de prison, il reprit ses travaux, et publia l'année suivante les *Annales de la ville de Toulouse*, qui n'offrirent que des compilations farcies de réflexions parasites, ainsi que le dit l'abbé Sabatier. Néanmoins, elles lui valurent le titre de citoyen, d'historiographe et d'associé de l'Académie des jeux floraux de cette ville. Dans la suite, il composa beaucoup de pièces de théâtre qui n'obtinrent que des succès éphémères, sans rien ajouter à sa réputation. Mais il faut convenir qu'aussitôt que la révolution éclata, le nom de cet écrivain devint célèbre, et c'est à sa généreuse conduite seule qu'il devra sans doute la réputation honorable dont il jouira longtemps. Jeune encore, et plein de courage, on le vit se placer bravement au rang des royalistes, et se déclarer hardiment le défenseur du trône dans la rédaction de la *Gazette de Paris*. Il eut la louable idée d'engager les partisans du monarque à se donner pour otages. Beaucoup de sujets fidèles, restés inébranlables, se présentèrent ; la liste en fut donnée dans son journal, et tous offrirent de se constituer prisonniers sous la condition que le roi obtiendrait sa liberté (1). Mais, les événements devenant chaque jour de plus en plus effrayants, cet ami de la monarchie, craignant de compromettre l'existence de ceux qui s'offraient pour otages, cessa de proclamer leurs noms. Il fut arrêté le 10 août 1792, et condamné ensuite à mort par le tribunal criminel de Paris, comme auteur d'écrits contre-révolutionnaires. Un témoin oculaire (2) qui échappa miraculeusement aux massacres de septembre 1792, raconte que la veille de sa mort, *il lui fit voir une lettre dans laquelle une amie* (3)

---

(1) Louis XVI était alors retenu dans le château des Tuileries à son retour de Varennes.

(2) M. de Jourgniac-Saint-Méard, *Agonie de trente-huit heures*.

(3) Madame la comtesse F***. L***, aujourd'hui madame de F***. Au moment de sortir de l'Abbaye pour aller à la Conciergerie, de Rozoi confia à M. de Jourgniac, en l'embrassant, qu'il avait caché dans la terre, au village de Passy, 400 louis

lui annonçait son jugement, et qu'il s'écria avant de s'endormir : « La malheureuse! elle souffrira plus que moi! »

La biographie moderne rapporte aussi « qu'il laissa une lettre cachetée, dans laquelle il disait qu'un royaliste comme lui était digne de mourir pour son roi et sa religion le jour de la Saint-Louis. »

Il écrivit encore une lettre pour demander qu'afin de rendre sa mort utile au genre humain, on fît sur lui l'expérience de la transfusion du sang; mais sa pétition fut écartée (1).

En sortant de la Conciergerie, il se blessa à la tête, et ne reprit ses sens que sur la fatale charrette. Arrivé au lieu du supplice, il *monta à l'é-*

---

d'or. Il lui désigna le lieu, et le pria de s'y transporter pour faire la recherche de cette somme, afin de la remettre à une personne qui lui était chère. (Sans doute, madame la comtesse de F.) Cet ami s'y rendit avec un commissaire, mais les recherches furent inutiles. Le somme ne fut point trouvée.

Nous tenons ces détails de M. le chevalier de Jourgniac lui-même, qui a bien voulu nous les donner, et qui est mort le 3 février 1827.

(1) *La transfusion du sang*, si long-temps regardée en Europe comme une chimère dangereuse, a retrouvé quelques partisans éclairés. Le docteur *J. Howel* (de Londres),

chafaud d'un pas ferme et rapide, répéta d'une voix tonnante « qu'un royaliste comme lui devait mourir le jour de la Saint-Louis », cria vive-le Roi à plusieurs reprises, et, après avoir levé les yeux vers le ciel, il courba sa tête sous la hache sanglante de la révolution. C'est ainsi qu'il finit, le 25 août 1792, à huit heures et demie du soir, à la lueur des flambeaux, place du Carrousel (1).

Si, comme écrivain, de Rozoi n'a pas laissé un grand nom, comme homme généreux et dévoué à la monarchie, il a laissé, surtout par sa mort, des souvenirs impérissables.

---

rapporte la circonstance d'une hémorragie, dont une femme en couche fut atteinte, et qui laissa cette malheureuse dans un état de défaillance, voisin de la mort. Sur l'invitation du docteur, le mari de cette femme se laissa tirer une grande quantité de sang, et l'injection dans les veines de la mourante fut sur-le-champ opérée. L'opération dura 50 minutes, et le rétablissement parfait de la malade parut d'autant plus extraordinaire, que, peu d'instants après l'injection, elle accoucha d'un enfant mort.

(1) Dans la *Liste générale de tous ceux qui ont été condamnés à mort,* etc., on le fait mourir le 27 août. C'est une erreur.

SUPPLÉMENT.

Comme notre but a été de ne parler des écrivains qui furent détenus dans les châteaux de la Bastille et de Vincennes, qu'autant que nous aurions toutes les pièces originales sous les yeux, nous n'avons pu comprendre dans l'ordre chronologique que nous avons adopté, les prisonniers sur lesquels nous n'avons découvert que des documents insuffisants pour une notice complète. Nous plaçons donc ces matériaux authentiques à la fin de l'ouvrage, pour qu'ils puissent servir à des historiens qui, plus heureux que nous, découvriraient des monuments qui ont disparu dans le temps de nos troubles.

Si nous nous faisons un devoir de rappeler ici les écrits composés sur les prisons d'état, c'est afin que le public soit à même de juger des mensonges des uns, de la vérité des autres, et de l'étendue de nos recherches.

auxquelles nous avons consacré plus de dix années.

L'Inquisition française, ou l'histoire de la Bastille, par M. Constantin de Renneville.

Mémoires sur la Bastille, par M. Linguet.

Remarques et anecdotes sur le château de la Bastille.

Mémoires historiques et authentiques sur la Bastille.

La Bastille dévoilée.

Histoire du donjon et du château de Vincennes, par P. J. B. N.

Des lettres de cachet et des prisons d'état.

BUSSY RABUTIN.

On a prétendu que Roger de Rabutin, comte de Bussy, étant encore fort jeune, fut mis à la Bastille pour n'avoir pas su maintenir le bon ordre dans son régiment. Selon Bussy, le vrai motif de cet emprisonnement était la haine que portait à son père le secrétaire d'État Desnoyers. Nous n'avons rien découvert à l'appui de ces diverses assertions; mais, ce qui est prouvé, c'est que, vers l'époque où Rabutin comptait trente années de services dans la carrière des armes, et où il venait d'être appelé à l'Académie Française (1), il se perdit lui-même dans l'esprit du roi, ou du moins il fut compromis par une infidélité atroce. Il prétend qu'ayant confié à la marquise de *La Beaume* le manuscrit de son *Histoire amoureuse des Gaules*, la dame copia secrètement le manuscrit. Une brouillerie survenue entre ces deux

---

(1) En remplacement de Nicolas Perrot d'Ablancourt, mort le 17 novembre 1664.

personnes, à la suite d'une liaison très-intime, porta la marquise à se venger. Elle falsifia à son gré plusieurs passages pour les rendre encore plus mordants.

Après avoir augmenté les malignités et fait imprimer l'ouvrage, elle le fit parvenir au Roi, et poussa même l'inimitié jusqu'à en parler à Sa Majesté.

Cette histoire, répandue dans le monde, fit beaucoup de bruit; plusieurs seigneurs, trop bien peints dans cette chronique scandaleuse, se reconnurent et s'en plaignirent à Louis XIV, en lui rappelant que Bussy avait déjà composé un petit livre en forme d'heures, dans lequel il avait mis, au lieu des images qu'on place dans les livres de piété, les portraits en miniature de plusieurs hommes de la cour, *dont les femmes étaient soupçonnées de galanterie*, et au bas de chaque figure, un petit sermon en forme de prière. C'est à cet ouvrage que Boileau fait allusion dans ce vers :

« Me mettre au rang des saints qu'a célébrés Bussi. »

Le roi, déjà mécontent de l'auteur, qui avait eu l'insolence de le chansonner lui-même au sujet de ses amours avec mademoiselle de La Vallière, saisit l'occasion de se venger de son imprudente témérité, en disant que c'était *pour son bien*, pour le mettre à l'abri des vengeances d'un grand nombre d'ennemis implacables qu'il s'était faits (1). Le 17 avril 1665, Bussy fut arrêté chez lui par un exempt des gardes du corps, et le chevalier du guet *Testu* le conduisit, dans son carrosse, à la Bastille. Le comte protesta n'avoir jamais rien composé contre le roi, à qui il fit parvenir le manuscrit original de l'*Histoire amoureuse des Gaules*, écrit en entier de sa main. Mais, outre que ce prétendu manuscrit pouvait avoir été fait après coup, la chanson, qui était la véritable cause de sa détention, déposait contre lui. Quoi qu'il en soit, le P. *Nouet*, jésuite et confesseur du prisonnier, obtint, par la protection de la reine-mère, la permission de lui porter de l'encre, du papier, et de le voir chaque jour. Il n'en fut

---

(1) Cette chanson, qui avait treize couplets, commençait ainsi :

« Que *Deo-datus* est heureux,
De baiser ce bec amoureux,
Qui d'une oreille à l'autre va !
Alleluya, » etc.

pas de même de mademoiselle de Toulongeon, cousine et épouse du prisonnier. Cette dame n'obtint la faveur d'entrer à la Bastille que le 28 novembre, puis le 1er décembre, pour porter à son mari l'ordre de se défaire de sa charge de *mestre de camp général de la cavalerie légère*, en faveur du duc de Coislin.

Après que Rabutin eut pris lecture de cet ordre, il fit dire au roi qu'il pouvait disposer, non-seulement de sa charge, mais encore de son bien et de sa vie. Aussitôt la charge fut payée 84,000 écus, et l'on donna à madame de Bussy dix mille livres en présent (1).

Dès cet instant, le prisonnier envoya constamment au roi des requêtes en vers pour qu'il lui rendît la liberté. Ces lettres ont été imprimées dans ses Mémoires; mais en voici une inédite adressée à Colbert :

« Ce 8 décembre 1665.

« Monsieur,

« Si j'avois peu vous demander plutost votre assistance auprés du Roy, je l'aurois fait de tout mon

---

(1) Cette charge avait coûté à Roger de Rabutin 90,000 écus.

cœur; mais il ny a que trois jours que iay la permission de voir ma fame (1), de laquelle iay appris les manières honnéstes et obligeantes dont vous lavés touiours receue; cela me fait croire encore, monsieur, que vous aurés la bonté de vous emploier pour moy auprés de Sa Maiesté, de qui les châtimens que iay receus ne m'empêchent pas d'espérer qu'il aura la bonté de récompencer un jour mes services; l'honneur que nous avons de vous appartenir, monsieur, du coté de monsieur de Bouville, me fait prendre la liberté de vous demander votre protection avec plus de confiance, et de supplier très humblement le Roy de se contenter de huit mois de prison étroitte et de la démission de ma charge que iay envoiée à Sa Maiesté avec toute la résination imaginable; je vous en seray infiniment obligé, et toute ma vie

« Votre très humble

Et très obéissant serviteur,

« Bussy Rabutin. »

Bientôt le chagrin d'avoir été forcé de se défaire de sa charge lui donna une maladie qui fit craindre pour ses jours, et l'on permit dès lors à madame de Rabutin de coucher près de son mari.

---

(1) On remarquera, sans doute, que Bussy, qui employait l'orthographe de gentilhomme, manquait de mémoire. Il y avait déjà *sept jours* qu'il avait vu son épouse, et non pas *trois*.

La reine-mère, qui avait été insultée dans la chanson de Bussy, mourut le 20 janvier 1666, à 5 heures du matin. Le prisonnier, quoique souffrant, profita de cette circonstance pour écrire au roi le jour même, et il renouvela ses lettres de doléances plusieurs fois; mais, comme elles restaient sans réponse, madame de Bussy adressa, le 22 avril 1666, un placet au prince, dans lequel elle exposait le *dangereux état où était son mary*. Le lendemain, Louis XIV donna l'ordre que voici :

« Monsieur de Bezemaux, ayant sceu que le sieur comte de Bussy Rabutin, détenu prisonnier en mon château de la Bastille, est indisposé, et voullant luy donner moyen de recouvrer sa santé, je vous éscrits cette lettre pour vous dire que vous ayez à laisser entrer en mon dit château les sieurs Vallot, mon premier médecin, et Félix, mon premier chirurgien, pour voir le dit sieur de Bussy, touttes fois et quantes ils jugeront nécessaire pour sa santé; et la présente n'estant pour autre fin, je prie Dieu qu'il vous aye M. de Bezemaux, en sa saincte-garde.

« Éscrit à Saint-Germain en Laye, le xxiii avril 1666.

« Louis.

Et plus bas,

« Le Tellier. »

Les médecins se transportèrent aussitôt à la Bastille. Après avoir questionné le malade, ils prétendirent que le *succès du mal était douteux hors de la Bastille;* mais qu'*en prison il était mortel*, et ils promirent d'en parler au roi.

On espère; les jours s'écoulent; aucune mesure n'est prise pour sauver le malade. Madame de Rabutin se lamente : dans son désespoir elle écrit au roi le 16 mai, et le jour même le prince signe l'ordre qui suit :

« Monsieur de Bezemaux, désirant donner moyen au sieur comte de Bussy Rabutin de se faire commodément traiter de ses infirmités, je vous fais ceste lettre pour vous dire que mon intention est que vous le fassiez sortir de mon château de la Bastille, où il est présentement détenu, et le mettiez au pouvoir du nommé *Dalancé*, maîstre chirurgien de ma bonne ville de Paris, pour êstre par luy traité dans la maison du dit *Dalancé*, en remettant par luy en vos mains un éscrit par lequel il s'engagera, en son propre et privé nom, de le conduire en mon dit château, et vous le délivrer après sa guérison : et la présente n'éstant pour autre fin, je prie Dieu qu'il vous aye, monsieur de Bezemaux, en sa sainte garde.

« Escrit en mon château de Versailles, le xvie de may 1666.

« Louis.

Et plus bas,

« Le Tellier. »

Le lendemain, Bussy, couché sur un matelas dans son carrosse, fut porté chez *Dalancé*. A peine fut-il arrivé, que chacun s'empressa d'aller voir un homme qui avait perdu sa fortune et les faveurs du roi pour avoir donné quelques détails sur les galanteries de deux dames que tout le monde connaissait déjà (1).

Le 10 août, Louis XIV permit à Rabutin de se retirer en Bourgogne. Celui-ci partit pour Bussy, le 6 septembre suivant, et le Roi n'exigea plus qu'il rentrât à la Bastille, attendu qu'il fut reconnu que Turenne l'avait desservi, et que, depuis quelque temps, il avait écrit à Sa Majesté une lettre dans laquelle on remarquait ce passage :

« M. de Bussy était, par les chansons, le meilleur officier qu'il eût dans ses troupes. »

Rabutin, dont la malignité et l'orgueil faisaient le fond du caractère, et qui, de plus, avait encore tous les ridicules de la vanité, s'était attiré à juste titre cette épigramme. Il croyait n'avoir

---

(1) Madame la comtesse d'Olonne, et madame la comtesse de Châtillon, principales héroïnes du roman.

point d'égal en bravoure, de supérieur comme écrivain, et de rival dans l'art de séduire. Il s'était flatté de l'emporter en courage sur *Turenne* et en génie sur *Pascal*. Certes ce n'était pas manquer d'amour-propre; mais on sait que la modestie n'était pas sa vertu, et que jamais courtisan ne fut plus souple, plus flexible, et ne sut si bien dissimuler quand il s'agissait de son intérêt. Du reste, la lettre inédite que voici, porte à croire que Colbert ne fut pas étranger à la liberté qui fut rendue à Bussy.

A Monsieur Colbert, Ministre d'État.

« Aout 1666.

« Monsieur,

« Vous avez touiours éscouté sy favorablement madame de Bussy, et vous avez l'ame sy belle, et vous m'avez tésmoigné tant de bonté, que je ne doubte point que vous n'ayez contribué de vos bons offices à la liberté que je viens de recevoir de Sa Maiesté, laquelle j'employeré toute ma vie sy je suis assez heureux pour en trouver les occasions pour son service; je m'estimerois fort sy vous me faittes l'honneur de croyre que personne au monde n'est avec plus de fidélité et de passion que moy, monsieur, votre très humble et très obéissant serviteur,

« Bussy Rabutin. »

Retiré dans ses terres, ce seigneur composa ses Mémoires : et, se rappelant Ovide dans son exil, il écrivit beaucoup de lettres plaintives. En voici une inédite que nous avons trouvée dans le cours de nos recherches, et dans laquelle on reconnaît toujours le cachet de l'homme.

A Monsieur Colbert.

« Chason, ce 12 février 1675.

« Monsieur,

« Je viens d'apprendre le mariage de monsieur votre fils avec mademoiselle d'Alégre, dont jay la plus grande joie du monde; cela redouble l'alliance que jay déjà l'honneur d'avoir avec vous du coté de ma fame, parceque monsieur de Monperroux et moy sommes fort proches parens; ainsy ie me sens plus engagé que jamais d'êstre dans les interêst de votre maison; je ne sçay, monsieur, si cela vous est considérable, car ie suis dans la mauvaise fortune; cependant vous savés que jay de la qualité et que je ne suis pas tout à fait sans mérite; mais ce que ie suis plus que toute autre chose, c'est, monsieur, votre très humble et très obéissant serviteur,

« Bussy Rabutin. »

Après dix-sept ans de sollicitations, il obtint du roi la faveur de revenir à la cour; mais ce comte, voyant qu'il était desservi auprès de Louis XIV, qui évitait toujours de le regarder, prit le sage parti de se retirer dans ses terres, où il partagea son temps entre les plaisirs des lettres et ceux de la campagne. Il mourut, le 9 avril 1593, avec le regret de n'avoir pu parvenir ni au cordon bleu ni au bâton de maréchal de France, et il fut inhumé dans l'église Notre-Dame d'Autun (1).

D'après ce précis succinct, on voit que la causticité et la satire firent le malheur de sa vie. Ses ennemis, ne connaissant aucun frein dans leur vengeance, soutinrent qu'il avait aimé sa fille d'un amour qui n'avait rien de paternel; cependant cette demoiselle n'était pas moins distin-

---

(1) Paul Bignon, abbé de Saint-Quentin, bibliothécaire du roi, et conseiller d'état, remplaça Bussy à l'Académie Française.

guée par ses vertus que par son esprit. On sait même que, par modestie, elle ne voulut point passer pour auteur (1). Louis XIV, ayant vu plusieurs de ses lettres entre les mains de madame de Montespan, prétendit qu'elle avait *plus d'esprit que son père;* et l'on rapporte que mademoiselle de Scudéry, écrivant à M. de Bussy, lui disait : « Votre fille a autant d'esprit que si elle vous voyait tous les jours, et elle est aussi sage que si elle ne vous avait jamais vu. »

---

(1) Elle est auteur de la vie de madame de Chantal, et de celle de saint François de Sales, qui était beau-frère d'une fille de madame de Chantal.

LE MAISTRE DE SACY.

Louis Isaac Le Maistre, plus connu sous le nom de Le Maistre de Sacy, naquit à Paris, le 29 mars 1613. Élevé au collége de Beauvais avec le fameux Antoine Arnauld son oncle, il adopta la doctrine sur la grace du célèbre abbé de Saint-Cyran. Il devint bientôt l'un des plus fermes appuis du jansénisme et l'un des bons écrivains de la société de Port-Royal, si renommée par l'influence qu'elle exerça sur le goût, par les bons ouvrages qu'elle produisit, et par les excellents élèves qu'elle forma.

Après avoir été élevé au sacerdoce en 1648, Le Maistre de Sacy fut choisi pour directeur des religieuses et des solitaires de Port-Royal. Il se fixa dans ce monastère, auquel il donna son bien, ne se réservant qu'une modique pension pour secourir l'infortune. Livré à l'étude, à la méditation, ce savant modeste remplissait avec austérité les devoirs de son état et en exerçait les fonctions avec le plus grand zèle, lorsque la persécution éclata contre les religieuses de Port-Royal, qui avaient la réputation d'être jansénistes. Le Maistre de Sacy, qui, par ses vertus évangéliques, leur servait de guide, tout en partageant ses loisirs entre l'étude et la prière, se vit poursuivi comme janséniste. La démence du siècle était alors de mettre sous les verrous les gens qui professaient la doctrine de *Jansénius*. Le Maistre de Sacy quitta le monastère, en 1661, et se cacha dans le faubourg Saint-Antoine avec *Nicolas* Fontaine et *Thomas* du Fossé, également distingués par leurs lumières et par leur piété.

Quelques années s'écoulèrent sans qu'on pût découvrir la demeure de ces hommes éminemment religieux ; mais, comme Le Maistre de Sacy entretenait une correspondance avec les dames de Port-Royal, on parvint à découvrir son asile. Il fut arrêté, le 26 mai 1666, et conduit à la Bastille avec plusieurs de ses amis, ainsi qu'on va le voir par la pièce qui suit.

« Monsieur de Bezemaux, envoyant en mon château de la Bastille messieurs Le Maistre, dict l'abbé de Sacy ; La Fontaine, dict des Loges ; les nommez Thomas frères et Longueril du Val pour y estre détenus prisonniers, je vous éscris cette lettre pour vous dire que vous ayez à les y recevoir et faire loger séparément, et à les y tenir soubs bonne et seure garde jusques à nouvel ordre de moy, sans permettre qu'ils ayent communication avec qui que ce soit du dedans ou dehors, de vive voix, ni par escript, ny en quelque sorte et manière que ce puisse êstre, et la présente n'éstant pour autre fin, je prie Dieu qu'il vous aye, monsieur de Bezemaux, en sa Sainte-Garde.

« Escrit à Saint-Germain en Laye, le xxvi may 1666,

« LOUIS.

Et plus bas,

« LE TELLIER. »

Ni la perte de la liberté ni les verrous de la prison n'affligèrent Le Maistre de Sacy, ennemi des intrigues et des disputes quoiqu'il vécût dans un temps où elles étaient si fréquentes. Il eut le secret de ne perdre ni ses moments ni son esprit à des controverses sur la doctrine bonne ou mauvaise de *Jansénius*. Sa famille, qui avait donné au parlement de Paris plusieurs magistrats distingués, sollicita du roi la *promenade pour l'abbé de Sacy*, et le 16 juillet Louis XIV donna l'ordre que voici.

« Monsieur de Bezemaux, je vous éscrits cette lettre pour vous dire que je trouve bon que vous permettiez au sieur abbé de Sacy, détenu prisonnier en mon chàsteau de la Bastille, de se pourmener (sic) de fois à autre sur la terrasse de mon dit châsteau, et tout ainsy que font ceux qui jouissent de pareille liberté; et la présente n'estant pour autre fin, je prie Dieu qu'il vous aye, monsieur de Bezemaux, en sa Sainte-Garde.

« Escrit à Fontainebleau, le xvi juillet 1666.

« Louis. »

Et plus bas,

« Le Tellier. »

Non content de cette faveur, Le Maistre de Sacy, qui désirait utiliser le temps de sa détention, dont il ne prévoyait pas le terme, demanda que son ami Fontaine fût placé près de lui; et le Roi signa l'ordre qu'on va lire.

« Monsieur de Bezemaux, ayant esté supplié de la part du sieur abbé de Sacy, détenu prisonnier en mon châsteau de la Bastille, de permettre que le nommé Fontaine, qui a esté arresté au même temps qu'il a esté faict prisonnier, soit mis auprèz de luy, je vous escrits cette lettre pour vous dire que je trouve bon que vous fassiez loger le dit Fontaine dans le même appartement où le dit sieur abbé est détenu; et la présente n'estant pour autre fin, je prie Dieu qu'il vous aye, monsieur de Bezemaux, en sa Sainte-Garde.

« Escrit à Fontainebleau, le xi août 1666.

« Louis. »

Et plus bas,

« Le Tellier. »

Aussitôt que ces deux amis se virent réunis, ils entreprirent ensemble la traduction de la Bible; mais on ignore jusqu'à quel point *Nicolas Fontaine* l'a aidé dans cet ouvrage.

Le 7 juin 1667, madame de Pomponne obtint la faveur de voir Le Maistre de Sacy, ainsi qu'il est constaté par la lettre qui suit.

« Monsieur de Bezemaux, je vous éscrits cette lettre pour vous dire que je trouve bon que vous permettiez à la dame de Pomponne de parler au sieur abbé de Sacy, détenu prisonnier en mon châsteau de la Bastille, pourveu touttes fois que ce soit à hautte voix, en vostre présence ou de celuy qui commande en vostre absence en mon dit châsteau, et pour une fois seulement; et la présente n'éstant pour autre fin, je prie Dieu qu'il vous aye, monsieur de Bezemaux, en sa Sainte-Garde.

« Éscrit au camp de Charles-Roy, ce septièsme juin 1667.

« Louis. »

Et plus bas,

« Le Tellier. »

Enfin, après une détention de deux ans, cinq mois et six jours, les deux prisonniers recouvrèrent leur liberté le 30 octobre, comme on va le voir par l'ordre que voici :

Monsieur de Bezemaux, ayant trouvé bon de faire

éslargir de mon chasteau de la Bastille les sieurs abbé de Sacy et de Fontaine, qui y sont détenus prisonniers, je vous éscrits cette lettre pour vous dire que mon intention est qu'aussy tost que vous l'aurez receue vous ayez à faire mettre en pleine et entière liberté les dits sieurs abbé de Sacy et de Fontaine, les laissant, pour cette fin, sortir de mon dit chasteau, sans difficulté ; et la présente n'éstant pour autre fin, je prie Dieu qu'il vous aye, monsieur de Bezemaux, en sa Sainte-Garde.

« Éscrit à Saint-Germain en Laye, le xxx octobre 1668.

« Louis. »

Et plus bas,

« Le Tellier. »

Après sa sortie, Le Maistre de Sacy fut présenté au ministre Le Tellier, à qui il demanda pour toute grâce d'envoyer quelquefois à la Bastille examiner l'état des prisonniers, afin d'adoucir leur sort. Fontaine et Sacy, étroitement liés, ne se séparèrent plus. Ils firent de fréquents voyages pour leurs travaux, et ce ne fut qu'en 1675 que ces savants laborieux se retirèrent de nouveau dans la solitude de Port-Royal-des-Champs, dont, comme Santeuil l'a dit de M. Arnauld, *leur cœur n'avait jamais été absent*. Mais ils se virent encore obligés d'en sortir en 1679. Alors Le Maistre de Sacy se retira chez le marquis de Pomponne, son cousin, qui venait d'être éloigné du ministère, et c'est près de cet ami, *celui de tous les honnêtes gens*, qu'il termina sa carrière honorable, le 4 janvier 1684, à l'âge de soixante et onze ans.

LE MARQUIS DE MIRABEAU.

Victor Riquetti marquis de Mirabeau, l'apôtre des libertés publiques et l'un des chefs de la secte des économistes, publia, en 1755, un ouvrage sous le titre de *l'Ami des hommes*. A travers un style incorrect, diffus, et une redondance de trivialités, on vit briller des idées lumineuses. Cette production commença la réputation de Mirabeau, qui, fier comme gentilhomme et vain comme auteur, crut déjà qu'il serait du petit nombre de ceux à qui la nature a départi le feu du génie.

Après avoir composé plusieurs ouvrages entièrement oubliés aujourd'hui, il publia, en 1760, sa *Théorie de l'impôt,* qui, au jugement de l'auteur, était son chef-d'œuvre. Comme dans cet écrit on vit un frondeur hardi qui ménageait peu les financiers, ceux-ci se plaignirent et eurent assez de crédit pour le faire enfermer à Vincennes, ainsi qu'on va le voir par la pièce qui suit, et non à la Bastille, comme on l'a dit dans la *Biographie universelle de Michaud.*

A monsieur Guyonnet, lieutenant de Roi de mon château de Vincennes.

« Monsieur Guyonnet, je vous fais cette lettre pour vous dire de recevoir, dans mon château de Vincennes, le sieur marquis de Mirabeau et de l'y retenir jusqu'à nouvel ordre de ma part. Sur ce, je prie Dieu qu'il vous ait, monsieur Guyonnet, en sa sainte garde.
« Éscrit à Versailles, le 14 décembre 1760.

« Louis.

Et plus bas,

« Philippeaux. »

Le marquis de Mirabeau fut conduit à Vincennes le lendemain (1). *Marie-Geneviève de Vassan*, veuve du marquis de *Sauvebœuf*, et épouse de Mirabeau, fit aussitôt des démarches pour obtenir la grâce de son mari et la faveur de le voir dans sa prison.

Voici les seules lettres qui furent écrites au sujet de cette détention.

Première Lettre.

A monsieur Guyonnet.

« Versailles, le 18 décembre 1760.

« Le Roi trouvant bon, Monsieur, que madame de

---

(1) L'auteur de l'*Histoire du donjon et du château de Vin-*

Mirabeau puisse voir son mary, détenu au château de Vincennes, vous l'y laisserés entrer lorsqu'elle se présentera.

« Je suis très parfaitement, Monsieur, votre très humble et très obéissant serviteur.

« Morentin. »

Seconde Lettre.

AU MÊME.

« Versailles, le 19 décembre 1760.

« On ne peut, Monsieur, qu'approuver que vous ayez permis à M. le marquis de Mirabeau de garder le domestique qu'il a amené avec lui à Vincennes, ce qui est encore plus convenable et moins embarrassant que si vous en aviez donné un.

« Vous connaissez les sentimens avec lesquels je vous suis, Monsieur, plus parfaitement dévoué que personne du monde.

« Morentin. »

Troisième Lettre.

AU MÊME.

« Monsieur de Guyonnet je vous fais cette lettre

---

cennes a été dans l'erreur, lorsqu'il a dit que *le marquis de Mirabeau fut enfermé au donjon* en 1761. Voyez le 3ᵉ vol., pag. 189, Paris 1814.

pour vous dire de mettre en liberté le sieur de Mirabeau que vous détenez par mes ordres dans mon château de Vincennes. Sur ce, je prie Dieu qu'il vous ait, monsieur de Guyonnet, en sa sainte garde.

« Escrit à Versailles, le 24 décembre 1760.

« Louis.

Et plus bas,

« Philippeaux. »

Le prisonnier fut mis en liberté le 25.

Cette arrestation donna une vogue subite au nom de Mirabeau. Quoique sa détention n'ait été que de dix jours, il composa un *dialogue qui devait être placé à la suitte de l'instruction populaire* et dont nous avons le manuscrit original sous les yeux (1).

Mais croirait-on que ce prétendu sage, qui avait toujours à la bouche les mots de *vertu*, *d'humanité*, *d'honneur*, fut par sa dureté, une des principales causes des vices et des écarts de son fils ! Aurait-on jamais pu croire que ce *philosophe*, ce coryphée des économistes, qui dut sa liberté à son épouse qui lui avait apporté cin-

---

(1) Voyez ce dialogue à la fin de ce volume. Nous le donnons tel qu'il est écrit par l'auteur.

quante mille livres de rentes, eût compromis plusieurs fois, par ses débauches, la santé de la femme la plus vertueuse, et que, non content de toutes ces horreurs, après l'avoir forcée à mener une vie misérable dans le fond du Limousin, il l'eût fait séquestrer dans un couvent!

Ces faits, quoique incroyables, n'en sont pas moins vrais. Tout le monde sait même que ce tyran de sa famille, qui ne refusait rien à ses passions, après avoir fatigué les tribunaux de ses scandaleux procès avec son épouse, fut reconnu aussi mauvais père que mauvais mari, et que son fils dut toutes ses détentions à l'auteur de ses jours!

ROY.

Quelques auteurs ont prétendu que *Roy* avait été baptisé à la paroisse de Saint-Louis-en-l'île, le 22 mars 1687, jour auquel Philippe Quinault y fut, dit-on, inhumé. L'erreur est d'autant plus facile à démontrer, que *Roy* naquit à Paris en 1683, et que Quinault mourut le 26 octobre 1688.

Pierre-Charles Roy, qui fait le sujet de cet article, montra de bonne heure un goût décidé pour les lettres, et ses premiers essais présagèrent un heureux avenir. Il disputa les prix dans les lices académiques, et l'on compte qu'il en remporta neuf à l'Académie des jeux floraux, et trois à l'Académie-Française (1). Fils d'un procureur au Châtelet, il acheta une charge de conseiller à la même cour pour avoir un rang dans le monde. Bientôt après, il épousa la fille *d'un marchand de la rue Saint-Honoré, qui avait été*

---

(1) Les prix d'éloquence et de poésie, en 1715.

long-temps la maîtresse de Le Riche, trésorier des Invalides; mais l'officieux inspecteur de police, qui nous apprend cette particularité, ne dit point si le mari était dans le secret (1).

Plus tard, Roy, ayant fait des *friponneries au sujet des papiers royaux*, se vit arrêté et jeté, le 9 décembre 1724 (2), dans les cachots de la Bastille, d'où il ne sortit que le 22 mars suivant. Dès ce moment, il négligea la carrière de la magistrature, et suivit celle des lettres.

Quoique le célèbre Quinault eût rendu la carrière lyrique difficile pour ses successeurs, Roy s'essaya dans ce genre. Quinault était le poète du sentiment, et Roy voulut s'ouvrir une autre route. Nourri de la lecture d'Ovide, il donna à ses opéras un ton de galanterie qui convenait au théâtre. L'opéra de *Callirhoë* et le ballet des *Éléments*, qu'il fit représenter, parurent des chefs-d'œuvre dans leur genre, et suffiraient même à la célébrité des talents de ce poète pour la tragédie lyrique. En 1732, il composa le ballet des *Sens* et d'autres ouvrages qui ne firent pas

---

(1) Voyez la note de d'Hémery, à la Bibliothèque du Roi.
(2) Registre de la Bastille, à la Bibliothèque du Roi.

moins d'honneur à sa muse. Cependant, malgré de brillants succès, après la première représentation de *Callirhoë*, on fit courir dans Paris ces deux chansons :

Première.

« En trois couplets voici l'histoire
De l'opéra de *Corésus*,
Imprime-les dans ta mémoire,
Et n'y porte pas tes écus.

Une Reine qui craint un prêtre,
Un héros sans force et sans nom,
Fille, qui ne voudrait plus l'être,
Et qui ne dit ni oui ni non.

Un prêtre cruel qui se venge,
Sur *Calydon* qui le chérit,
Une confusion étrange
D'un peuple qui pleure ou qui rit.

Des vers de Roy, poète louche,
Et le plus dur des beaux esprits,
Des chants bizarres de Destouche,
Voilà les plaisirs de Paris (1). »

---

(1) Voyez le recueil manuscrit de *chansons*, anecdotes satyriques et historiques, tom. VIII, pag. 423, à la Bibliothèque Mazarine.

Seconde.

« Roy siflé
Pour l'être encore
Fait éclore
Sa *Callirhoë*;
Et Destouche
Met sur ses vers
Une couche,
De très mauvais airs.

Sa Musique
Frénétique,
Flatte et pique
Le goût des badauts.
Heureux travaux !
L'ignorance
Récompense
Deux nigauts (1). »

L'Opéra de *Callirhoé* finissait par une scène où Bacchus paraissait; comme elle fut supprimée à la seconde représentation, une muse maligne improvisa le joli impromptu que voici :

« Pourquoi retranchez-vous Bacchus,
De l'opéra de *Corésus ?*

---

(1) Même recueil, 8ᵉ vol., pag. 422.

Ce dieu qui préside à l'ivresse,
N'était point là hors de saison ;
Il peut bien finir une pièce
Qui n'a ni rime ni raison (1). »

Quand on apprit que Roy venait d'achever l'opéra de *Sémiramis*, et que Destouches travaillait à la musique, on fit ce couplet d'avance :

« Lorsqu'on verra sur la scène,
De Destouche et de Roy le nouvel opéra,
La troupe italienne,
L'aridondaine, o lon lan la,
La troupe italienne,
Faridondaine brillera. »

Après la première représentation de l'opéra, ce nouvel impromptu circula encore dans tous les salons :

« Sémiramis,
Si l'on en croit ceux qui l'ont vue,
Sémiramis
Ne meurt pas des coups de son fils.
Les vers l'avaient fort abattue,
Mais c'est le mauvais air qui tue
Sémiramis (2). »

---

(1) Recueil cité, pag. 402.
(2) *Ibid.*, tom. X, pag. 223.

Comme le célèbre Rameau préférait les poèmes de Cahusac à ceux de Roy, jugement que le public ne confirma point, cette idée anima la verve du poète contre Rameau, et, de dépit, il composa une allégorie sanglante, où l'*Orphée* était désigné sous le nom de *Marsyas*.

On rapporte aussi que le lendemain de la première représentation des *Fêtes de Polymnie*, opéra de Cahusac, qui tomba, Roy se trouvait à l'église des *Petits-Pères*. Un enfant sifflait près de sa *bonne;* le poète se tourne, et, plein de sang-froid : « Dites à cet enfant de ne point siffler; ce n'est point, ajoute-t-il, Cahusac qui dit la messe. »

Roy se déchaîna plus tard contre les hommes de lettres les plus distingués, dont il était jaloux. Après avoir déchiré quelques membres de l'Académie Française en particulier, il attaqua le corps entier par une allégorie satirique, connue sous le nom de *Coche*. Cette satire, dit-on, lui ferma pour toujours les portes de l'Académie; mais il est plus vraisemblable de croire que Roy eut plutôt contre lui ses mœurs, et surtout son mauvais caractère, car l'Académie avait souvent appelé dans son sein des écrivains qui l'avaient plaisantée, quand leurs compositions décelaient du **mérite et du talent.**

Enfin, quoi qu'il en soit, ce que nous pouvons assurer, c'est que ce pamphlet le fit enfermer à Saint-Lazare pendant quelque temps ; et, lorsqu'il obtint sa liberté, il reçut l'ordre *de se défaire de sa charge de conseiller au Châtelet.*

Malgré toutes les leçons qu'on lui donna, Roy ne put jamais se rendre maître de son esprit satirique ni de la démangeaison qui le dominait de vouloir flétrir la gloire des grands écrivains. Jaloux de la préférence qu'on donnait sur lui aux nouveaux sujets que l'Académie Française adoptait, et sachant d'ailleurs que Marivaux, le plus humain comme le plus modeste des hommes, allait être nommé académicien (1), Roy manifesta la jalousie qu'il en ressentait par une pièce anonyme qu'on fit courir, écrite à la main, dans tous les cercles de Paris. Nous pensons même que quelques vers furent estropiés à dessein pour dérouter les lecteurs, quoiqu'il fût reconnu que Roy, dans ses poésies, manquait de chaleur, de correction, et que sa versification était prosaïque et dure (2).

---

(1) *Pierre* Carlet de Marivaux fut élu académicien en 1743.
(2) On peut voir cette misérable pièce de vers dans un ma-

Roy eut également l'audace de harceler Voltaire, et ne craignit pas même de lui dire, au sujet de son *Catilina* :

> « Si *Quinault* vivait encor,
> Loin d'oser toucher sa lyre,
> Je ne me ferais pas dire
> De prendre ailleurs mon essor.
> Usurpateur de la scène,
> Petit bâtard d'Apollon,
> Attendez que *Melpomène*
> Soit veuve de *Crébillon*. »

Cela pouvait être bon à dire pour l'épigramme; mais, de bonne foi, Voltaire avait fort bien fait de ne pas attendre.

Le philosophe de Ferney répondit à ces pamphlets et dit de Roy : *Il a la rage et non l'art d'écrire.* Cependant, malgré le portrait affreux qu'il a fait de ce poète dans une épigramme sanglante qui commence par ce vers :

> « Connaissez-vous certain rimeur obscur,

et qui finit par celui-ci :

> « Chacun s'écrie : eh ! c'est le poète Roy, »

---

nuscrit déjà cité, tom. XVI, pag. 184, à la Bibliothèque Mazarine.

il faut convenir que l'on ne trouve nulle part de plus beaux vers lyriques que dans le prologue des *Éléments*. Le poème que Roy composa sur la convalescence de Louis XV, en 1744, et qui fut chanté à Saint-Cyr, renferme aussi des vers remarquables, tels que ceux-ci (1) :

« Grand roi, tu n'étais plus, et jamais pour ta gloire,
  La vérité n'éleva tant de voix !
Sors du tombeau ; tu sais ce qu'aurait dit l'histoire :
  Sors du tombeau ; viens jouir à-la-fois,
  De ta vie et de ta mémoire ! »

De pareils traits, comme on l'a fort bien dit, *ne sont pas communs*, même dans les meilleurs ouvrages. Néanmoins ce poème fit éclore une jolie épigramme que voici, et qui, sans être juste, n'en parut pas moins piquante.

« Notre monarque, après sa maladie,
Était à Metz attaqué d'insomnie :

---

(1) A l'occasion de la maladie et de la convalescence du roi, Paris fut inondé de mauvais vers. Cela fit dire à Voltaire :

« Paris n'a jamais vu de transports *si divers*,
Tant de feux d'artifice et tant de mauvais vers. »

Ah ! que de gens l'auraient guéri d'abord !
Roy, le poète, à Paris versifie.
La pièce arrive, on la lit.... le roi dort.
De *Saint-Michel* la muse soit bénie ! »

Ce dernier vers rappelait que, par le crédit de madame de *Mailli*, Roy avait été décoré du cordon de Saint-Michel (1). On fit même ce couplet à l'occasion du nouveau chevalier :

« Contre les accidents
De l'esprit satirique,
La croix de diamants
Est un bon spécifique.
Il est triste à votre âge
Qu'un tel préservatif
N'ait, pour certain outrage,
D'effet rétroactif (2). »

---

(1) Madame de Mailli était une femme d'esprit et *passait pour avoir la plus belle jambe de Paris*. Comme elle avait aimé le roi de bonne foi, sa disgrace fut un coup terrible pour son cœur. La religion lui offrit des consolations. Elle fréquenta les églises, où on ne la distinguait que par sa modestie et son recueillement. Un jour s'étant rendue au sermon plus tard que de coutume, il fallut faire quelque dérangement pour la conduire à *l'œuvre*, où elle se plaçait toujours. Un individu de mauvaise humeur s'écria aussitôt : « Voilà bien du tapage pour une C.... — *Puisque vous la connaissez*, reprit madame de Mailli, *priez Dieu pour elle.* »

(2) Recueil cité, tom. XV, pag. 330.

Ce poète, toujours porté à l'épigramme, eut de tous les temps la malheureuse réputation d'un homme méchant, d'un écrivain acerbe, et qui tombait plutôt sur les personnes que sur les vices, oubliant que la censure ne doit être mise en œuvre que pour corriger les hommes. C'est lui qui a fait la plupart des satires assez insipides, connues sous le nom de *Brevets du régiment de la calotte*. On disait aussi qu'il avait reçu souvent des coups de bâton pour ses épigrammes, et à ce sujet on raconte qu'un soir quelqu'un lui demandant à l'Opéra s'il ne donnerait pas bientôt quelque ouvrage nouveau : « Oui, répondit-il, je travaille à un ballet (c'était l'*Année galante*) (1). » Un plaisant qui se trouvait derrière lui s'écria : « Un balai, monsieur! prenez garde au manche. » Le malin savait sans doute que Roy n'était ni brave ni courageux, et il est présumable qu'il connaissait l'anecdote qu'on va lire.

Roy avait fait une épigramme sanglante contre le livre des *Chats* de Moncrif. Celui-ci le rencontra un jour sur la place du Palais-Royal, et lui proposa de se battre. Roy, qui savait que Mon-

---

(1) Ballet donné à Versailles, le 13 février 1747.

crif avait débuté par être prévôt de salle, ne voulut pas défendre son épigramme à la pointe de l'épée. Alors Moncrif lui donna vingt coups de canne; et Roy, toujours caustique, criait pendant la bastonnade : « Pate de velours, Minet, pate de velours (1). »

Une autre fois, ayant rencontré le président Lubert, Roy, qui demeurait alors rue du Mail, lui témoigna le désir de se retirer avec lui, quoiqu'il n'eût pas loin à aller. « Nous ne pouvons faire route ensemble, répondit le président, il est minuit, et c'est l'heure des coups de bâton. »

Quoique malheureux par son dangereux et odieux talent, ainsi que par son caractère sec, bilieux et malin, Roy avait néanmoins des moments de gaîté, et surtout une rare présence d'esprit. Un soir, sortant de la Comédie-Française, où il venait de donner les *Captifs*, il embarrasse ses jambes dans la longue robe d'une dame et fait une chute. La dame s'empresse de lui adresser des excuses : « Il n'y a pas de mal, répond-il aussitôt; les auteurs sont accoutumés à tomber ici. »

---

(1) *Mémoires anecdotes pour servir à l'histoire*, etc., tom. IV, pag. 272.

Dans une autre circonstance, on jouait également un de ses ouvrages. S'étant pris de querelle avec un cocher de fiacre, celui-ci lui donna quelques coups de fouet. Le lendemain de l'aventure, on fit cette épigramme :

« Roy, malgré sa brillante escorte,
A l'Opéra, près de la porte,
A coups de fouet fut écorché :
Ce fut le lieu de son supplice;
Aux lieux où nous avons péché,
Il est juste qu'on nous punisse. »

Mais si cet auteur fut le sujet d'un torrent d'épigrammes, il en était qui passaient les bornes de la plaisanterie, et dont la grossièreté tenait lieu de sel, témoin celle-ci, qu'on lui envoya manuscrite.

« Adieu mauvais poète,
Jamais las du sifflet,
Qu'à Saint-Ladre on fouette;
Chassé du Châtelet :
Adieu, l'homme à courbette,
Tant fripon, tant battu,
Et de plus C...... (1). »

---

(1) Recueil cité, tom. XV, pag. VII.

Enfin, après avoir éprouvé toutes sortes de tribulations, de désagréments, et s'être attiré beaucoup d'ennemis, ce poète malheureux, qui venait de perdre sa sœur (1), se retira du monde, et vécut ignoré de la société. Comme pendant dix ans il eut le secret de ne plus faire parler de lui, tous les journaux annoncèrent sa mort en 1763. Il en était même qui, s'occupant des éloges historiques des personnes célèbres décédées, promirent celui de Roy (2). La famille du prétendu défunt déclara qu'il était encore vivant; et ce ne fut que le 23 octobre 1764, que cet auteur lyrique mourut à Paris, à l'âge de quatre-vingt-un ans, sans emporter les regrets des gens de lettres, qui sans doute eurent quelque raison d'en vouloir à un homme qui les déchira sans aucun ménagement, mais qui n'avaient pas le droit de l'enterrer avant qu'il eût fini ses jours.

---

(1) Madame Marguerite Roy, veuve de M. Gilles Boudeville, écuyer, seigneur de Salles, décédée le 7 avril 1746, au château de Germigny, chez madame la comtesse de la Frezelière, sa fille.

Mercure de France, avril 1746, pag. 205.

(2) Principalement le rédacteur du *Nouveau Nécrologue*. L'abbé Sabatier de Castres, dans les *Trois siècles littéraires*, le fait mourir en 1763.

L'ABBÉ LAPORTE.

L'abbé *Joseph* Laporte (1), qui naquit en 1718 (2) à Belfort, dans la haute Alsace, après avoir passé la plus grande partie de sa jeunesse chez les jésuites, débuta dans la carrière des lettres par une *pastorale héroïque* sur le mariage du prince de Soubise. Ce début, qui eut lieu à Strasbourg, en 1741, fut beaucoup applaudi, et surtout par les maîtres de l'élève. Bientôt après ce succès, le jeune abbé quitta la congrégation des jésuites, dont il faisait partie depuis huit ans (3), et se rendit à Paris pour y cultiver la littérature. Il publia d'abord l'*Antiquaire*, comédie en trois actes et différentes pièces de vers assez libres (4).

---

(1) Et non pas *de la Porte*, comme on l'écrit partout. Des autographes que nous avons sous les yeux prouvent que cet ecclésiastique ne prenait pas la particule *de*, et *Palissot*, son ami, l'écrit comme nous.
(2) Au lieu de 1713.
(3) Note de la police, à la Bibliothèque du Roi.
(4) Même note.

Sa comédie ne put franchir l'enceinte des colléges. L'auteur, nourri des plus beaux modèles de l'antiquité, sentit d'après ses nouvelles productions que la poésie n'était pas son fait, et il se livra tout entier à la prose. Au moment où il allait donner quelque nouvel ouvrage, on le trouva dans une imprimerie clandestine. Le roi en fut informé, et donna l'ordre à M. de Maurepas de chasser l'abbé Laporte de Paris. Le 2 novembre 1741, le ministre transmit l'ordre à M. de Marville, pour qu'il *voulût bien tenir la main à son exécution;* et l'abbé fut exilé à Auxerre, le 21 du même mois (1).

En 1743, on apprit que cet abbé était caché à Paris. La police fut mise à ses trousses. On le découvrit *rue du Cherche-Midy, vis-à-vis un couvent* (2), chez mademoiselle *Laudoin*, et le roi signa la lettre qui suit :

« Monsieur de Launay, je vous fais cette lettre pour vous dire de recevoir en mon chasteau de la Bastille le sieur abbé de la Porte, et de l'y retenir jusques à nouvel ordre de ma part.

---

(1) La lettre originale de M. de Maurepas fait partie d'une collection d'autographes particulière.

(2) Note de la police.

« Sur ce je prie Dieu qu'il vous ait, monsieur de Launay, en sa sainte-garde.

« Éscrit à Versailles, ce 15 juillet 1743.

« Louis.

Et plus bas,

« Philyppeaux (1). »

L'abbé Laporte fut arrêté le 19; à l'instant même on le conduisit à la Bastille, d'où il sortit le 29 septembre suivant, quoique l'ordre que voici soit du 22.

« Monsieur de Launay, je vous fais cette lettre pour vous dire de mettre en liberté le sieur abbé de la Porte que vous détenez par mes ordres en mon château de la Bastille. Sur ce, je prie Dieu qu'il vous ait, monsieur de Launay, en sa sainte-garde.

« Éscrit à Fontainebleau, le 22 septembre 1743.

« Louis.

Et plus bas,

« Philyppeaux (2). »

Après être sorti de prison, l'abbé Laporte se

---

(1) Bibliothèque de l'arsenal. Manuscrit intitulé : *Bastille, ordres du Roy,* tom. XV.

(2) Même recueil.

lia étroitement avec Fréron, et fut pendant longtemps son collaborateur. Mais de légers démêlés survenus entr'eux les séparèrent. L'abbé devint alors le chef d'un ouvrage périodique intitulé : l'*Observateur Littéraire*. On a prétendu que les deux critiques convinrent de se dire mutuellement des injures pour donner plus de vogue à leurs feuilles (1); mais cette assertion paraît d'autant plus inexacte que l'abbé Laporte composa une satire contre Fréron, trop mordante pour n'être qu'un amusement de convention.

Né sans fortune, le jeune abbé résolut de vivre indépendant et ne voulut rien devoir qu'à son travail. Voyant que le champ de la littérature était infructueux et stérile, il pensa, avec quelque raison peut-être (du moins c'est ce que La Harpe lui fait dire), que, pour *s'enrichir, il ne fallait pas faire des livres, mais en imprimer.* Alors il s'adonna aux compilations de toute espèce, et

---

(1) Cela rappelle la profession de certains hommes, qui font semblant de se battre dans les rues de Paris, pour ameuter les passants. Il eût été déplorable de voir un semblable brigandage dans les lettres.

mit les ouvrages de notre littérature, qu'il croyait les plus estimés, en *Esprits* et en *Extraits*.

Tout à coup on vit éclore l'*Esprit des monarques philosophes;* les *Pensées de Massillon;* l'*Esprit de J.-J. Rousseau;* les *Pensées de l'abbé Prevost;* l'*Esprit de Bourdaloue;* l'*Esprit de Marivaux;* l'*Esprit de Fontenelle;* l'*Esprit de Desfontaines,* etc., etc. Et il vendit *lui-même ses livres, attendu qu'il n'avait que cela pour vivre* (1).

Ce qui étonna le plus, dans l'exécution de ces compilations qui devaient anéantir une grande partie de la librairie française, c'est que le compilateur parvint à extraire quatre volumes d'*Esprits* des feuilles de l'abbé *Desfontaines*, tandis que les œuvres du philophe génevois lui produisirent à peine deux petits volumes.

C'est ainsi que cet adroit et infatigable compilateur, plus attaché à l'argent qu'à la gloire, parvint à se faire douze mille livres de rente viagère avec l'esprit d'autrui, et fut le premier à rire, avec ses amis et l'abbé Raynal surtout, de pareils succès; car, outre que l'abbé Laporte

---

(1) Note de la police.

se distinguait par la douceur de ses mœurs, il était bon parent, ami fidèle, et fort aimable en société, quoiqu'il fût signalé à la police *comme un homme de mauvaise compagnie* (1).

Son industrie enfanta encore la *Bibliothèque des Fées*, un *Voyage au séjour des ombres*, réimprimé sous le titre de *Voyage en l'autre monde*; le *Portefeuille d'un homme de goût*, le *Calendrier historique des théâtres*; le *Dictionnaire dramatique*, avec Champfort; l'*Histoire des femmes françaises*, etc.

Malheureusement cet exemple a eu depuis de funestes influences. Beaucoup de compilateurs, avec moins de talent que l'abbé Laporte, ont multiplié les livres sans rien ajouter aux connaissances de l'esprit humain. Mais le charlatanisme, des prospectus mensongers, des titres fastueux, et plus que tout cela le *savoir-faire*, réussissent quelquefois mieux que le talent.

Néanmoins, dans ce que l'abbé Laporte écrivait, on distinguait toujours un tact fort rare pour l'analyse. Son *Voyageur Français*, qui amuse

---

(1) Note de la police.

en instruisant, est un ouvrage rempli de connaissances et de réflexions judicieuses. Si l'on y trouve peu de vigueur dans le style, toujours facile et souvent agréable, et peu d'imagination, il faut s'en prendre à la vieillesse de l'auteur, qui, sous les glaces de l'âge, commença cette entreprise avec la crainte que la mort ne vînt le surprendre avant de l'avoir terminée (1).

L'édition des œuvres complètes de Pope qu'il a donnée aussi, n'est pas non plus le moindre service qu'il ait rendu aux lettres. L'abbé Laporte publia en outre des *Observations sur l'Esprit des lois, ou l'art de lire ce livre, de l'entendre et d'en juger.* Quoique cette critique soit la plus raisonnable, la plus philosophique et la mieux écrite que l'on connaisse, on lui reprocha d'avoir bouleversé l'ordre de *Montesquieu*, et de s'être formé un arrangement à sa fantaisie.

Mais il est encore un ouvrage d'un autre genre dont personne n'a parlé et que l'abbé Laporte fit paraître pendant plusieurs années. Je tiens

---

(1) C'est lui qui a donné les 24 premiers volumes; le 25ᵉ et le 26ᵉ, remplis d'erreurs, furent imprimés après sa mort.

l'anecdote qu'on va lire à ce sujet d'un savant digne de foi et à qui il la conta lui-même (1).

Cet abbé était économe, mais ami de la bonne chère. Il dînait souvent chez de grands seigneurs, et principalement chez la duchesse Mazarin. Lorsqu'il trouvait un plat succulent, il sortait après le dîner, et allait causer un instant avec le cuisinier sur la manière dont il s'y prenait pour apprêter le mets qui avait flatté son goût; après, il lui demandait la recette par écrit : dans chaque maison, il en agissait de même; et c'est ainsi que, sans écrire un mot, il publia des ouvrages anonymes sur la *cuisine* (2), qui lui valurent une rente de 3000 livres par an, qu'il employa à bâtir à Belfort une maison, où il n'alla jamais.

Un jour, dînant à Argenteuil chez son ami Palissot, celui-ci lui reprochait d'avoir fait cette dépense. « Les voyageurs remarquent ma maison, répondit-il. ... Chacun dit en passant ... :

---

(1) M. Petit-Radel, membre de l'Institut, qui voyait chez Palissot, son beau-frère, l'abbé Laporte.

(2) Peut-être le *Traité historique et pratique de la cuisine*, par le Sieur ***, qui parut en 1758.

c'est la maison de l'abbé Laporte.... » Et cela suffisait pour satisfaire sa vanité.

Enfin, après avoir publié plus de cent volumes, ce laborieux compilateur, qui était *petit, maigre, chafoin*, et d'une *figure plate*, si nous devons en croire une note de la police (1), termina sa vie par une mort édifiante, le 19 décembre 1779, rue Saint-André, à l'âge de 61 ans, après avoir légué par testament *une partie de ses épargnes* aux pauvres de Belfort (2).

On raconte, et ceci n'est pas non plus une fiction, mais une anecdote certaine, qu'un *émissaire de la philosophie* accourut chez l'un de ses chefs, pour lui faire le récit de cette fin *exemplaire et chrétienne*. « Quoi! s'écria le digne pontife, quoi! le traître! il a demandé lui-même les secours, les prières de l'Église! Voilà donc le fruit de ses liaisons avec moi! *Ah! sans doute il n'aura pas voulu mourir* incognito *comme il a vécu*: eh! bien, il ne se sera pas trompé (3). »

---

(1) A la Bibliothèque du Roi.
(2) *Essai sur l'histoire littéraire de Belfort et du voisinage*, pag. 16, Belfort 1808.
(3) *Année littéraire*, 1780, tom. Ier, pag. 105.

En effet, quinze jours après, dans une *notice sur les écrits de l'abbé de la Porte*, l'homme qui l'avait encensé pendant sa vie, se fit un jeu, dans son ingratitude, de le déchirer après sa mort (1).

---

(1) *Mercure de France*, janvier 1780, pag. 139.

DE LATUDE.

On a beaucoup parlé dans le temps de l'infortuné de Latude, ingénieur, dont les malheurs et le courage intéressèrent vivement le public; et lui-même (1) donna des Mémoires relatifs à sa détention à Bicêtre, à Charenton, à Vincennes et à la Bastille, où successivement il fut détenu pendant l'espace de trente-cinq années.

Ce prisonnier s'appelait *Henri Masers de Latude*. Il naquit au château de Craiseilh, près de Montagnac, en Languedoc, le 23 mars 1725. L'exempt qui le conduisit en prison, lui conseilla de ne pas donner son vrai nom (ce qui était à la volonté du prisonnier). Il le déguisa sous celui de *Danry*, en prenant le titre de garçon chirurgien, profession chimérique.

---

(1) Ou pour mieux dire, M. *Claude-Antoine* Thiéry, né à Nancy en 1764, et qui exerça les fonctions d'avocat jusqu'en 1789.

Nous avons remarqué qu'il employait ce nom lorsqu'il écrivait à madame de Pompadour ou à quelque agent du gouvernement; mais quand il adressait des placets au roi, il signait toujours : *Henry Masers d'Aubrespy, natif de Montagnac en Languedoc*, ainsi qu'on le verra plus tard.

Le chevalier de Latude fut mis à la Bastille au commencement de 1749, pour avoir donné de faux avis à madame de Pompadour, sur un complot formé, disait-il, contre sa vie. Par ce zèle simulé, l'ingénieur, fort jeune alors, crut obtenir la protection de cette dame. Il lui annonçait l'arrivée d'une boîte de carton renfermant un poison subtil; mais cet envoi, préparé par lui, ne contenait *qu'une poudre..... qui n'avait aucune vertu nuisible*, ainsi que cela fut *prouvé par des expériences* (1).

Au mois de juillet 1749, on transféra de Latude à Vincennes, puis à la Bastille, d'où il s'évada la nuit du 25 février 1756, à l'aide d'une échelle de corde qui était son ouvrage. Mais il fut bientôt repris et reconduit dans la même forteresse, d'où

---

(1) Voyez la lettre du 10 décembre 1762.

on le transféra à Vincennes, en 1764. L'année suivante, s'étant encore évadé à une heure après midi, il s'enfuit en Hollande, où on *l'assomma, à grands coups de bâtons, au milieu de la place d'Amsterdam* (1). C'est de cette ville, où il se croyait en sûreté, qu'il écrivit plus tard à madame de Pompadour *pour avoir la paix*. Il fut arrêté en 1773, et ramené à Charenton. En 1777, il obtint sa liberté; mais la même année, on le remit au Châtelet, d'où il passa à Bicêtre, jusqu'à ce qu'enfin il fut rendu à sa famille, le 23 mai 1784. C'est lui-même qui donna ces dates à l'abbé de Saint-Léger, et nous les devons à l'obligeance du savant M. Van Praet, qui a bien voulu nous communiquer ces notes manuscrites.

Comme nous avons découvert un grand nombre de lettres que ce prisonnier écrivait lorsqu'il était dans les fers, et que, outre qu'elles sont plus énergiques que ses Mémoires, elles sont restées inconnues, nous en mettons plusieurs sous les yeux du public, sans toucher au style ni à l'orthographe. Cette correspondance

---

(1) Voyez la lettre du 24 décembre 1762.

fera connaître des particularités curieuses relatives à divers personnages qui ont joué un grand rôle pendant les règnes de Louis XV et de Louis XVI, et combien M. de Sartine et madame de Pompadour étaient insensibles aux cris du malheur et du désespoir. Tantôt l'on y verra le repentir du prisonnier exprimé d'une manière déchirante; tantôt de Latude donnant sans crainte de fortes leçons et de *bons conseils* à madame de Pompadour. Mais ce qui surprendra sans doute, c'est que, quoiqu'au comble du malheur, le prisonnier s'occupa des moyens de prévenir la famine, et d'une tactique militaire pour attaquer les armées ennemies avec avantage, et pour forcer les soldats *à vaincre ou à mourir*, etc., etc.

« J'ai donné plusieurs fois des preuves de mon esprit, » écrivait-il au roi (1). « La première, c'est d'avoir échappé de la tour de Vincennes; la seconde c'est d'avoir échappé de la Bastille...... J'ay renforcé vos armées de plus de vingt-cinq mille fusiliers depuis plus de quatre années; j'ay......, et je n'ay point encore reçu la moindre récompense. »

---

(1) Lettre du 15 août 1762.

Toutefois, nous étant proposé de ne rien donner qui ne fût inédit, nous ne parlerons point ici avec étendue de l'échelle de corde qui avait 180 pieds de longueur, et que l'industrieux prisonnier forma, avec d'*Alègre*, son camarade d'infortune, qui couchait dans la même chambre, en défilant treize douzaines et demie de chemises, deux douzaines de paires de bas de soie, dix-huit paires de chaussettes, trois douzaines de serviettes, plusieurs bonnets de nuit et un grand nombre de mouchoirs.

C'est cette échelle qui lui servit à tromper la vigilance de ses geôliers, et qui fut exposée aux regards du public dans un des salons du Louvre, pendant les mois d'août et de septembre 1789, époque où le peintre *Vestier* fit le portrait de Latude, qui inspira un quatrain à M. C. de G., avocat (1).

---

(1) Quoique ce quatrain soit connu, le lecteur sera peut-être bien aise de le retrouver ici :

« Victime d'un pouvoir injuste et criminel,
Masers dans les cachots eût terminé sa vie,
Si l'art du despotisme, aussi fin que cruel,
Avait pu dans les fers enchaîner son génie. »

Nous ne nous étendrons pas non plus sur les motifs qui firent mettre cet ingénieur à la Bastille, attendu qu'ils sont relatés dans la correspondance qu'on va lire, et principalement dans le placet écrit le 10 décembre 1762, et adressé au roi. Nous nous bornerons à rappeler que l'illustre infortuné, plein de patience, de courage et d'imagination, mourut à Paris le 1er janvier 1805, à l'âge de quatre-vingts ans.

A M. LE COMTE DE SAINT-FLORENTIN, MINISTRE D'ÉTAT.

« De la Bastille, le 17 décembre 1759.

« MONSEIGNEUR,

« Depuis 58 jours, je demande continellement la permission d'écrire auprès d'un bon feu, vous vous pouvez aisément passer de recevoir mes lettres, sans être privé de voir votre femme, d'élever vos enfans et de faire vos affaires, moy je ne puis plus longtemps me passer de justice. Voilà 128 mois que je suis dans l'oppression. J'ay une pauvre mère désolée de 67 ans qui a besoin de mon secours. Les lions et les tigres seroient touchés d'une si longue souffrance. Est-ce que je ne trouverai pas en vous, monseigneur, le moindre des petits secours. Dans ma dernière lettre, du 11 du mois de septembre, je vous ai prié humblement par vos entrailles paternelles, de me donner une explication sur les derniers mots de votre lettre du 19 août : *son sort est entre ses mains*. Je vous ai demandé : que faut-il que je fasse. Prier ? je prierai. Me justifier ? je me justifirai. Me taire ? je me tairai. Je ferai de bon cœur tout ce que vous souhaiterez. Mais daignez, monseigneur, me faire voir une fin. Vous ne me répondez rien. Je vous ai prié de m'accorder un dictionnaire avec un rudiment. Il me semble que ma longue misère auroit bien du obtenir cette misérable grace de votre bonté, d'autant plus que jamais je n'ai abusé du papier ni des livres, et quand même j'aurois eu ce malheur, est-ce qu'on ne doit point mettre des bornes aux punitions, monseigneur. M. Dargenson le père ne passoit point pour être tendre. Quand il y avoit quelqu'un de surpris, il lui ôtoit ses agrémens, mais deux, trois mois après il les luy rendoit, selon Constantin de Reneville qui ne passe point pour être flatteur.

« Quand M. Le Blanc sortit de la tour de Vincennes voici les paroles qu'il dit : Quand je donneré des lettres de cachet j'y ferai plus d'une fois attention. Il avoit éprouvé lui-même ce qu'un homme souffre entre quatre murailles, et si vous le sçaviez, monseigneur, vous ne seriez pas si insensible à mes prières. Moi qui souffre innocent depuis onze ans.... enfin que Dieu soit béni. Je vous supplie, monseigneur, par votre miséricorde, de me tendre une main secourable ; je n'en puis plus, je n'en puis plus ; je ne sai comment vous le dire. Je vous supplie de me permettre d'écrire à ma mère pour sçavoir si elle est encore en vie, mon Dieu, afin de mettre à mes affaires supposé que j'aye eu le malheur de la perdre, de voir le confesseur, un dictionnaire avec un rudiment et la permission de vous écrire et à madame la marquise. Je suis homme, monseigneur. Je souffre, je n'en puis plus ; je ne sais comment vous l'expliquer.

« Que Dieu repande sa sainte bénédiction sur vous et sur toute votre chère famille.

« J'ay l'honneur d'être avec un très profond respect,

« Monseigneur,

« Votre très humble et très obéissant serviteur.

« Danry. »

A M. Chevalier, major du chateau de la Bastille.

= 22 janvier 1760.

« Dans la lettre que Danry m'a écrite, monsieur, le 17 décembre, il me demande de voir le père Griffet et que je luy fasse donner un dictionnaire et un rudiment. Je serois assez porté à procurer des adoucissemens à cet ancien prisonnier, mais peut-il en profiter dans le lieu où il est? y fait-il assez clair pour lire? Je vous prie de me dire sur cela votre sentiment.

« Quand au confesseur, je ne pense pas qu'il y ait de l'inconvénient. Ainsi faites avertir le père Griffet de le venir voir. Je m'imagine bien que si on luy donne le dictionnaire et le rudiment il nous demandera après papier, encre et plumes pour faire des nottes ; cela pourra bien l'amuser et luy faire prendre patience. Mais cela peut-il tirer à conséquence? Écrivez-moi, je vous prie sur tout cela.

« Je suis très parfaitement, monsieur, votre, etc.

« Le comte de Saint-Florentin. »

A monseigneur de Sartine, lieutenant-général de police.

«De la Bastille, le 5 mars 1761.

« Monseigneur,

« L'étrenne que j'ay envoyée à M. le comte de Saint-Florentin, pour remettre entre les mains du Roi, de bon cœur je vous l'aurois adressée à vous-même, monseigneur, comme je fis de mon Système, si vous ne m'aviez fait remercier de mon zèle par M. le major, parce que pendant long-temps j'ay eu une grande confiance en vous, car dès la première fois que j'eus l'honneur de vous parler, de vous connoitre, je fondai toutes mes espérances, mon bonheur dans votre bonne mîne; mais la grande quantité de refus et l'aggravement que vous faites à mes maux m'ote mon espoir. Je crois que ce n'est point sans raison. Je vous ai supplié mille fois, d'avoir la bonté de m'accorder un moment d'audience, mes propres livres, et d'acheter un dictionnaire avec un rudiment, vous me refusés même jusqu'à un misérable livre de prières, il y a de l'animosité, ça n'est pas une punition mais c'est une vengeance italienne, c'est vouloir envoyer le corps et l'âme tout au diable.

« Monseigneur, jamais je n'ai abusé des livres, et quand même j'aurois eu ce malheur, vous devez mettre des bornes aux punitions. Est-ce que vous avés le cœur moins compatissant, moins tendre que tous vos prédécesseurs? A six mois près, je vous prie de me dire, combien est-ce qu'il y a de temps, que je suis sans feu, sans lumière; combien est-ce qu'il y a que vous me faites manger à la glace, dans une terrine, comme les gens de Biscêttre, monseigneur. Oubliés les prisonniers que vous avés au Châtelet, ou fort l'Évêque, parce qu'il y a des commissaires pour les visiter tous les mois, et en outre ils peuvent avoir recours au Parlement; ici, à la Bastille, nous ne pouvons avoir recours qu'à vous seul, c'est pourquoi il semble qu'il seroit bien équitable, que vous eussiez la bonté, d'accorder un moment d'audience, au moins une fois tous les six mois, et surtout quand on vous la demande. Le papier ne dit pas ce qu'il porte. Il ne repond pas aux objections. Quand vous me dirés je sai, je sai, je sai tout ce que tu me peux dire et que vous me laisserez pourrir mon corps entre quatre murailles, me voilà bien avancé.

« Monseigneur, ce n'est qu'en parlant que les affaires se font, les paroles font tomber des jugemens prononcés, encore plus de volontés..... Je vous demande : ma partie tire-t-elle tous les matins l'argent de sa poche, pour me faire souffrir. Elle se seroit lassée de mettre si souvent sa main dans sa poche, **mais l'argent ne coûte rien, on n'entend point les** gémissemens, on me laisse pourrir sans me dire bête que fais tu là. Que j'écrive mille lettres de prières, elles ne font pas plus d'impression qu'un coltaire sur une jambe de bois. Que j'écrive une lettre un peu forte, sans faire attention à ma longue souffrance, on dit : ce furieux, c'est un violent; comment! il n'est pas riche et il se fâche! il n'y a qu'à l'écraser. Bon Dieu, on accorde tout à la cruauté et rien à l'humanité. Au fond de la Barbarie on ne traite pas les chiens avec autant de cruauté, qu'on traite ici mon innocence. On ne l'a distingue que par de mauvais traîtemens. Mon tendre père Berryer, si tu ne pouvais pas me rendre justice, au moins tu me tendois une main secourable; tu me soulagés, tu me donnés des conseils, tu avés la bonté de corriger mes lettres de ta propre main, tu me laissés écrire chez moy, pour consoler ma pauvre mère, pour mettre ordre à mes affaires et en recevoir de nouvelles Tu m'avés accordé la messe, la promenade, les livres et du papier et de l'ancre à discrétion. Je pouvois écrire à ma partie et au ministre quand je voulois. Onze jours après m'être livré entre les mains du Roy tu vins me voir ici, à la Bastille; tu croyois que par innocence ou enfin par cet acte de bonne foi, on m'alloit rendre ma liberté. Te ressouviens tu de ce jour là quand tu me demandas avec bonté : Danry t'ais-je laissé manquer de quelque chose, ne tais-je pas bien traité humainement. Parle, as tu à te plaindre de moy; il semble que dans ta grandeur d'âme, j'aurois trouvé des excuses, s'il avoit été possible de faire le moindre des petits reproches, à un aussi bon cœur que le tien.

Si vous m'avez trouvé aux fers, monseigneur de Sartine, c'est moins la faute de ce bon père que la mienne. Je ne lai jamais prié de m'en tirer par cette raison. Je disois en moi-même, l'état insuportable ou tu es luy fera faire de plus grands efforts auprès de ta partie. O la grande perte que j'ay faite dans ta personne, mon tendre père, si mes maux n'étoient pas finis depuis longtemps, au moins aujourd'hui ils ne seroient pas aussi grands. Bon Dieu, daigne accorder á ce bon père, monseigneur Berryer, l'appanage que tu dois à tous les cœurs humains, qui est la sainte bénédiction. Monseigneur de Sartine, vous me maltraités. Que vous ais-je fait. Si je vous avés offensé, je ne me pardonnerois pas moi-même. Je suis dans une grande misère ; je prie quand les prières n'ont aucun effet ; je parle, quand les paroles ne font rien ; je crie, je ne crois pas en cela vous offenser, parcequ'il doit être permis à tout le monde de se dèffendre.

« Monseigneur, raisonnons avec raison. Ou vous me tenés par mérite ou par complaisance. Si vous me tenés par mérite, traîtés-moy comme tous les autres prisonniers de la Bastille. Si vous me tenés par complaisance, distingués moy des autres prisonniers. C'est une demande bien équitable ; à cause que je suis foible devés vous me traiter pire qu'on ne traite les animaux. Mille fois dans le monde j'ay entendu dire : Fais prendre l'air à ces cochons.! Si vous èties malade vous, monseigneur, pendant 15 jours, je gagerois ma tête, que vos cochers, vos palfreniers feroient promener, prendre l'air à vos chevaux. Est-ce que je suis pire que les animaux. C'est Dieu qui ma crée; je suis homme : ayez donc pitié de moy, monseigneur. Si je ne suis pas riche, au moins Dieu m'a donné un cœur reconnoissant. Quand vous me traiterés bien, je vous proteste que vos vertus, ni votre humanité ne seront point étouffés. Voilà une lettre; je vous supplie d'avoir la bonté de la faire tenir au ministre.

« Si par hazard, la crainte de déplaire à madame la marquise de Pompadour vous avoit fait arrêter mon étrenne par rapport au commencement ou à la fin, je suis dans la souffrance; je me deffends; c'est bien naturel, mais enfin que le Roy ne soit pas la victime de notre démêlé, ayez la bonté de me la renvoyer si vous l'avés; je changerai le commencement et je retrancherai la fin, je vous l'adresserai à vous même si vous le souhaités et de bon cœur, car je voudrois bien vous avoir l'obligation d'avoir mis fin à mes malheurs.

« Monseigneur, quand vous me traiterés comme un homme raisonnable, je me soumettré de bon cœur a tout ce que vous souhaiterés. Je vous supplie de grace de me donner des nouvelles de ma chère étrenne et de penser un peu a moy. Voila cent quarante trois mois que je souffre. Nous sommes dans un tems saint où l'on fait de bonnes œuvres. Que tout soit oublié. Ayez pitié de ma misère. J'ai un cœur reconnoissant. Je ne payerai point d'ingratitude.

« J'ay l'honneur d'être avec un très profond respect,

« Monseigneur,

« Votre très humble et très obéissant serviteur,

« DANRY.

« Je vous supplie de grace d'avoir la bonté de m'accorder un moment d'audience la première fois que vous viendrés ici. N'oubliés pas de me donner des nouvelles de ma précieuse étrenne ; j'en suis fort inquiet. »

A M. LE COMTE DE SAINT-FLORENTIN, MINISTRE D'ÉTAT.

« De la Bastille, le 5 mars 1761.

« MONSEIGNEUR,

« Le 5 du mois de février 1761, je vous ai envoyé une étrenne pour remettre vous-même entre les mains du Roy; en même temps, je vous ai prié d'avoir la bonté de me la renvoyer, supposé que Sa Majesté ne jugeât pas à propos d'en faire usage; depuis un mois aujourd'huy, j'aurois dû en recevoir quelque nouvelle ou enfin le retour de mon écrit, j'en suis fort inquiet, parceque j'en ai examiné pendant fort longtemps l'importance. De plus, je n'ai pas envoyé ce projet au Roy pour faire des abondances dans le royaume, et particulièrement une dans Paris, sans avoir entendu dire plusieurs fois à bien des gens sages, que c'étoit un objet de nécessité, par rapport aux malheurs qui sont arrivés,.... ce que j'expose est sensible; depuis que Louis XV règne, la famine s'est fait sentir plusieurs fois dans Paris. Dans la dernière guerre, le blé manquoit considérablement dans plusieurs provinces, et particulièrement dans la Provence et le Languedoc.... Quest-ce que je propose pour prévenir ces malheurs qui peuvent arriver à tout moment, et sçavoir s'ils ne sont point réels encore aujourd'huy dans plusieurs provinces? c'est d'ordonner à tous les curés du royaume, d'avoir chacun quatre regîtres dans son église pour enregîtrer les mariages, les baptêmes et les morts; que le premier soit doublé de maroquin rouge, tranche dorée en or, le second relié en veau, tranche dorée en argent, le troisième en basanne, tranche dorée en rouge, et le quatrième uniquement couvert de parchemin; qu'on intitulera le premier regître des gens de distinction, le second regître de la bourgeoisie, le troisième regître des artisans, et le quatrième regître des pauvres, enfin, pour ne pas blesser les conditions pauvres, les intituler regître d'or, regître d'argent, regître de basanne, regître de parchemin.

« Quest-ce qui peut se plaindre quand les curés jéteront ces quatre regîtres sur une table, et qu'ils diront aux nouveaux mariés : dans le premier, on donne tant pour s'y faire enregîtrer le mariage dedans. Cette somme est destinée pour faire bâtir des abondances et les remplir de blé, pour être distribué gratuitement à tout le monde dans un temps de calamité.

« Dans le second on donne tant, dans le troisième tant, et dans le quatrième rien. Choisissez celui que vous souhaiterez. Qu'est-ce qui peut se plaindre? qu'on me réponde. Il n'est pas raisonnable de dire c'est un prisonnier qui propose; Dieu a mis une cervelle dans ma tête comme dans celle des autres hommes, et j'ay le tems ici de réfléchir avant que de proposer. On pourra me dire : on s'en est passé jusqu'à aujourd'huy, il est vrai, et de l'école militaire aussi; mais, au sujet du manque de pain, on a souffert de grands maux. Plus de vingt mille personnes dans Paris peuvent encore en servir de témoins; qu'on daigne me répondre! Pourquoy donc fait-on faire à tous nos rois, à leur sacre, un serment sur le saint évangile de ne jamais mettre des impôts sur le pain. C'est que nous, nous pouvons nous passer de tout, excepté de pain. Quand il est trop cher, le peuple n'en peut pas acheter, c'est ce qui a occasionné bien des fois la révolte, car, dans un pareil temps, le peuple ne craint ni Dieu, ni le Roy, ni personne; pour remplir son ventre, il est toujours prêt à commettre toute sorte de crimes.

« Pourquoy met-on les boulangers à l'amende à huit dix lieues à l'entour de Paris quand ils manquent d'y apporter du pain toutes les semaines au marché. C'est qu'on a vu de longue main que, quand il manquait du pain seulement pendant vingt-quatre heures, tout le monde était sans dessus dessous. Voyez M. Dombréval, on arrête son carrosse en lui disant : monseigneur, le pain est trop cher, nous mourons de faim. Il leur répondit: mangez des tronchons de choux. Sur le champ il faillit à être assassiné. Mais c'est bien pire, c'est bien pire, je le répète trois fois, c'est bien pire quand le blé manque, alors il n'y a pas de remède. C'est ce que nous avons vu plusieurs fois. Mon projet des abondances, par rapport au grand bien qui en peut résulter, serait bien reçu du Roy, si on le luy présentoit. Pourquoy me refuser de luy remettre ma chère étrenne entre ses mains. C'est contre la conservation du peuple, c'est contre le bien de l'État, parceque les abondances, un jour à venir, en seront la ressource, car les successeurs de Louis XV y trouveront de trois à quatre cens millions à emprunter sur-le-champ dans un tems de nécessité, de même c'est contre la gloire du Roy de luy ôter l'honneur d'en faire une pour sa bonne ville de Paris. Ce seul morceau rendroit perpétuellement sa mémoire chère et releveroit sa gloire au-dessus de celle de tous ses prédécesseurs.... Monseigneur, daignez faire attention. Les beaux esprits disent que les Invalides est la plus belle, la plus magnifique fondation qu'aucun souverain ait jamais fondée. Dans un temps de paix, où le Roy ne donne que 50 millions pour le département de la guerre, les Invalides n'ont de revenu que 833,333 livres 6 sols 8 deniers, et si aujourd'huy le Roy faisoit usage de mon projet, dans douze années d'ici l'abondance, l'abondance de Paris, sans essuyer des temps de calamité, seroit riche de plus de trente-six millions; à cinq pour cent, c'est le fonds de 1,800 mille livres de rente. Ce petit espace de tems doit faire juger de la grandeur future des abondances, et de la différence qu'il y aura entre elles et les Invalides. Cette maison ne peut donner qu'à subsister à dix mille hommes. Au lieu que les abondances, quand elles auront le nombre d'années que les Invalides ont aujourd'huy, elles seront en état de donner du pain dans un temps de calamité à 20 millions de personnes pendant plusieurs mois; donc la gloire de Louis XV surpassera infiniment celle de Louis XIV. Entre ces deux objets, monseigneur le comte de Saint-Florentin, je vous ai envoyé à vous-même ma chère étrenne ; si vous l'avez reçue, je vous supplie d'avoir la bonté de la remettre au Roy ; il me rendra justice par elle, ou enfin par l'écrit qu'il y a ci-après. Si vous ne l'avez pas reçue, je vous prie de la demander : la matière est digne de votre attention.

« Monseigneur, je ne suis pas un enfant ; je ne me donne pas pour être un homme d'esprit ; mais je ne suis pas un sot. Sans être philosophe, on peut juger de la valeur de l'or et de l'argent. Mon projet est bon, *il touche le plus sensible de tous les soucis du Roy*, car personne n'ignore qu'il demande très-souvent : *Le pain est-il cher ?* Ce n'est point les impôts qu'il y met qui peuvent le rendre cher, parcequ'il n'en met point. Ce n'est que la rareté du blé qui le rend cher. Donc que les abondances que j'ay l'honneur de proposer ne peuvent pas être nuisibles, mais au contraire fort utiles par rapport aux malheurs qui sont arrivés du temps passé et de nos jours, et qu'ils peuvent arriver à tout moment. *Mon peuple a-t-il du pain ? He bien ! j'en suis content !* C'est sensible ; ces paroles font voir le cas que le Roy feroit de mon projet. Le moyen que je propose pour prévenir ses malheurs et un moyen choisi, duquel personne ne fera jamais une seule plainte. Le mauvais temps où nous sommes ne fait rien, je l'ai démontré dans mon étrenne, parcequ'on n'oblige personne à donner d'argent de force, parcequ'il y aura dans chaque église le regître de parchemin pour enregitrer les mariages de ceux qui ne voudront rien donner. Pourquoy donc refuser la générosité des gens riches pour prévenir le plus grand de tous les malheurs; car personne au monde n'ignore que la famine est terrible. Bon Dieu! il me semble que je n'ai pas perdu l'esprit ni le jugement d'un homme raisonnable. Qu'on daigne donc me répondre. Fait-on des représentations au Roy de ce que tous les curés de son royaume, dans un tems de calamité, dans un tems d'afflixion, non point la honte de proposer à des familles désolées la croix d'argent ou la croix de bois. C'est argent est pour eux, pour mettre dans leur poche; au lieu que l'argent que les nouveaux mariés donneront sera destiné sur-le-champ pour acheter du blé pour eux, pour leur propre conservation, dans un tems de calamité; c'est bien une grande différence. Je n'ignore pas non plus que le Roy est forcé de mettre tous les jours de nouveaux impôts, qu'il est sorti d'entre les mains du peuple plus de six cens millions pour envoyer dans le pays étranger dans le cours de cette guerre. Mais ici je compte selon les mémoires de la régence. Il doit y avoir encore plus de quatorze cens millions dans le royaume; tout cet argent est dans les bourses des gens riches, or, ce sont eux qui donneront plus de trois millions de revenu toutes les années aux abondances. N'est-ce pas contre le bien de l'État de refuser ces libéralités.

« Qu'on daigne réfléchir sur ce que je dis; ça n'est point une taxe, il y a le regître de parchemin ouvert à tout le monde.... Pourquoy frustrer Louis XV d'être le fondateur des abondances, car si Dieu luy accordoit autant de jours qu'à Louis XIV, il auroit l'honneur d'en faire trois avant que de mourir. On oublie les batailles, mais personne n'oublieroit jamais sa sage prévoyance; parceque les abondances intéresseront perpétuellement tout le monde, par conséquent tout le monde luy seroit toujours obligé dans les grands fléaux, ça seroit alors qu'on se ressouviendroit le plus de Louis XV. Est-ce que Louis le Bien-Aimé n'a plus un bon ami dans la personne du comte de Saint-Florentin. Si vous l'êtes encore, monseigneur, je vous supplie de lui remettre ma chère étrenne entre ses mains; si vous ne voulés pas la luy remettre, ayez la bonté de me la renvoyer ici, à la Bastille, comme je vous en ai prié en vous l'envoyant. Monseigneur, je ne cesserai pas de vous demander ce précieux écrit jusques à ce que vous me l'ayez rendu ou quelque bonne nouvelle.... Monseigneur, voilà cent quarante-trois mois que je suis dans la souffrance, je vous supplie, pour l'amour de Dieu, de penser à moi. Je suis homme et je soufre.

« J'ay l'honneur d'être avec un très profond respect,

« Monseigneur,

« Votre très humble et très obéissant serviteur,

« Danry. »

A madame la Marquise de Pompadour.

« De la Bastille, le 16 may 1761.

« Madame,

« Est-ce que votre cœur n'ait pas fait pour être attendri, est-il impossible de vous exciter de la compassion? Me voilà dans la treisième année de soûffrance. Pour l'amour de Dieu, daignés mêttre fin à mes malheurs, laissés-moy aller consôler ma pauvre mere, ma tendre mere, qui compte comme moy ses momens par de larmes, et je vous serai toute ma vie reconnoissant.

« J'ay l'honneur d'être, avec un très profond respect,
« Madame,
« Votre très humble et très obéissant serviteur,
« Danry. »

A M. DE SARTINE.

« De la Bastille, le 29 juillet 1762.

« Grand Dieu, est-ce perdre son temps que de te prier, comme à prier monseigneur de Sartine. Daigne donc, par ta grande miséricorde, me dicter des paroles qui puissent attendrir le cœur de ce magistrat.

« Monseigneur,

« Voilà pour la sixième fois que je vous prie, que je vous supplie de me faire savoir si vous avez eu la bonté de faire passer mon mémoire à ma partie. Comment voulez-vous que je me deffende quand vous ne me direz rien, car je lui aurois déjà écrit une ou deux lettres si vous m'aviez fait sçavoir, depuis que je vous le demande, si vous avez eu la bonté de le laisser passer ou non, au lieu que je ne puis point me deffendre faute d'être instruit. Jamais M. Berryer ne m'a refusé de me répondre quand je luy ai demandé des choses équitables. Je ne sai pourquoy, vous, monseigneur de Sartine, vous ne voulez ni m'accorder un moment d'audience, ni même me faire dire une seule parole. Si, par votre naissance, vous croyez que cela abaisse votre grandeur de parler ou de répondre aux prisonniers, vous devriez laisser votre charge à un autre, car un lieutenant-général de police doit parler et répondre aux pauvres malheureux qui sont dans la souffrance; mais, monseigneur, vous prolongés ma misère faute de m'accorder audience ou de me faire sçavoir si vous avez laissé passer mon mémoire ou non; ma cervelle n'est point épuisée; j'aurois écrit à ma partie, et je ne puis point faute d'être éclairé.

« Monseigneur de Sartine... monseigneur, mon mal n'est point sans remède; je n'ai point de jugement prononcé contre moy; la fin de ma longue souffrance ne dépend que de la volonté de ma partie. Laissez-moy donc me secourir, c'est une chose équitable que vous ne devez point refuser à un pauvre malheureux qui souffre depuis quatorze années. Quand vous me direz : Je connois les intentions de ta partie; et moy aussi. Mais je vous demande : madame la marquise de Pompadour est-elle un monstre sous la figure humaine? son cœur est-il plus dur que celuy de l'implacable mégère? est-il impossible, par de bonnes raisons, par la longue misère, ou par des prières et des larmes, de pouvoir luy exciter de la compassion? Eh bien, monseigneur de Sartine, laissés-moy me deffendre. Je vous conjure par l'Éternel, par les entrailles de votre fils, de me faire sçavoir si vous avez eu la bonté de laisser passer mon mémoire ou non. Je vous demande cette grace bien humblement, bien respectueusement. Daignez donc, monseigneur, répondre à l'ardente prière d'un pauvre malheureux qui souffre depuis cent soixante mois, et je vous serai toute ma vie bien obligé.

« J'ai l'honneur d'être avec un très profond respect,
« Monseigneur, de votre grandeur,
« Le très humble et très obéissant serviteur,

« Danry. »

M. de Sartine écrivit sur cette lettre, qu'il envoya à M. Duval : « Mander à M. Chevalier de dire de ma « part à Danry que je ne l'écouterai pas lorsqu'il m'é- « crira sur ce ton.

« 29 juillet 1762. »

AU ROY.

« De la Bastille, le 15 août 1762.

« Sire,

« Pendant fort longtemps on a parlé comme d'un chef-d'œuvre de cette nouvelle colonne que le duc de Cumberlan fit à la bataille de Fontenoy. Il y a eu pourtant certains personnages qui l'ont critiquée, qui ont dit que quatorze à quinze hommes de hauteur ne pouvaient pas manœuvrer. Il est vrai que les six à sept derniers rangs ne pouvoient point diriger comme il faut leurs coups de fusils ny en venir à l'arme blanche, mais d'un autre côté ils donnèrent la force à cette colonne de renverser tout ce qui se trouva devant elle ; c'est ce que Votre Majesté vit de ses propres yeux ; votre personne sacrée étoit alors tout auprès d'une *justice,* et moy je n'étois point éloigné d'elle de vingt pas. Or Votre Majesté vit renverser tout le centre de son armée par cette colonne, mais, comme elle n'avoit point cette grande étendue de la nôtre, par rapport à sa hauteur, l'aile droite de notre colonne, qui étoit du côté de l'Escaut, se replia sur elle du côté du flanc et par derrière de même que l'extrémité de l'aile gauche, le feu de ces deux extrémités ralentit sa marche, c'est ce qui donna le temps à Votre Majesté de ralier le centre de l'armée qu'elle avoit mise en fuite, et de faire marcher sa maison; alors cette colonne, se trouvant entre quatre feux, par derrière, par les deux flancs et par devant, c'est ce qui fut la cause de sa perte; ainsi, si cette colonne avoit eu le même front que la nôtre, il n'est point douteux qu'elle auroit remporté la victoire, par rapport à la grande force que sa hauteur luy donnoit de renverser tout ce qui se trouvoit devant elle. Une colonne ordinaire est de huit rangs de soldats, or j'ay trouvé le moyen de luy donner la force de seize hommes de hauteur dans toute son étendue de quelque longueur qu'elle puisse être, moyennant un seul bataillon. Pour cet effet, quand la colonne est formée, je divise ce bataillon d'observation en trois parties; or, je porte six compagnies au centre de la colonne, environ cent pas en arrière, ensuite, entre le centre et l'autre extrémité de l'aile droite, je poste de même six autres compagnies, à la même distance de cent pas en arrière, je poste de même les cinq autres compagnies qui me restent du bataillon d'observation, où il doit s'y trouver celle des grenadiers, entre l'extrémité de l'aile gauche et le centre. Le colonel et le major doivent commander les compagnies du centre, le lieutenant-colonel les six de la droite, et le commandant les cinq de la gauche; le général doit ordonner à ses trois postes d'observation d'examiner avec toute l'exactitude possible les approches des deux colonnes, et de s'aller flanquer précisément aux endroits où l'on en doit plutôt venir aux mains, à l'arme blanche.

« Sire, ayez la bonté de jeter vos yeux sur la planche que vous trouverez à la fin, et vous verrez clairement que ce seul bataillon, disposé de cette manière, donne la force à cette colonne de seize hommes de hauteur dans toute son étendue, de quelque longueur qu'elle puisse être, parceque les colonnes ne sont jamais bien droites. Il y a toujours des endroits qui sont les *vues* plus proches, d'autres qui sont les plus éloignés, or, il me semble qu'il n'est point possible aux ennemis d'enfoncer notre colonne à ses trois premiers endroits A.. B.. X..; mais qu'il nous peut être très facile d'enfoncer la leur. Par conséquent, quand une colonne est enfoncée, rompue par trois endroits différens, il n'est point possible qu'elle puisse résister. J'ay encore un moyen pour rendre cet effet bien plus efficace, Sire, je vous le donnerai si Votre Majesté veut me faire le *zéro* des lieutenans-généraux. Je vous supplie de faire attention que je ne demande point ce grade par intérêt, ni par ambition, ni par gloire, mais uniquement par zèle; car il me semble que je me sens assez de génie, si j'étois à l'armée, pour rendre quelque service à Votre Majesté, à ma patrie, etc.

« Sire, je sais qu'il n'est point permis à un homme de se vanter luy-même; mais il y a certains cas où il doit se faire connoitre luy-même par ce qu'il a fait. Or j'ai donné plusieurs fois des preuves de mon esprit. La première fois, c'est d'avoir échappé de la tour de Vincennes; la seconde fois, c'est d'avoir échappé de la Bastille. Le 14 du mois d'avril 1758, c'est moi qui envoyai à Votre Majesté le projet militaire pour faire prendre des fusils à tous les officiers et aux sergens, en place des spontons et de leurs hallebardes. Par conséquent, j'ay renforcé vos armées de plus de vingt-cinq mille fusiliers depuis plus de quatre années, et je n'ai point encore reçu la moindre récompense. Voilà aujourd'hui, 15 août 1762, que je vous envoye le projet de renforcer une colonne ordinaire de seize hommes de hauteur dans toute son étendue, moyennant un seul bataillon. Mon troisième moyen pour vaincre nos ennemis en bataille est encore meilleur que celuy que je vous donne ici pour empêcher que la colonne soit rompue. Je ne vous le dis point parceque je voudrois avoir de l'employ pour luy. Sire, ça n'est point le seing que vous devez regarder, mais c'est l'écrit que je vous envoye, que Votre Majesté doit examiner, la colonne que j'ai l'honneur de luy présenter, qui pourroit vous faire remporter quelque victoire; mais aujourd'huy, à la cour de France, on n'écoute que les grands seigneurs, et comment pourrois-je l'être, moy qui ne suis qu'un pauvre prisonnier, que si je ne connoissez point un génie supérieur dans M. de Sartine, à qui je confie cet écrit pour vous le présenter, je ne vous l'enverrai point, crainte qu'il ne fût déchiré par mépris, crainte d'être tourné en ridicule, même grondé, de me donner les airs de proposer à Votre Majesté de se repatrier avec le prince de Conty. Sire, depuis que cette dernière guerre est commencée, Votre Majesté a donné du commandement à certains généraux qui n'avoient pas assurément, à beaucoup près, la capacité ni la valeur de ce prince. Sire, vous êtes Roy, vous devez faire voir que Louis XV est plus grand par ses vertus qu'il ne l'est par son rang suprême; si vous ne pardonnez point à votre propre sang, à qui pardonnerez-vous, Sire, plus un roy s'humilie, plus il relève sa gloire. Le duc de Vendôme au siége de Lille, sur quelque mécontentement, cassa son épée et s'en retourna à Paris. Quelque temps après, Louis XIV, ayant examiné la situation de ses affaires et la capacité de ses généraux, sa personne sacrée vint à Paris et lui dit : Mon cousin, il faut commander; le duc luy répondit : Sire, j'ai cassé mon épée, j'ay fait serment de ne plus commander, alors le Roy reprit : Cela ne fait rien, il faut me rendre le service que je vous demande. A ces paroles, le duc de Vendôme s'en fut en Espagne, et Louis XIV s'en trouva bien.

« Sire, si Votre Majesté aujourd'huy, quoique fort tard, envoyoit le prince de Conty commander les Russiens, peut-être qu'en peu de temps les affaires pourroient changer de face. Sire, ne regardez point qui je suis, mais daignez examiner ce que je vous dis. Dans toutes les cours il y a de l'esprit. L'intérêt de l'Impératrice de Russie est de donner des ordres secrets à ses généraux, de faire beaucoup de bruit et peu de besogne pour faire durer plus longtemps la guerre, afin de pouvoir mieux remplir ses coffres.

« Sire, Votre Majesté paye ses troupes, par conséquent, c'est elle qui doit leur donner un général à sa fantaisie, absolu, à qui tous les généraux russiens doivent obéir sans réplique. Vous ne sauriez mieux choisir que le prince de Conty. Tous les généraux russiens auroient du respect pour sa personne comme prince du sang; ce prince est vif, belliqueux, entreprenant, c'est le général qu'il leur faut pour les faire bien battre, gagner l'argent que vous leur donnez. Quand il perdroit dix batailles, cela ne fait rien, pourvu que dix mille Russiens puissent tuer six mille Prussiens. Votre Majesté doit regarder ses pertes comme de véritables victoires. Par cette raison, les Russiens peuvent recruter, au lieu que le roy de Prusse ne le peut point. Il est épuisé en hommes, et Votre Majesté doit faire réflexion qu'elle ne peut faire aujourd'huy une paix honorable qu'à force de répandre du sang. Si depuis le commencement de cette guerre le prince de Conty avoit commandé les Russiens, je suis certain qu'il auroit trouvé l'occasion de les faire battre vingt fois de plus qu'ils n'ont fait, ou, s'il avoit commandé une de nos armées; les François aiment le sang de ses rois. Le prince de Conty est aimé de vos soldats parcequ'il leur a donné plusieurs fois des preuves de sa valeur et de sa capacité. Vos soldats auroient une grande confiance en luy; c'est un grand point, je le répète, c'est un grand point, et c'est ce qu'ils n'ont point de vos autres généraux, car ils se sont tous fourrez dans leurs têtes qu'ils n'étoient pas bien commandez. Ils se battent à contre cœur; leurs effets vous le font bien connoître.

« Sire, depuis le commencement de cette guerre jusqu'aujourd'huy, nous avons toujours été supérieurs en hommes à tous nos ennemis, mais il n'y a pas de génie dans vos armées, non, il n'y en a point, et les plus grandes forces du monde ne peuvent rien faire quand elles ne sont pas bien dirigées. Les armées de Prusse, d'Angleterre sont retranchées jusqu'aux dents; hé bien! il me semble qu'il est possible de les déterrer. Ils sont cachez sous terre, il faut faire comme les taupes, les aller attaquer sous terre, c'est-à-dire qu'il faut avancer vers eux par de bons retranchemens faits de quart de lieue en quart de lieue, et s'aller camper vis-à-vis de leurs retranchemens; s'ils s'obstinent à rester des ses endroits avantageux, il n'y a qu'à cercler leur camp par de bonnes redoutes, et de grands fossés de l'une à l'autre. Si je m'avance davantage, comptant de faire voir que j'ay un peu de génie, peut-être que je vous prouverai que je suis un sot, car il faut être sur les lieux pour pouvoir juger de la possibilité des opérations. Mais enfin revenons à notre troisième moyen, que je ne vous dis point par raison. Sire, il est bon, il vous intéresse plus que vous ne sauriez penser. Soyez donc comme tous les grands hommes, c'est-à-dire curieux; faites le moi demander de votre part, vous n'en aurez point de regret. Le silence du canon de la Bastille me fait croire que nos affaires ne vont pas bien; mais encore si nous avions le bonheur de pouvoir gagner une ou deux bonnes batailles, peut-être qu'elles nous pourroient faire faire plutôt la paix, et une paix honorable. C'est pourquoy Votre Majesté ne doit rien mépriser ni rien négliger pour cet effet.

« Sire, tous les hommes sont égaux aux yeux de l'Éternel, et sa divine bonté est trop équitable pour avoir mis toute la science dans une seule tête. Daignez donc m'écouter, pour exciter votre curiosité, je vais vous dire le premier mot. Mon troisième moyen est pour forcer vos soldats dans une bataille à vaincre ou à mourir, c'est mon coup d'esprit; je ne vous en dis pas davantage; que si je vous donne une peine injuste de lire ce que je souhaite, que vous fassiez me demander de votre part, que ma tête paye mon audace.

« J'ay l'honneur d'être avec un très profond respect, Sire, de votre Majesté,

« Le très humble et très fidèle,

« Et très obéissant serviteur et sujet,

« Henry Masers d'Aubrespy,

« Natif de Montagnac, en Languedoc, prisonnier à la Bastille. »

« Plan d'observation, divisé en trois parties qui donnent la force à une colonne ordinaire de seize hommes de hauteur dans toute son étendue, de quelque longueur qu'elle puisse être; parceque les colonnes ne sont jamais bien droites. Il y a toujours des endroits qui sont les uns plus proches, et les autres plus éloignés; or, il me semble qu'il est impossible aux ennemis d'enfoncer notre colonne à ces trois premiers endroits, A..B..X.. mais qu'il nous peut être très facile à nous d'enfoncer la leur, par conséquent quand une colonne est rompue par trois endroits différents, il est impossible qu'elle puisse résister.

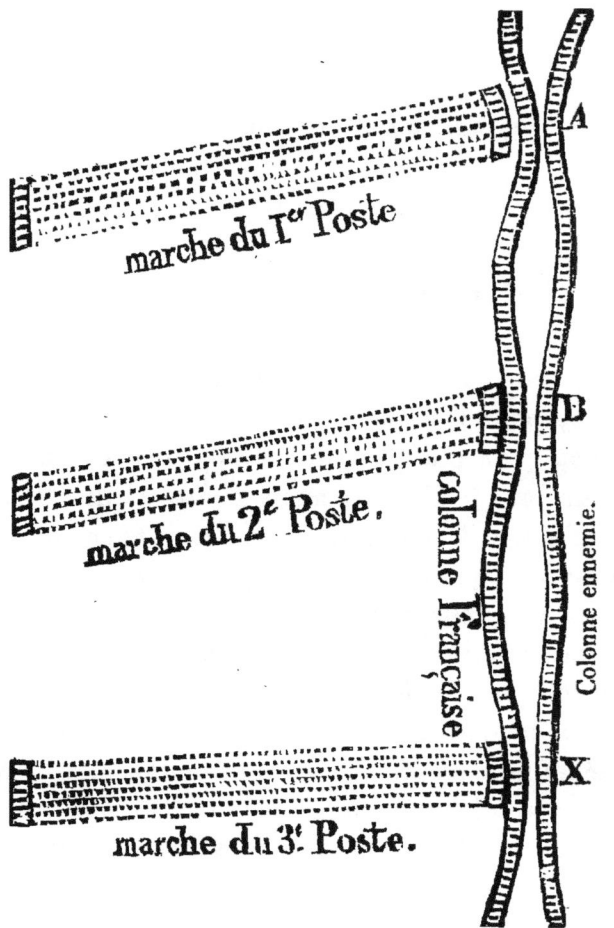

« Sire, souvenez-vous de la colonne du duc de Cumberlan, de la bataille de Fontenoy. Il ne falut pas moins que la présence de votre Majesté pour pouvoir la vaincre. Celle que voilà, a la même force, moyennant un seul bataillon. Il me reste encore mon coup desprit pour forcer vos soldats à vaincre ou à mourir.

« Masers d'Aubrespy. »

A madame la Marquise de Pompadour.

« Le 15 septembre 1762.

« Madame,

« Si vous voulez ma vie prenez-la tout à la fois, ou cessez, pour l'amour de Dieu, de me faire souffrir. Je n'en puis plus; je suis accablé de rhumatismes, j'ay un bras foible, j'ay aussy contracté une descente qui m'oblige à porter toute ma vie un cercle de fer autour de mon corps. J'ay perdu plus des trois quarts de ma vue; elle diminue toujours, je ne puis plus supporter cette dernière perte. De grace ayez pitié de moy; d'aignez faire attention, madame, que si j'ay eu le malheur de vous offenser, que ça été contre la volonté de mon cœur. Je crus vous donner des marques de mon amitié et de mon zèle; le bon sens ne vient point avant l'âge, dans le temps que mon affaire est arrivée je n'étois qu'un enfant, c'est une imprudence de jeunesse. Je reconnois mon tort; ainsi je viens humblement en esprit me jetter à vos pieds pour vous en demander mille et mille fois pardon. Je vous supplie, par cette bonté que la nature et les graces ont répandû sur votre visage, de me l'accorder. Le plus beau de ma jeunesse est passée dans les pleurs et les gémissemens. Aujourd'huy j'ay plus de quarante ans, c'est un âge où l'homme est raisonnable. Depuis cent soixante et un mois que je souffre, j'ay fait de bonnes réflexions; je vous en ai donné des preuves dans mes deux évasions. Je me suis conduit comme un honnête homme. Après ma première évasion de la tour de Vincennes, je me livrai généreusement moy même comme un agneau; cet acte semble bien mériter grace d'un cœur aussi généreux que le vôtre. Après ma seconde évasion, arrivé en Hollande, où je croyois ma personne en sûreté, je mis tout le passé au pied de la croix; or, si dans le temps où je ne devois point ma liberté à vos bonnes grâces, titre fort irritant, j'ay eu un cœur humble et respectueux à votre égard: encore plus aujourd'hui je l'aurois davantage, s'il m'étoit possible, si de bonne grâce votre bonté mettoit fin à mes malheurs.

« Madame, à tout péché miséricorde. Souvenez-vous que Dieu a donné sa vie pour tous les pécheurs. Après tant de prières et de larmes que je luy ai offert, il est sans doute que ce précieux sang qu'il a répandu sur la croix parle pour moi à vos entrailles maternelles et de miséricorde. Daignez y être sensible. J'ay souffert quatorze années. Que tout soit aujourd'huy enseveli à jamais dans le sang de Jésus-Christ; madame, soyez femme, ayez un cœur et laissez-vous le toucher de compassion par mes larmes ou par celles d'une pauvre mère désolée, de soixante et dix ans. Bon Dieu, viens à notre secours ; bon Dieu, daigne, par ta grande miséricorde, inspirer de la compassion pour moy à madame la marquise de Pompadour, moy qui luy ai toujours souhaité du bien, et qu'en reconnoissance je continuerai de luy en souhaiter toute ma vie.

« J'ay l'honneur d'être, avec un très profond respect,

« Madame,

« Votre très humble et très obéissant serviteur,

« Danry,

« A la Bastille depuis quatorze années. Pour l'amour de Dieu, ma reine, daignez jetter vos yeux de compassion sur nous. Laissez-moi aller consoler ma tendre mère, ma pauvre mère qui a besoin de mon secours, qui compte comme moy ses moments par des larmes. »

A M. Quêné, médecin ordinaire du Roy.

« De la Bastille, le 24 septembre 1762.

« Monsieur,

« En 1749, j'étois dans la tour de Vincennes ; sans vous avoir demandé vous vîntes me voir, cruelle visite, qui me cause tant de larmes. En homme de probité, en honnête homme, vous devriez bien travailler à mettre fin à mes maux. Voilà une lettre pour madame la marquise de Pompadour. Choisissez un moment qu'elle la puisse lire en la luy remettant; priez pour moy, et ayez la bonté de venir me voir; vous ne devez point m'oublier, comme vous faites, dans une prison où vous m'avez mis, monsieur. Si vous n'étiez point venu m'offrir vos services dans la tour de Vincennes, je n'aurois point eu recours à vous depuis treize années, que je me suis livré entre vos mains. Je souffre; tachez donc, pour l'amour de Dieu, de mettre fin à mes maux, je vous serai bien obligé.

« Je suis très parfaitement, monsieur,
« Votre très humble et très obéissant serviteur,

« DANRY,

« A la Bastille depuis quatorze années. »

A MADAME LA MARQUISE DE POMPADOUR.

« De la Bastille, le 24 septembre 1762.

« MADAME,

« Après vous avoir priée et repriée mille et mille fois, ma grande souffrance me force à m'exprimer d'une autre manière. Je vois bien qu'il n'y a uniquement que votre crainte qui me retient dans les fers. Mais quel sujet de crainte vous ai-je inspiré contre moy, madame.

« Frappez, redoublez les coups, s'il vous est possible; mais au moins daignez me répondre. Je vous ai donné l'antidote contre le seul malheur auquel vos ennemis puissent entreprendre de raccourcir vos jours. Tenez-vous sur vos gardes de ce côté là; vous ne devez pas craindre que personne soit assez hardy pour venir vous ôter la vie avec une épée ou un fusil. Si vous me disiez : vous avez été convaincu de m'avoir fait ou souhaité du mal. Si cela étoit, je ne me pardonnerois point moy-même; je me regarderois comme un monstre indigne de vivre, mais mes juges ne m'ont jamais pu convaincre de vous avoir souhaité le moindre mal. Je ne vous parlerai point de M. Berryer, mais de M. de Sartine, parceque cette lettre-cy sera vérifiée par luy avant que d'être entre vos mains. Le 24 du mois de janvier 1760, ça fut la première fois qu'il m'accorda audience. Je luy demandai justice. Il me dit : « vous n'êtes point repentant; » je luy répondis : « monsieur, on ne doit jamais l'être d'avoir souhaité du bien. » Il reprit : « vous voyez bien, vous voulez avoir raison, vous ne voulez point reconnoître votre tort. » Je le priai de me le faire voir, alors il me demanda : « Pourquoy avez-vous envoyé ce paquet à madame la marquise de Pompadour? » Je lui répondis : « monsieur, pour luy sauver la vie, parceque j'avois entendu dire en plusieurs endroits que ses ennemis cherchoient à l'envoyer à l'autre monde, et je luy envoyai ce paquet dans l'esprit de luy inspirer par lui de la meffiance contre ce malheur. Si je ne l'ai pas avertie de vive voix, c'est parcequ'on dit très souvent des choses qui peuvent n'être pas véritables; par conséquent, je ne voulois point luy inspirer un mauvais soupçon, contre certains personnages, qui pouvoit être injustes. Ainsi, sans faire tort à la réputation de personne, mon fait la faisoit tenir sur ses gardes contre leurs entreprises. La preuve de ce que je vous avance cy-dessus, c'étoit un temps de révolution quand mon affaire est arrivée, où tous les esprits étoient animés contr'elle. Dans mon symbole hiéroglyphique instructif et relatif à ce que j'avois ouï dire, il n'y avoit rien de nuisible, cela a été prouvé par des expériences; en outre, je me suis offert d'en faire les épreuves sur moy-même intérieurement; de plus je l'ai avertie d'avance de son arrivée par *Corbillon*, son valet de chambre. Mon fait est autorisé par cette loi : quiconque sera instruit d'une conspiration sans la révéler, condamné à mort, et *Saint-Marc* et *Thou* eurent la tête tranchée pour n'avoir pas averti le cardinal de Richelieu que ses ennemis cherchoient à le faire disgracier. C'étoit bien pire d'elle, on disoit que s'étoit pour l'emp..... etc. » Quand M. de Sartine eut écouté mes raisons, il ne me répéta plus ses première paroles, *vous n'êtes point repentant, vous voulez avoir raison, vous ne voulez point reconnoître votre tort*, mais il me dit : « je parlerai. »

« Madame, fermez vos oreilles à ceux qui ont eu l'audace de vous offenser de volonté de cœur, mais daignez les rendre attentives aux supplications d'un pauvre malheureux qui a souhaité la conservation de votre chère personne. Madame, il n'y a que votre crainte qui me retient dans les fers; mais enfin raisonnons avec la raison. Si j'ay mérité le traitement que je viens de subir, pourquoi voulez-vous que je cherche à vous inquiéter, quand même j'en aurai le pouvoir. Je n'ai point perdu l'esprit. Il est bien juste à vous de punir la faute que j'ay commise à votre égard. Si j'ay mérité une plus grande punition et que vous ayez la bonté de me faire grace, c'est ce qui me fournira l'occasion de dire des louanges de vous toute ma vie; si, au contraire, vous avez eu des raisons pour me retenir en prison plus que je n'ai mérité, comme je suppose, le cardinal de Richelieu, qui retint ici dans la Bastille, par raison, un homme pendant trois ans et demi; au bout de cet espace, il luy accorda sa liberté avec un dédommagement proportionné à la perte de son temps et à ses peines, en outre il luy fit un présent d'une bague de prix. Vous trouverez ce trait dans *l'Espion turc.*

« Or il me semble que votre grandeur ne s'abaisseroit point en imitant ce cardinal à mon égard, bien entendu supposé que, par crainte ou par raison, vous m'ayez retenu dans la Bastille plus longtemps que je n'ai mérité, en pareil cas daignez agir comme une personne vertueuse; dédommagez-moy, il est bien plus naturel de s'assurer d'une personne qu'on a maltraitée par un bienfait que non pas en la faisant périr à petit feu entre quatre murailles. Daignez faire attention, madame, que cela ne peut qu'indisposer les cœurs contre vous, de ceux qui, voyant souffrir un pauvre malheureux sans le mériter, parceque tout homme est homme. On a de la compassion pour les animaux encore plus pour ses semblables; cela ne fait point plaisir de voir ajouter mal sur mal, tandis que vous pouvez accommoder les affaires par la douceur et la modération. Par ce moyen, vous pouvez dissiper toutes vos craintes dans la minute.

« Madame, voilà quatorze ans que je souffre. Il est temps ou jamais que vous mettiez fin à mes maux. Je n'en puis plus, je suis accablé des rhumatismes. J'ai aussi contracté une descente qui m'oblige à porter toute ma vie un cercle de fer autour de mon corps. J'ay perdu les trois quarts de ma vue, et elle diminue toujours. Madame, ne me faites point périr par une injuste crainte. Combien de fois n'a-t-on pas vu deux ennemis, l'épée à la main, prêts à se couper la gorge, à la première parole d'excuse, se pardonner, devenir bons amis. Je n'ai point un cœur de monstre implacable; je suis homme, je suis raisonnable. Si vous me disiez : « vous êtes incorrigible, indomptable, vous m'avez fait du mal, je vous ai pardonné, vous avez été ingrat, vous avez cherché à m'inquiéter, je vous ai pardonné une seconde fois, vous êtes encore revenu à la charge; » mais je vous ai souhaité du bien, et, malgré tous les mauvais traitemens que j'ai reçu de votre part, j'ay toujours conservé ma constance. J'ay échappé de la tour de Vincennes; je me suis livré moy-même comme un agneau par l'entremise de M. Quêné; sept ans après, j'ay échappé une seconde fois; arrivé en Hollande, ou je croyois ma personne en sureté, bien loin de me fâcher, je vous demandai la paix; reprochez-moy et frappez; si vous ne pouvez rien me reprocher, cessez donc de me frapper, madame; je suis homme et je souffre; daignez raisonner avec la raison. Si aujourd'hui vous aviez la bonté de m'accorder ma chère liberté avec un dédommagement, s'il est équitable, pourquoy voulez-vous que je vienne chercher à vous inquiéter dans le temps que vous me donnerez des preuves de votre compasion et de votre générosité. Je ne suis point un malhonnête homme, pour vous payer d'ingratitude. Je n'ai point perdu l'esprit, pour m'aller troubler mon repos après une si longue souffrance, pour être errant et vagabond toute ma vie, car enfin si j'ay été sage dans le temps où je ne devois point ma liberté à vos bonnes graces, dans le temps où vous aviez abusé de ma bonne foi, titres fort irritans; or, si dans ce temps-là j'ay eu un cœur humble et respectueux à votre égard, encore plus je l'aurai aujourd'huy davantage, s'il m'étoit possible, si de bonne grace votre bonté metoit fin à mes malheurs. Madame, dans Amsterdam je croyois qu'il ne vous étoit point possible de me faire tomber un seul cheveu de ma tête. Les gens sages, à qui je communiquois mes affaires sous le secret, tous me disoient que vous m'aviez fort maltraité, par conséquent, de cette ville, où je croyois ma personne en sureté, j'aurois pu vous écrire ces paroles, madame; « je ne suis point mon juge moy-même; je viens d'exposer mes affaires à des gens sages, à des gens de loi, on m'a dit que vous m'aviez maltraité. J'attribue cela à un manque d'attention de votre part; mais comme je vous crois une personne vertueuse, équitable, j'ose vous supplier d'avoir la bonté de m'indemniser de la perte de mon temps et des maux que j'ay soufferts, etc. » Mais vous avez bien vu, madame, que je ne vous ai point demandé ni votre or ni votre argent; je ne vous fis pas non plus aucune menace, mais je vous demandai humblement, respectueusement la paix; or, si à l'âge de vingt-neuf ans et de trente-cinq je me suis conduit comme une personne raisonnable, comme un honnête homme, pourquoy voulez-vous qu'à l'âge de quarante ans passés je sois moins sage, moins discret que je ne l'ai été alors. Vous ne m'aviez point encore donné aucun titre pour dire du bien de vous, mais aujourd'huy je pourrois dire que vous êtes humaine, compatissante, équitable. Madame, la verge est pour les animaux et la raison est pour les hommes. C'est par elle que tout le monde se doit conduire; je ne suis point insensé; si j'ay souffert, je vois bien que ma peine ne vient que d'un mal entendu; c'est un malheur, jettons-le dans le sang de Jésus-Christ.

« Madame, la Bastille n'est point un endroit de sûreté, c'est un lieu de douleur, de punition; on y souffre et j'y souffre doublement de me voir frappé par la main dont j'ay souhaité la conservation. Est-il possible, me ferez-vous périr sans compassion, sans miséricorde, moy qui ay souhaité la conservation de votre chère personne; que si par mon zèle j'ay eu le malheur de vous offenser, je viens en esprit me jetter à vos pieds pour implorer la miséricorde de votre bon cœur; moy qui me suis livré moy-même comme un agneau par M. Quêné; cet acte semble bien mériter grace d'un cœur aussi généreux que le vôtre. Ne ternissez donc point vos vertus, en abusant plus longtemps de ma bonne foi; daignez faire attention que ça n'est point honnête.

« Madame, à tout péché miséricorde. Soyez femme, ayez un cœur, et laissez-vous toucher de compassion par quatorze années de souffrances. Que le dédommagement, juste ou non, ne vous retienne point. Je suis plus que content de ma chère liberté. Je ne vous le propose que pour applanir toutes les difficultés qui peuvent s'opposer à la fin de ma longue misère, parceque je vois bien qu'il n'y a que votre crainte qui me retient dans les fers. Mais, madame, regardez-vous dans votre miroir, et jugez s'il est possible de dire ou souhaiter du mal à une personne aussi aimable. Hélas! s'il ne vous falloit qu'une *pinte* de mon sang pour vous prolonger vos jours, tout à l'heure je vous la donnerai de bon cœur. Mettez-moy à l'épreuve, ou cessez, ma reine, cessez de me faire souffrir. Laissez-moy aller consoler une pauvre mère désolée de soixante et dix ans, qui a besoin de mon secours, qui compte comme moy ses moments par des larmes, et en reconnoissance, je prierai Dieu toute ma vie de répandre de plus en plus sa sainte bénédiction sur vous et sur toute votre chère famille.

« J'ay l'honneur d'être avec un très profond respect,

« Madame,

« Votre très humble et très obéissant serviteur,

« Danry,

« Prisonnier à la Bastille depuis quatorze années; c'est assez. Pour l'amour de Dieu, madame, ayez pitié de moy; daignez mettre fin aujourd'huy à mes larmes. »

AU ROY.

« De la Bastille, le 10 décembre 1762.

« Sire,

« Quand votre Majesté a besoin d'argent, elle nous en demande, et j'ay été réduit plus d'une fois dans la triste nécessité d'engager ou de vendre les effets de ma maison pour vous en donner. Je crois que je l'ai donné à un père, à un juge qui doit me tirer de l'oppression ; c'est pourquoy je viens avec respect me jetter aux pieds de Votre Majesté pour implorer sa justice. Voilà quatorze années qu'on fait pourrir mon corps dans votre Bastille, et voici mon fait :

« Au commencement de l'année 1749 il y eut une révolution à votre cour ; tous les esprits étoient animés contre madame la marquise de Pompadour, parce qu'on disoit qu'elle en étoit la cause. Or, ayant entendu dire en plusieurs endroits que ses ennemis cherchoient à s'en venger, à l'envoyer dans l'autre monde, je crus luy rendre un grand service, luy sauver la vie, en luy envoyant un symbole hiéroglyphique, instructif et relatif à ce que j'avois oüi dire, afin de luy inspirer par luy de la meffiance contre ce malheur.

« Mon symbole étoit une boëte de carton où j'y avois mis dedans une poudre que j'avois fait moi-même, qui n'avoit aucune vertu nuisible ; cela a été prouvé par des expériences, et en outre je m'offris à en faire des épreuves sur moy-même. Néanmoins, quoiqu'il n'y eût rien de nuisible dans cette boëte, je l'avertis d'avance de son arrivée par *Corbillon*, son valet de chambre. Il est impossible de donner des preuves plus convaincantes de mon innocence.

« De plus, mon fait est autorisé par cette loi : Quiconque sera instruit d'une conspiration sans la révéler sera condamné à mort. Et *Saint-Marc et Thou* eurent la tête tranchée pour n'avoir point révélé.

« Louis XIV demanda un jour qu'elle étoit la plus belle statue de son parc. Dans la nuit on coupa le nez au gagne-petit. Sire, je prends la liberté de vous demander si cet homme étoit bien fondé, bien instruit de cette conspiration, il n'avoit rien vu, il ne connoissoit pas même le moindre de tous les auteurs; par conséquent ça ne fut que sur quelque parole qu'il avoit entendu qu'il fut avertir le roy de se tenir sur ses gardes.

« Les ennemis de Louis XV pouvoient changer de résolution; il ne faut qu'une idée, une crainte, un soupçon d'être découvert... un rien; en ce cas le bouquet ne seroit point parvenu jusqu'à luy, en pareil cas Louis XIV auroit-il dû faire périr ce pauvre malheureux entre quatre murailles, comme madame la marquise de Pompadour me fait périr moy-même. Si je me suis énoncé d'une autre manière, c'est parce qu'on dit très-souvent des choses qui peuvent n'être pas véritables; par conséquent je voulois éviter de luy inspirer un mauvais soupçon contre certains personnages qui pouvoit être injuste; ainsi, sans faire tort à la réputation de personne, mon fait la faisoit tenir sur ses gardes contre les entreprises de ses ennemis.

« Sire, il y a des circonstances où on ne doit point faire un crime d'agir par des symboles, par des signes dans de pareils cas, parce que cela fait toujours tenir sur ses gardes, parce qu'un rien, un symbole, ou une seule parole, quoique mal fondée, peut prévenir de grands malheurs, comme Votre Majesté doit voir dans la personne de Louis XIV. Si un ami du roy de Portugal lui avoit donné le moindre de tous les avis qu'on cherchoit à l'assassiner, il ne se seroit point certainement hazardé de revenir de sa maison de campagne tout seul; par conséquent, il n'auroit point reçu un coup de fusil dans l'épaule. Mais mon symbole étoit une instruction pour madame la marquise de Pompadour, ça là dû faire tenir sur ses gardes contre le malheur dont on la menaçoit.

« J'ay parlé plusieurs fois à M. Berryer et à M. de Sartine; après avoir écouté mes raisons, ils n'ont jamais pû me faire voir aucun tort. J'ay écrit plusieurs lettres justificatives à madame la marquise de Pompadour; dans la quatorzième, envoyée le 18 du mois de novembre 1760; dans la quinzième, envoyée le 26 du mois de décembre de la même année, et dans la dix-septième, envoyée le 15 du mois d'avril 1761. Dans ces trois lettres j'y avois mis ces paroles : Madame, qu'est-ce que je vous demande? *Grâce*. Si j'avois eu l'audace de vous faire ou de vous souhaiter le moindre mal, je me regarderois comme un monstre, je ne me pardonnerois point moy-même; vous seroit-il possible de m'accabler des plus grands maux, je dirois toujours que cela n'est point assez; mais je vous supplie d'avoir la bonté d'envoyer cette apostille-cy à mes juges, signée de votre main :

« *Apostille*. Examinez l'affaire du sieur Danry avec toute l'exactitude possible. S'il a démérité faites luy sentir la rigueur de la justice dans toute son étendue; s'il est innocent rendez-luy sa liberté.

« Ensuite j'y ajoutai : et innocent ami ne me faites donc point périr pour faute du renvoi de cette apostille. Ai-je travaillé pour une tigresse qui me paye de reconnoissance en me dévorant. Je ne vous demande ni votre or, ni votre argent; payez-moy d'indifférence, je suis content. Livrez-moy aux loix, ça n'est point une grace; si vous doutez de la justice de M. le comte de Saint-Florentin et de M. de Sartine, vous n'avez qu'à me faire transférer à la conciergerie et me livrer entre les mains du parlement, vous ne devez pas craindre que je puisse le corrompre par ma bourse, il n'y a que mon innocence qui puisse me retirer du précipice où je me suis plongé pour vous sauver la vie.

« Je ne sçai si mes lettres luy ont été remises, mais ce qu'il y a de certain, c'est que je suis innocent et que je souffre depuis cent soixante-quatre mois. Il y a treize années que Dieu me délivra de la tour de Vincennes, à une heure après midi; assurément c'est un miracle d'avoir trouvé tant de portes ouvertes, qui sont pour l'ordinaire toujours bien fermées, d'avoir passé devant tous les portes-clefs, les sentinelles sans que personne me vît.

« Un innocent ne fuit point la justice, et surtout un juge aussi équitable que Louis XV. Je revins a Paris, et, par l'entremise d'un de vos médecins, le sieur Quesnay, je me livrai généreusement moy-même comme un agneau entre vos mains paternelles. Par cet acte de bonne foi, je ne crus pas pouvoir exiger une grace de votre bonté, mais une justice de votre équité, mais ma longue souffrance me fait connoître que Votre Majesté n'en a point été instruite, car je crois qu'elle a trop de sentimens d'honneur pour abuser de la bonne foi d'un innocent.

« Sire, daignez me rendre justice, ou livrez-moy entre les mains de votre Parlement, si j'ay eu le malheur d'avoir commis un crime; quoique cela soit contre la volonté de mon cœur, qu'on le traite comme volontaire, sans pitié sans miséricorde, qu'on me fasse périr publiquement; mais innocent, et innocent ami, ne me laissez donc pas périr injustement sous vos propres yeux.

« J'ay travaillé et je travaille encore la nuit et le jour, mais ai-je travaillé pour un père ou pour un ingrat! Sire, daignez, je vous en supplie, examiner cet écrit qu'il y a cy-après, c'est la copie, mot pour mot, d'un projet militaire que je vous envoyai, par M. Berryer, le 14 du mois d'avril 1758. Depuis ce jour-là on en a fait usage dans vos armées, et, pour récompense, on m'arrache la vie.

« Sire, que Votre Majesté punisse ceux qui ont fait du mal, cela est équitable, mais aussi votre sagesse doit récompenser ceux qui ont fait du bien.

« Au manque de bonne foi depuis treize années, au moins n'ajoutez point l'ingratitude; cela seroit un peu trop cruel. Votre majesté se sert encore aujourd'huy de mon projet; je souffre; daignez donc m'en accorder la récompense. Je crois que le ministre ni le lieutenant-général de police n'auront point un cœur assez inhumain pour me laisser périr faute de vous présenter cet écrit. Assurément ce seroit mépriser votre personne sacrée, elle qui doit être instruite de tout, parcequ'à l'exemple des Dieux, Votre Majesté doit faire tout par elle-même et voir tout par ses yeux.

« J'ai l'honneur d'être avec un très profond respect, Sire, de Votre Majesté,

« Le très humble et très fidèle,

« Et très obéissant serviteur et sujet,

« Danry,

« Ou mieux, Henry Masers d'Aubrespy, prisonnier à la Bastille. »

A madame la marquise de Pompadour.

« De la Bastille, le 24 décembre 1762.

« Madame

« Quand même j'aurois eu le malheur de vous avoir offensée, après une punition honnête, par le repentir, par les prières et les larmes, je serai étonné de ne pas pouvoir obtenir grace de votre bonté; mais je le suis bien davantage qu'étant un de vos amis, ayant travaillé pour votre conservation, que vous vous obstiniez si cruellement à m'arracher la vie; mais qu'est-ce que je vous ai demandé dans toutes mes lettres, et particuliérement dans la quatorzième lettre justificative que je vous ai envoyée le 18 novembre 1760; de même dans la quinzième envoyée le 26 décembre de la même année, et dans la dix-septième, envoyée le 15 avril 1761. Dans ces trois lettres, j'y avois mis ces paroles avec cette apostille :

« Madame, qu'est-ce que je vous demande?.... grace,.... si j'avois eu l'audace de vous faire ou de vous avoir souhaité le moindre mal, je me regarderois comme un monstre : vous seroit-il possible de m'accabler des plus grands maux, je vous dirai toujours que cela n'est point assez; mais je vous supplie de renvoyer cette apostille-cy à mes juges, signée de votre main.

« *Apostille.* Examinez l'affaire du sieur Danry avec toute l'exactitude possible; s'il a démerité, faites-luy sentir la rigueur de la justice dans toute son étendue, s'il est innocent, rendez-luy sa liberté.

« Ensuite j'y mis ces paroles : innocent, et innocent ami, ne me faites donc pas périr faute du renvoi de cette apostille. Ai-je souhaité la conservation d'une tigresse qui me paye de reconnoissance en me dévorant. Je ne vous demande ni votre or ni votre argent, payez-moi d'indifférence, je suis content; livrez-moy aux loix, ça n'est point une grace; si vous doutez de la justice de M. le comte de Saint-Florentin et de M. de Sartine, vous n'avez qu'à me faire transférer à la Conciergerie et me livrer entre les mains du Parlement. Vous ne devez pas craindre que je puisse le corrompre par ma bourse, il n'y a que mon innocence qui puisse me retirer du précipice où je me suis plongé pour vous sauver la vie. Assurément les statues du parc de

Versailles, quoique de marbre, se rendroient sensibles à de pareilles demandes, mais, au plus je vous donne de bonnes raisons, au plus vous vous obstinez à m'arracher la vie; mais enfin, madame, vu que vous n'avez ni justice, ni pitié, ni compassion, ni miséricorde, je vous proteste que le mois prochain j'implorerai la miséricorde publique de m'arracher de vos cruelles mains. O le Roy entendra mes cris de Versailles, car Sa Majesté ne vous permet point de faire périr personne injustement.

« Madame, si vous croyez que j'aye commis un crime à votre égard, il y a un Parlement dans Paris, vous n'avez qu'à me livrer entre ses mains et me faire passer par les loix, ce n'est point une grace. Je sais que M. de Sartine est de vos amis et qu'il y a des cachots à la Bastille; mais je ne crois pas ce magistrat assez insensé pour m'y faire mettre. Il a la permission de punir ceux qui font du mal; il leur impose silence en leur mettant leurs crimes devant les yeux; mais il ne fera pas taire un innocent, car je demanderai justice à haut cri jusqu'au dernier soupir.

« Madame, on se soumet avec respect à des punitions qu'on mérite, mais il est permis de se récrier et de se fâcher aux punitions injustes. Les mauvais traitemens mettent à la raison ceux qui ont des torts et qui ne la veulent pas entendre; mais aussi, à force de frapper et de refrapper, cela la fait perdre à ceux qui l'entendent. Vous pouvez bien ne pas vous lasser de vous réjouir et de vous divertir, mais, par tous les saints du paradis, vous vous devriez lasser de me faire souffrir. Voila quatorze années que vous m'arrachez la vie injustement; qu'allez-vous dire? Que ce n'est pas vous, que c'est le Roy. Sans doute, Louis est un cruel, Louis est un tyran, Louis est un monstre, mais il n'y a que les cruels, les tyrans et les monstres qui font périr le monde injustement. Mais quel est mon crime? où sont les témoins qui déposent contre moy? où est mon jugement? Dans aucune justice du monde, on a jamais tenu une personne pendant quatorze années en prison, sans aucune formalité de justice.

« C'est le Roy, c'est le Roy. Mais vous qui êtes sans cesse à son côté, donnez quelque leçon d'humanité à ce barbare; dites-luy que cela vous fait de la peine de ce qu'il arrache la vie si cruellement à ceux qui ont eu le malheur de vous déplaire, comptant sans doute de vous faire plaisir; assurément Louis cessera d'être cruel, pour ne pas vous faire de la peine.

« Madame, madame, le crime qu'on peut faire à Louis XV, ce n'est point d'être cruel ni injuste; mais c'est de croire que tout le monde a un cœur aussi bon que le sien, et de se reposer en conséquence; voilà le seul crime qu'on peut luy faire.

« C'est le Roy, c'est le Roy! Seroit-ce le Roy? est-ce que personne au monde ignore la force qu'une femme a sur l'esprit de son amant? Si vous n'y preniez point plaisir, madame, le Roy ne feroit point souffrir. Est-ce que Louis XV a trop d'hommes comme Pharaon, qui étoit obligé de les faire périr entre quatre murailles? Est-ce qu'il a trop d'argent aussi, pour le faire manger ici à des gens qui ne font rien, et qui pourroient être de quelque utilité s'ils étoient dehors.

« C'est le Roi, c'est le Roy ; voilà la défense de la d'Escombar. « Moy j'étois dans ma chambre, à côté de mon frère et d'un ami quand on a tué mon mari vis-à-vis de l'église Saint-Sulpice. » Ses juges lui répondirent : « Si vous n'y aviez point consenti, votre galant ne l'auroit point assassiné. » Voyez la misérable fin qu'elle fit ; elle rendit son dernier souffle entre les mains du bourreau, cette scélérate d'Escombar.

« Madame, c'est de cette manière qu'on parle des personnes qui ont des cœurs cruels, des cœurs abominables, qui font périr le monde injustement. Il seroit bien temps, madame, que vous pensiez un peu à l'avenir, à votre réputation; car si malheureusement le Roy venoit à mourir aujourd'huy ou demain, ou, si vous veniez à être disgraciée, sur-le-champ on délivreroit tous les pauvres malheureux que vous faites souffrir. Mais assurément nous vous ferions passer pour un monstre comme la terre n'en a jamais produit. Madame, le plus grand de vos malheurs, c'est d'être flattée ; car s'il y avoit un honnête homme qui vous dit : « Madame, dans la place où vous êtes, personne n'ose vous répliquer; on fait aveuglement tout ce que vous voulez; mais prenez garde, il y a un Parlement en France, qui pourroit fort bien vous faire rendre compte de votre conduite, si le Roy venoit à mourir avant vous. En vain vous jetterez les maux que vous faites sur son dos, rien ne passera sur son compte, on sait distinguer, on n'ignore rien de tout ce que vous faites.... L'état de la maréchalle d'Ancre étoit plus stable, plus solide que le vôtre; pour avoir fait faire à la Reine ce qu'elle vouloit, elle fût brulée toute en vie au milieu de Paris; son mari fut déterré et brûlé sur le Pont-Neuf. Madame, la fortune a de terribles revers; elle met des couronnes sur des têtes; mais elle les ôte, et très souvent elle jette ceux qu'elle a couronnés entre les mains des bourreaux. Je pourrois vous citer mille exemples, mais je ne vous mettrai sous les yeux qu'*Anne de Boullen,* qui avoit poussé sa fortune plus haut que vous. N'abusez donc pas des faveurs de la fortune; car si elle vous a élevée tout d'un coup au-dessus de vos espérances, dans la minutte elle peut vous précipiter d'une manière plus affreuse que vous ne pouvez vous l'imaginer. » Si un honnête homme de vos amis vous disoit de pareilles paroles, vous mettriez certainement un frein à votre cruauté, mais vous vous reposez solidement comme sur un rocher, sur les assurances de trois ou quatre affamés, qui remplissent mille fois mieux leurs bourses en vous faisant faire du mal, que non pas en vous donnant de bons conseils. Ils se moquent de votre avenir comme du *zest*......

« Examinez; voyez toutes les précautions que vous prenez pour assommer vos ennemis. Hé bien! vous ne devez point ignorer non plus que vos ennemis puissants prénent de mêmes précautions pour vous assommer vous-même, que, si le Roy venoit à mourir de mort subite, vous ne passeriez peut-être pas six heures sans être enfermée dans la Bastille; mais, dans un pareil malheur, au moins il ne seroit point si grand à cent millions de *piques* près, si l'on ne pouvoit point vous reprocher des choses contre nature, car on vous feroit périr certainement, si on pouvoit vous prouver que vous avez abusé de l'autorité royale. Du côté de la cruauté, c'est un crime affreux, un crime impardonnable, et il ne seroit pas plus difficile de vous en convaincre que de boire un verre d'eau.... La maréchalle d'Ancre, *un esprit fort contre un esprit foible*, elle faisoit comme vous faites aujourd'huy ; elle se moquoit de tout, elle méprisoit tout, elle rioit de tout; mais à la fin elle fut brûlée toute en vie. Cette époque vous devroit bien faire faire quelque réflexion, car sur quoy fonder qu'en faisant périr du monde injustement, vous en serez quitte un jour en disant : « Ce n'est pas moy; c'étoit le Roy. » C'est la même deffense de la d'Escombar. Madame, les têtes couronnées ne font pas du mal impunément; voyez Christine, reine de Suède, combien avoit-elle fait périr du monde. Un seul à Fontainebleau s'étoit vu de ses gens ; on ne sait point le crime que ce domestique avoit commis à son égard. Elle le fit confesser, recevoir le viatique avant que de le faire mourir. Néanmoins la cour de France en fut indignée. Elle s'en fut à Rome. Malgré que cette ville soit le siége du pardon, où tous les pêcheurs vont faire pénitence, au bout de cinq à dix jours, le Pape fut chez elle luy dire : « Madame, vous avez vu Rome, c'est-à-dire allez-vous en, cruelle, je ne veux point souffrir un monstre comme vous dans mes états. » Piquée d'un tel compliment, elle luy répondit en enrageant d'une voix glapissante : « Je n'ai pas vu encore de conclave. » Madame, les affronts, les ignominies sont l'apanage des cœurs inhumains, des cœurs cruels qui font périr leurs semblables ; partout on les déteste, on les abhorre. Quand je vous dis dans toutes mes lettres : « Madame, croyez-moy, conduisez-vous selon l'équité et la justice, accommodez tant qu'il vous sera possible les affaires par la douceur, la modération ; assurément il n'y a point un seul honnête homme au monde qui puisse vous dire que cela soit un mauvais conseil, que vous puissiez jamais vous en repentir de l'avoir suivi. Vous ne voulez point me croire, vous aimez mieux faire à votre tête ou à celle de votre conseil; mais vous ne vous en trouverez pas toujours bien. La maréchalle d'Ancre faisoit comme vous, elle méprisoit tout, elle se rioit de tout, et à la fin elle paya tout.... Si l'on venoit vous dire : « Tels et tels de vos prisonniers ne peuvent plus supporter les maux dont vous les accablez ; ils se sont étranglés eux-mêmes, ou ils sont morts. » Vous diriez : « Tant mieux ; voilà tant d'ennemis de moins. » Vous vous mettriez à rire. Hélas! ces rires un jour pourroient bien se changer en larmes; ça ne seroit point le plus petit de vos malheurs, qu'un seul de vos prisonniers y laissât la *peau*, car vous pouvez compter très certainement qu'à votre disgrace, les uns vous revendiqueront la vie des autres. Vous avez beau rire ; si nous vous sommes redoutables, aujourd'huy que vous avez le pouvoir en main, nous le serons bien davantage quand vous ne l'aurez plus ; c'est pourquoy vous ne devriez point irriter par de mauvais traitemens, mais vous devriez tacher d'accommoder les affaires par la douceur et la modération. La d'Escombar auroit donné les trois quarts de son sang pour redonner la vie à son mari. Hé! vous, madame la marquise de Pompadour, il viendra un jour où vous donneriez les trois quarts et demi du vôtre pour redonner le souffle au moindre de tous vos prisonniers qui périra ici entre vos mains. Vous prenez tout avec indifférence, vous méprisez tout, vous riez; mais prenez garde, les larmes suivent les ris. La duchesse de Chateauroux étoit aussi aimée du Roy que vous. Tous les ministres et les grands seigneurs luy faisoient les mêmes accueils, les mêmes démonstrations d'amitié qu'on vous fait aujourd'huy à vous-même, madame; mais à la maladie du Roy, comptant qu'il passeroit de ce monde à l'autre, elle fut renvoyée de Metz comme une *péteuse*, pire qu'une servante, elle qui étoit d'une des plus illustres familles de toute la France, elle, qui ne s'appliquoit uniquement qu'à plaire au Roy; elle, qui n'avoit jamais fait le moindre mal à personne. Sur quoy fonder qu'on aura plus d'égards pour vous qu'on n'en a eu pour elle, et surtout quand vous ne vous conduisez point selon l'équité et la justice; elle ne fut que renvoyée, mais si le Roy venoit à mourir, vous n'en seriez pas quitte à si bon marché; on pourroit bien vous garder. Comment pourriez-vous deffendre votre vie, si vos juges, dans la salle du conseil de la Bastille, vous présentoient tous les pauvres malheureux que vous y faites périr injustement depuis quatre, six, huit, dix, douze et quatorze années. Madame, dans les ris et les danses, vous devriez bien penser un peu à l'avenir, car assurément ça n'est point être raisonnable de dire : « Je serai toujours heureuse en faisant du mal; jamais je n'aurai aucune traverse. » Croyez-moy, retirez-vous vite des prises de la justice, car la cruauté est le plus affreux, c'est le plus infâme, c'est le plus abominable de tous les *morceaux* à digérer; car un père, un propre père a honte d'intercéder, de prier pour un fils cruel.

« Je ne sai si je perds mon *huille* et mon temps à vous donner de bons conseils, et à vous prier; mais ce qu'il y a de certain, c'est que je n'en puis plus. J'ay supporté avec patience la perte de tous mes beaux jours et de ma fortune; je supporte avec patience mes rhumatismes, la foiblesse de mon bras avec une descente que j'ay aussi contractée, qui m'oblige à porter toute ma vie un cercle de fer au tour de mon corps. Voilà soixante et dix-neuf mois que je nai ni vu ni feu ni lumière. Mon corps innocent a été outragé, fléttry publiquement par des officiers de justice, car on m'assomma à grands coups de batons au milieu de la place d'Amsterdam. J'ay supporté avec patience cinquante-huit mois de cachot, et onze cent quatre vingt onze jours les fers aux pieds, et à mes mains, et couché sur de la paille sans couverture, ou j'ay souffert un million de tourmens par le froid. Au récit de ces maux, le bourreau de Paris seroit ému de compassion. Est-ce que vous, madame la marquise de Pompadour, vous ne vous lasserez jamais de me martyriser. Je ne puis plus supporter votre cruauté; je ne puis plus vivre non plus. Privé de secourir une pauvre mère désolée de soixante et dix ans qui a besoin de mon secours, les larmes qu'elle verse à tout moment, m'arrachent nuit et jour mes entrailles. J'ay perdu plus des trois quarts de ma vie, et elle diminue toujours encore. Pour l'amour de Dieu, madame, ayez pitié de moy. Que, si vous êtes insensible à ma prière, périr pour périr, je vous proteste que le mois prochain, j'implorerai la miséricorde publique de m'arracher de vos cruelles mains. Dieu est le protecteur de l'innocence. Il me fera la grace de faire parvenir mes cris jusqu'aux oreilles du Roy, qui ne vous permet pas certainement de faire périr personne injustement. Mais, madame, faites moy le moindre de tous les reproches. Quel mal vous ai-je fait? quel mal ai-je voulu vous faire? daignez me répondre. Ai-je coupé votre bourse? mangé votre argent? ma langue a-t-elle jamais prononcé une seule parole qui put vous offenser? Si je souffre depuis quatorze années, je ne souffre que parceque je me suis intéressé à la conservation de votre vie. Jamais aucun de mes juges ne m'a pu prouver le contraire. Si je souffre depuis treize années, je ne souffre que parceque j'ay cru que vous aviez un bon cœur, car si j'avois cru le contraire, je ne me serois point livré comme j'ay fait après ma première évasion de la tour de Vincennes. Si je souffre depuis sept ans encore, je ne souffre que parce que j'ay cru que vous étiez une femme humaine, juste, compatissante, équitable, car si j'avois cru que vous eussiez un cœur injuste, un cœur dur, cruel, implacable, je ne vous aurois point écrit certainement d'Amsterdam pour avoir la paix; ne sachant pas où j'étois vous n'auriez pas pu me faire arreter dans le pays étranger; par conséquent, si je ne suis point heureux depuis treize ans ou au moins depuis sept ans, tout le monde me rendra cette justice que je ne dois point mes malheurs à une mauvaise conduite, mais uniquement à l'idée que j'ay toujours eue de vous, de croire que vous étiez une femme vertueuse, que vous aviez un cœur généreux, une ame grande. Assurément il ne faut avoir ni cœur, ni sentimens, ni ame, pour ne pas se laisser toucher a de pareilles raisons. Voilà quatorze années, ou cent soixante-cinq mois que vous me faites pourrir mon corps entre quatre murailles. Je n'en puis plus, je n'en puis plus. Pour l'amour de Dieu, madame, daignez avoir pitié de moy. Je perds ma chère vue. Jettons aujourd'huy tout le passé dans le sang de Jésus-Christ. Laissez-moy aller consoler ma pauvre mère, ma tendre mère qui a besoin de mon secours, qui compte comme moy ses momens par des larmes, et en reconnoissance, je prierai Dieu toute ma vie pour la conservation de votre chère personne.

« J'ai l'honneur d'être avec un très profond respect, madame,

« Votre très humble et très obéissant serviteur,

« DANRY,

« Secrétaire, je souffre depuis quatorze années. Pour l'amour de Dieu faites lire cette lettre à madame. »

A M. DE SARTINE.

« De la Bastille, le 21 avril 1763.

« MONSEIGNEUR,

« La compassion est le plus beau présent que la nature ait fait à l'homme. C'est elle qui nous tire les larmes des yeux au seul récit des maux que nos semblables souffrent. Cette pitié, qui nous est si naturelle, nous distingue des bêtes, c'est ce qui fait dire que l'homme seul a la raison en partage. Vous êtes homme, monseigneur de Sartine, et je le suis aussi, et je souffre. Vous avez eu la bonté de me donner des preuves de votre compassion, en me donnant un chirurgien oculiste pour panser mes yeux. Par les différens remèdes qu'il m'a donnés, il en a appaisé l'inflammation. Il m'a arrêté le cours involontaire des larmes. C'est un soulagement pour moy. Mais tout cela ne me rend point ma chère vue. Il dit qu'elle est épuisée par la longue souffrance, par les larmes et le sang. Mon corps dépérit tous les jours. Je n'en puis plus. Je crois que le cœur de monseigneur de Sartine est toujours prêt à faire du bien. C'est pourquoy je viens avec respect vous supplier de m'accorder une seconde grace, qui est d'ordonner à M. le Major, de permettre au chirurgien oculiste de faire une relation à sa présence, la première fois qu'il viendra me voir. Monseigneur, avant que de me refuser, daignez faire attention à ce que je vais vous dire :

« *Nota.* — Je ne luy dirai point mon nom, je ne luy parlerai point du tout de la cause de ma détention, ni de la personne à qui j'ay affaire; je ne luy ferai absolument, que repeter ce que je luy ai déjà dit plusieurs fois en présence de M. le major, c'est à dire, les maux que j'ay soufferts, mes infirmités. Il les écrira sur du papier, et fera sous chaque article, s'il le juge à propos, une observation de chirurgie, ensuite on cachètera ce papier avec le sceau de la Bastille, et M. le major vous l'enverra entre vos mains. Monseigneur, je sai bien que ce n'est pas vous qui me retenez dans la Bastille. Cette relation vous fournira une occasion de parler de moy; je crois que la personne qui me retient ici, soit le Roy ou madame la marquise de Pompadour, ne veut point absolument me perdre; or, quand elle verra les maux que j'ay soufferts, mes infirmités, et le danger où je suis de perdre le reste de ma pauvre vue; peut-être qu'elle aura compassion de moy. Monseigneur, je vous supplie, par vos entrailles paternelles et de miséricorde, d'avoir la bonté de m'accorder cette grace. Ne me laissez donc pas périr, faute de me secourir. Me voilà dans la quinzième année de souffrance, il faut que tout aye une fin; on ne doit pas pousser la nature au désespoir.

« Mardy dernier, 19 de ce mois, le chirurgien oculiste me promit de venir me voir sans faute la semaine prochaine. Il me fit voir que l'ordre que vous luy avez donné étoit pour deux visites. Or, si votre bon cœur a la bonté de m'accorder la grace que je vous demande, daignez envoyer cette permission le plutôt qu'il vous sera possible, afin qu'elle soit ici avant la visite du chirurgien. En même temps je vous serai bien obligé de me faire dire par M. le major, qu'il a reçu la permission de me laisser faire faire une relation de mes maux et infirmités. Cela m'empêchera de vous écrire tous les jours à ce sujet, crainte que vous ne m'oubliez. Bon Dieu, viens à mon secours! bon Dieu, daigne par ta grande miséricorde inspirer de la compassion pour moy, à monseigneur de Sartine et la sainte bénédiction.

« DANRY. »

A M. DE SARTINE.

« De la Bastille, le 5 août 1763.

« MONSEIGNEUR,

« La compassion est le plus beau présent que nous ait fait la nature; c'est elle qui nous tire les larmes des yeux au seul récit des maux que nos semblables souffrent. Cette pitié, qui nous est si naturelle, nous distingue des bêtes.

« Monseigneur, on ne dit point à un pauvre malheureux qui souffre depuis quinze ans : « Ayez patience, » on doit le secourir. Sur la belle idée que tout le monde a de votre cœur vertueux, on m'a déjà dit plusieurs fois : « La dernière fois que M. de Sartine vous a vu, il vous a promis de parler pour vous, de faire son possible pour mettre fin à votre longue souffrance. M. de Sartine est un honnête homme, vous pouvez compter certainement qu'il vous tiendra parole. » Il y a aujourd'huy quarante jours que votre propre bouche m'a fait ces promesses, et je n'ai point reçu encore aucun effet; il faut que vous m'ayez oublié, car il ne faut point avoir l'éloquence de Cicéron ni de Démosthènes pour gagner la cause d'un innocent et d'un innocent ami. J'ay cru bien faire, je me suis trompé, c'est pourquoi je ne dois pas être mon juge moi-même. Or, je vous croirais si vous me disiez : « Vous vous êtes mal énoncé; c'est votre malheur. » Soit; mais enfin ce n'est point un mal sans remède; un homme d'esprit comme vous peut aisément accommoder cette affaire par ces deux titres respectables. Le premier est que, si j'ay eu le malheur de manquer, j'ay souffert : à la lessive on blanchit, par conséquent on doit mettre des bornes aux punitions.

« Voici mon second titre : pendant quinze ans j'ay travaillé nuit et jour à faire différens ouvrages, toujours pour la gloire du Roy, pour le bien de l'État. Or, j'ay eu le bonheur d'en faire un bon ; je vous en ai envoyé plusieurs fois la copie à vous-même. Le Roy s'est servi de ce projet; par conséquent j'ay renforcé nos armées de plus de vingt à vingt-cinq mille fusiliers pendant cinq années consécutives, et l'on s'en servira encore perpétuellement toutes les fois que nous ferons la guerre. Or, n'est-il pas juste, n'est-il pas équitable que le Roy me récompense : c'est un dû que Louis XV ne peut point me refuser. Je vois bien que si je n'ai point été satisfait, c'est madame la marquise de Pompadour qui en est la cause. Pourtant jamais je n'ai été son ennemi, au contraire, j'ai travaillé de bon cœur pour luy conserver la vie; elle a mal interprêté. Néanmoins, quoique j'aye bien souffert innocent et perdu toute ma jeunesse, je ne luy demande ni son or ni son argent, mais au moins, dans un pareil malheur, toute la grace que je luy demande, c'est de dire une parole au Roy ou au ministre de la guerre, pour me faire accorder la récompense de mon projet. Le Roy s'en est servi, il doit me le payer.

« Par rapport à sa crainte, elle n'a qu'à prendre cet argent, et en mettre la moitié en rente sur l'Hotel de ville de Paris, et en garder le contrat entre ses mains, et qu'elle me donne l'autre moitié, afin que j'aie ce petit fonds pour pouvoir m'établir, me marier dans mon pays.

« Dans mes deux évasions, je luy ai fait connoître mon cœur; je me conduisis comme un honnête homme, je fus sage et discret, je le serai encore. Monseigneur de Sartine, tout le monde se doit soumettre aux loix de la raison, et surtout encore quand un homme aussi respectable que vous la fait connaître. Assurément madame la marquise de Pompadour ne résisteroit point à vos prières, à votre humanité, et surtout à cette noble douceur qui vous fait aimer de tout le monde. Monseigneur, mon père, mon sort est entre vos mains; en disant une seule parole à ma partie, vous pouvez mettre fin à ma longue souffrance. Est-il possible! on a compassion des animaux, n'aurez-vous pas pitié de moy? Bon Dieu, tu vois l'excès de ma grande souffrance, voilà quinze ans que mon corps pourrit entre quatre murailles. Je n'en puis plus; daigne donc aujourd'huy, par ta grande miséricorde, inspirer de la compassion pour moy à monseigneur de Sartine.

« Monseigneur de Sartine, un honnête homme n'a que sa parole. Souvenez-vous de la promesse que vous m'avez faite le 26 du mois de juin dernier, que vous parleriez au ministre pour moy, que vous feriez votre possible pour mettre fin à ma longue souffance, pour me faire participer à la joie publique. Je vous supplie, pour l'amour de votre cher fils, de me tenir votre parole. Si votre fils étoit malade, de bon cœur je jeunerais pendant quarante jours et plus, au pain et à l'eau, en priant Dieu jour et nuit de luy redonner la santé. Vous êtes père : par les douleurs que vous ressentiriez, s'il étoit bien malade, jugez de celles que ma pauvre mère doit souffrir; elle qui a besoin de mon secours. Rendez-luy donc son fils unique, monseigneur, mon père, ayez pitié de nous. Que par votre miséricorde, je sois avant la fin de ce mois entre ses bras à luy essuyer ses larmes, à luy dire : « allons, ma mère, allons, ma tendre mère, allons prier Dieu de répandre sa sainte bénédiction sur monseigneur de Sartine, c'est luy qui a mis fin à notre désolation. »

« Je suis avec un très profond respect,

« Monseigneur,

« De votre grandeur,

« Votre très humble et très obéissant serviteur,

« Danry. »

A Monseigneur de Sartine, Conseiller d'État, Lieutenant-Général de Police.

« De Vincennes, ce 14 octobre 1773.

« Monseigneur,

« On dit au sujet de Frédegonde, reine de France, que le plus horrible châtiment que Dieu envoye aux grands criminels, c'est l'endurcissement du cœur, que c'est par ce moyen qu'il les rend exécrables à tout le monde, et qu'il les précipite enfin dans l'abime qu'il leur a préparé.

« Le 8 du mois de novembre 1772, vous m'accordates audience. Je vous demandai quel était mon crime, et vous me répondites en présence de messieurs de Rougemont, lieutenant de Roy, de la Boissière, major, et votre commis :

« Que j'avais dit des sotises contre le Roy, contre le ministre et contre vous-même. Me voilà donc bien campé dans le donjon de Vincennes, entre les mains de mes trois ennemis. Ciel, pour le coup je puis donc défier tout l'enfer de mettre mon corps dans un état plus horrible qu'il ne l'est présentement. Effectivement, quiconque verroit ma misère extrême, et tous les outrages dont on m'accable à tout instant, il est certain que tout le monde loueroit l'humanité du Roy, celle du ministre et la votre, si tous les trois de concert vous faisiez allumer un grand feu, et puis, m'y faire jeter tout en vie au milieu, parceque dans moins de quatre minutes tous mes longs tourmens seroient finis. Monseigneur de Sartine, monseigneur, la plus violente rage laisse des momens d'intervale, de relache aux plus furieux, pour pouvoir se reconnoître et entrer en eux-mêmes. Daignez donc me dire, s'il vous plaît, afin que je puisse me deffendre et me justifier, si les sotises que j'ay dites contre le Roy, contre le ministre, et contre vous-même, sont en vers ou en prose ou verbales, car vous ne me donnâtes pas le temps de vous le demander : mais encore, quand même j'aurois eu le malheur d'avoir commis ce crime, je pense qu'un conseiller d'État, Lieutenant-général de police, entend le droit, or, vous ne devez point ignorer que les loix sont le principal soutien de l'État, et qu'elles ne permettent point au Roy même, quoiqu'il soit notre maître, d'être juge partie et bourreau tout ensemble, et encore bien moins au ministre, et à vous-même. La raison en est claire. Il n'y a pas un seul crime au monde que la mort ne puisse expier, et l'on peut vous convaincre par moy-même, qui vous parle, que, tenant votre ennemi ici enfermé dans le donjon de Vincennes, qu'il vous est facile de luy faire souffrir les tourmens de mille morts, sans néanmoins luy arracher la vie, et ce sont des cruautés horribles qui ne sont point permises, que si avec des titres il était permis de se faire justice soi-même, à tout instant on ne verroit que des coups d'assassinat. Après ma dernière évasion, je pouvois acheter un fusil, et aller bruler la cervelle au marquis de Marigny et à vous-même. J'avois des titres ; qu'est-ce qui m'en a empêché ? ce sont les loix ; or, ces mêmes loix qui vous ont conservé votre vie, me la doivent conserver à moy-même ; et je vous prie de réfléchir un moment sur cet article.

« J'ay dit des sotises contre vous-même, et il est sans doute, que pour vous en venger plus cruellement, vous me refusez de m'envoyer l'avocat que vous m'aviez promis. Mais je vous dirai que si la rage et la passion ne vous aveugloit point, d'une manière plus qu'extraordinaire, qu'il est certain que vous vous réjouiriez jusqu'au fond de l'âme, de ce que je m'offre volontairement de vous donner contre moy-même le plus horrible de tous les titres, pour avoir le plaisir de me faire périr entre quatre murailles, sans craindre de vous déshonorer, ni même d'être repris, si malheureusement il venoit à vous arriver quelque malheur, comme à messieurs Dembreval et de Marville. Mais je vous parle clairement, ou mon mémoire est faux, ou il est vrai.

« *Nota.* — Il n'y a point de milieu ; s'il est faux, il est évident que l'avocat que vous m'enverrez, quand il l'aura examiné, et qu'il viendra vous en rendre compte, qu'il vous dira tout net que je suis un fou, un extravagant, et que vous avez grande raison, que vous êtes fort sage de me garder en prison, sur quoy vous pouvez vous faire donner une attestation qu'en cas de quelque revers de fortune, pourroit mettre votre honneur à couvert. Mais, monseigneur de Sartine, ne penserez-vous pas un peu à vous-même ; car que deviendriez vous, si aujourd'huy ou demain, vous venez à être disgracié. Les comtes de Maurepas et d'Argenson ; Silhouette, le cardinal de Bernis l'ont bien été ; et, en voyant que des personnes vertueuses ne sont point exemptes de disgrâces, vous ne pouvez, sans avoir perdu le jugement, sans braver Dieu et la fortune, dire que jamais il ne vous arrivera aucun malheur, et surtout en violant les loix les plus sacrées ; car vous, principalement, qui avez relevé M. le Négre au Chatelet, pouvez-vous avoir oublié tous les malheurs dont il fut accablé pour n'avoir retenu que dix-sept misérables jours injustement, la Mazarelli en prison. Cet exemple devoit bien vous faire rentrer un peu en vous-même ; car, que serait-ce, grand Dieu, si au bout de deux cent quatre-vingt quatorze mois, on venoit vous surprendre à faire pourrir un innocent dans les fers. Mais direz-vous : c'est dans les secrets du Roy. Ne vous y trompez-pas, monseigneur de Sartine, ne vous y trompez pas : il vous est moins permis de vous venger dans ces lieux sacrés, que partout ailleurs ; car au moins vous avez du danger en arrachant la vie à un de vos ennemis ; au plus, votre crime devient horrible et impardonnable. Mais les meilleures raisons font moins d'impression sur votre cœur qu'un *crachât* sur une enclume. Ceux qui vous donnent de bons conseils, vous les regardez comme vos ennemis, et ceux qui vous en donnent des mauvais, comme vos bons amis, et c'est le moyen de faire quelque vilaine catastrophe. Mais que pensez-vous des officiers de la Bastille, et de ceux du donjon de Vincennes. Croyez-vous qu'ils soient des gens d'honneur et de probité. Mais s'ils sont des personnes vertueuses, comme je le crois, vous devez être certain qu'ils souffrent en vous voyant retenir si long-temps dans les fers de pauvres malheureux, car j'oserai gager un de mes propres yeux, que si l'on envoyait quatre jurisconsultes ici, ils trouveroient encore aujourd'hui même dans le donjon de Vincennes plus de la moitié des prisonniers qui y pourrissent depuis plus d'années qu'ils ne méritoient d'y rester de mois, et ce sont des cruautés abominables. Mais autrefois vous étiez humain, compatissant. Vous vous fesiez une gloire d'être l'illustre père des malheureux, et j'ose dire que c'est cette compassion qui vous a fait aimer aussi bien des méchans que des autres personnes vertueuses. Mais depuis la mort de la marquise de Pompadour, quelque chose de surnaturel s'est emparé de votre cœur et de votre âme. Il n'est plus possible de pouvoir vous toucher par de bonnes raisons, ni vous faire prendre aucune résolution. Tout vous fait ombrage. Vous ne mettez plus votre confiance que dans les chaînes, dans les verroux et dans les grilles de fer, et c'est précisément ce qui vous perdra, car tout se découvre à la fin, et en outre les officiers sont des hommes, et ils ne sçauroient avoir un cœur sans se laisser toucher de compassion par notre long martyre. Que si vous dites que ce sont des ames basses, gens de cour sans honneur, que pour l'argent ils sont capables des plus grands forfaits, c'est ce que je ne crois point. Mais quand même cela seroit, devez vous confier votre honneur, votre propre vie à la discretion des méchans. M. le maréchal de Biron, après avoir accablé de ses bienfaits Laffin, son plus intime confident, pouvoit se vanter d'être plus aimé, d'être meilleur ami, d'être plus assuré de luy que vous ne l'êtes d'aucun des officiers des secrets du Roy; car en entrant dans la bataille, on luy demanda : « Que pensez-vous de Laffin ? » « qu'est-ce que je pense de Laffin, » reprit le maréchal : « que c'est un homme d'honneur et de probité. » Sur quoi, on lui répliqua : « Vous êtes donc perdu, » et quelques jours après il eut la tête tranchée. Or cette trahison, de même que celle de madame de la Popliniaire, vous devroit empêcher de confier votre honneur et votre vie à des personnes qui, par leurs états, sont forcées de vous obéir sans réplique, et de dissimuler, et vous pouvez être moralement certain que, s'il vous arrivoit quelque malheur, généralement tous les officiers seroient les premiers à aller déclarer à votre successeur, tout ce que vous avez fait de plus secret, crainte de passer pour vos complices; et c'est précisément ce qui arriva à Séjan. Tous ceux qui paroissoient être ses meilleurs amis, furent les premiers à aller déposer à Tibère contre luy, puis à luy aller cracher sur le visage, luy écraser sa bouche à coups de pieds, luy marcher sur le corps, afin de faire voir, par ces insultes, que c'étoit la crainte qui les avoit forcés à luy faire amitié. Séjan n'avoit qu'une fille âgée de dix ans et demi, et comme il avoit fait étrangler des innocens dans les prisons, on y étrangla sa fille. C'est ainsi que Dieu extermine les familles des scélérats, et le malheur qu'il a attaché à tous les tyrans, c'est de leur faire faire les plus grandes démonstrations d'amitié, précisément par ceux qui les détestent le plus. Par exemple, croyez vous d'en faire accroire aux officiers, quand vous leur dites que je suis un homme dangereux, que j'ay dit des sotises contre le roy.

« Monseigneur de Sartine, quelque chose de surnaturel vous aveugle; soyez certain que les officiers voyent plus clair que vous. Ils savent que les sotises que j'ay dites contre le roy, sont de luy avoir renforcé ses armées de plus de vingt-cinq mille fusiliers; 2° que je luy ai fait augmenter ses revenus de la ferme des postes de plus de six millions toutes les années; 3° d'avoir été cause que vous-même, vous avez fait faire des provisions de blé par toutes les communautés de Paris, pour prévenir la famine dans cette grande ville; 4° ils savent de plus, qu'à la mort de la marquise de Pompadour, ma partie, vous deviez me rendre ma liberté, et que le marquis de Marigny est riche, c'est-à-dire, qu'ils sçavent aussi bien que vous, où le *bat* vous blesse. Mais voulez-vous les convaincre tous, que vous êtes un homme de bien, un homme vertueux (c'est ce qu'ils ne croient pas très certainement), et que je suis un misérable? Vous n'avez qu'à faire tirer mon corps avec des chaînes de fer, et me faire tourmenter dans la conciergerie, et si je suis coupable de ce dont vous m'accusez, il est certain que le parlement ne me fera point grace. Mais c'est une justice que vous devez à vous-même, pour réparer votre honneur, car tous croient que vous êtes un homme cruel, injuste; que vous ne me retenez ici que pour cacher vos propres œuvres, d'autant plus certainement que ce n'est point à vous, quand même je serois coupable, à être mon juge, ma partie et mon bourreau tout ensemble. Si donc l'on croit que vous êtes un méchant, vous devez être certain que tous ceux qui vous font le plus d'amitié, ce sont ceux qui vous détestent le plus dans le fond de l'ame, et qu'ils ne respectent dans vous uniquement que votre robe. Cependant, toutes ces choses pourroient encore aujourd'huy même s'accommoder par la douceur et la modération. Car si vous veniez dans le donjon de Vincennes, et que vous me disiez, avec cette bonté qui autrefois vous étoit si naturelle : « Danry, ou Masers, quand vous m'envoyates votre projet des abondances, la marquise de Pompadour vivoit encore, et comme elle vouloit vous retenir en prison, je ne pouvois le donner à Sa Majesté, sans m'exposer à ses mauvaises graces; vous la connoissez, elle m'auroit perdu; mais comme je vis dans votre projet une ordonnance de M. Hérault, par laquelle il avoit résolu de faire, par les communautés de Paris, des provisions de blé, pour prévenir la famine, je l'ai mis en exécution, sans croire assurément de vous faire aucun tort. J'ay trop de sentimens d'honneur et de compassion, pour m'approprier le bien d'un pauvre malheureux prisonnier; mais comme vous me faites voir que cette ordonnance a porté préjudice à votre projet des abondances; je suis honnête homme, j'ay de la probité, et, au premier jour, je vous en donnerai des preuves, en vous faisant donner par le roy une plus grande récompense que celle que vous auriez eue de votre projet militaire.

« 2°. Il est vrai que, selon l'autorité des loix du royaume, à la mort de la marquise de Pompadour, votre partie, votre liberté vous auroit dû être rendue; mais, pour vous empêcher de parler mal d'elle, son frère, le marquis de Marigny, me pria de vous retenir encore quelque temps après sa mort, afin de vous faire accroire que ce n'étoit point sa sœur qui vous avoit retenu si longtemps dans les fers; mais en même temps il m'avoit promis de vous dédommager secrètement par mes propres mains, et, en conséquence, vous savez que, le 19 avril 1765, je vous avois accordé la promenade extraordinaire des fossés, et vous ne pouvez pas douter que c'étoit une preuve certaine qu'au premier jour je vous allois rendre votre liberté. Mais, malheureusement, par votre évasion, vous renversâtes toutes vos affaires de fond en comble; cependant vous n'avez qu'à me demander ce que vous souhaiterez pour votre dédommagement depuis que la marquise de Pompadour est morte, et si le marquis de Marigny le refuse, je vous l'accorderai de ma poche. Mazers, vous avez environ cinquante-trois ans, et tous les tourmens que vous avez soufferts depuis vingt-cinq années vous doivent avoir appris ce que c'est que de déplaire à des personnes qui sont en place, qui ont le pouvoir en main, et qu'une parole indiscrette vous en pourroit encore causer de plus terribles. Je ne vous en dis pas davantage; ainsi je vais aujourd'huy mettre fin à tous vos malheurs en vous rendant votre liberté, et vous assurant de quoy vivre d'une manière honnête pour le reste de vos jours; etc. »

« *Nota*. Vous voyez donc bien, monseigneur, qu'encore aujourd'huy même, par ce moyen équitable, que vous êtes à temps à faire passer toutes ces choses pour des cas purement innocens; mais aussi daignez faire attention à ce que je vais vous dire, mais ne vous fâchez pas, parceque mon dessein n'est point assurément de vous offenser, mais de vous ouvrir les yeux. Or, il est certain que, si par aujourd'huy ou demain vous veniez à changer de place, ou à être disgracié, ou à mourir, que tout le monde, et votre successeur le premier, seroit convaincu que vous vous êtes laissé corrompre par les écus du marquis de Marigny; oui, monseigneur, il est certain qu'on diroit que vous avez eu la cruauté de luy vendre la vie des pauvres malheureux prisonniers, comme on vend celle des animaux. 2° Il est de même évident qu'on diroit que vous m'avez pillé mon projet des abondances dans l'ordonnance de M. Hérault, par laquelle vous avez fait faire des provisions de blés par les communautés de Paris, et que cela fut cause que le Roy vous fit sitôt conseiller d'État, et que, pour vous approprier un bien, un honneur qui ne vous appartient pas, vous aviez résolu de me faire périr à petit feu entre quatre murailles, et ce sont des cruautés infernales qu'un magistrat abuse de la confiance publique et de la faveur des secrets du Roy pour faire périr des innocens. Mais les faits parlent; je vous envoyai mon projet des abondances le 5 du mois de février 1761. Si auparavant vous avez fait faire ces provisions de blés par les communautés de Paris, l'honneur, le bien vous en appartient à vous seul; mais, si c'est après le 5 février 1761, c'est à moy. Monseigneur, il est certain que, sans quelque chose de surnaturel, vous ouvririez les yeux sur l'affreux précipice qui est creusé sous vos pieds, qui est tout prêt à vous engloutir. Il n'est pas question de dire que votre réputation est établie, car vous ne devez pas ignorer qu'un seul crime suffit pour effacer mille vertus. M. Le Nègre en est une preuve; mais, sans vous fâcher, il passoit pour un aussi honnête homme que vous, et cependant voyez sur un simple soupçon, car il y a bien des gens sages qui ne croyent pas qu'il se soit laissé corrompre; néanmoins voyez de combien de malheurs extrêmes, n'a-t-il pas été accablé. Eh! vous, monseigneur, dans le temps où vous pouvez encore accommoder toutes les affaires par la douceur et la modération, et sans débourser un seul denier, car je ne vous propose un dédommagement que pour applanir toutes les dificultés; devez-vous, fort mal à propos vous exposer à de pareils malheurs, et même beaucoup plus grands que si vous disiez : « J'ai affaire à un insolent qui m'a offensé de volonté de cœur, et, bien loin de reconnaître son tort et de m'en demander pardon, il me brave, il me menace; parbleu je le maltraiterai. » Mais faites-moy voir mes torts; non-seulement je vous en demanderai ici humblement pardon, mais même publiquement : que voulez-vous de plus? Que si vous me disiez encore : « On vous a accordé trois fois votre liberté, et pendant ces trois fois vous êtes toujours revenu à la charge; vous êtes un homme incorrigible, indomptable, vous avez une âme basse, vous n'avez point de parole, on ne peut plus se fier à vous. » Mais j'ay échappé trois fois; des ma première évasion, je me livrai moy-même comme un agneau entre les mains paternelles du Roy. Dans ma seconde évasion, arrivé en Hollande, où je croyois ma personne en sureté, je fis consulter mon affaire par des gens sages, tous me dirent que j'avois été fort maltraité, et que je pouvais demander un dédommagement à ma partie, et, en cas de refus, de la perdre de réputation; mais, bien loin de suivre leur conseil, j'écrivis une lettre respectueuse à madame la marquise de Pompadour pour la prier de me pardonner d'avoir eu le malheur de lui déplaire par un zéle indiscret, etc. Dans ma troisième évasion, comme je savois que vous étiez en peine, je meurs tout à l'heure si je ne vous écrivis pas plutôt à vous pour vous tirer de cette peine, et pour vous rassurer, qu'à ma tendre mère; que si les exemts avoient bien fait les signaux que vous leur aviez ordonné de me faire, il est certain que le lendemain, comme je vous l'avois promis, je serois venu chez vous vous porter tous mes papiers, et, en vous faisant mille remercîments d'avoir mis fin à mes malheurs, me mettre sous l'honneur de votre protection, et il est réel que jamais personne n'auroit entendu un seul mot de cette affaire. Redoublement d'attention. Mais, si vos exemts ont fait une sottise, êtes-vous raisonnable de me la faire expier à moy, de m'assommer comme vous faites, sans vous informer auparavant de quel côté est le tort. Que diable, vous êtes comme un automate : innocent ou coupable, sans distinction, vous écrasez tout ce qu'on met sous votre fléau; ce n'est point ainsi qu'on travaille, et vous restez sept années entières sans voir les prisonniers ni même leur accorder la permission de vous écrire. Ceci n'est plus une prison, il n'y a plus de justice, car autrefois le lieutenant de police ne manquoit jamais de visiter une ou deux fois par an les prisonniers, et aujourd'huy on ne voit plus personne. Mais vous, vous manquez aux plus saintes loix, vous laissez périr le monde sans lui dire : bête que fais-tu là ? Encore un peu d'attention. Par ces exemts, vous me fîtes offrir de m'avancer dix mille écus sur la récompense qui m'est due de mon projet militaire. Or, qu'est-ce qui vous empêche d'accommoder cette affaire, car, si dix à quinze jours après que je fus arrêté vous étiez venu ici, et que vous m'eussiez dit : « Vous avez eu tort d'échaper ; si vous aviez affaire à tout autre magistrat que moy, il vous puniroit; mais je sçai ce que l'on souffre en prison, et qu'il est naturel de prendre sa liberté quand on en trouve l'occasion. J'ay des entrailles paternelles, et c'est à cause de cela que, non-seulement je vous pardonne cette faute, mais même je veux vous rendre le service que vous m'avez demandé. Voilà les dix mille écus, et, si je puis obtenir plus de votre projet militaire, je vous remettrai le surplus. » Si vous vous étiez conduit de cette manière, il est certain que je vous aurois fait passer pour l'homme le plus humain, le plus compatissant, pour l'homme le plus vertueux de toute la terre.

« *Nota*. Mais je mange ici 4 francs, par jour; cela fait 1460 livres; en outre les hardes, le tabac, et mille autres choses, cela va à deux mille livres. Or, comptez depuis 1765 jusqu'en 1773, c'est-à-dire que vous verrez que, depuis le jour que je fus arrêté, j'ay déjà mangé plus de dix-huit mille livres, et peut-être j'en mangerai le double avant que vous soyez venu à bout de me faire crever; peut-être même que vous mourrez avant moy, ou que vous changerez de place, ou que vous serez disgracié; et en serez-vous plus avancé. Mais quand vous me retiendrez encore six mois, un an, quatre ans, dix ans dans les fers, cela guérira-t-il le mal? Non, assurément, cela ne le rendra que plus horrible, et c'est à cause de cela que, si quelque chose ne vous troubloit point l'esprit, il est sans doute qu'un homme tel que vous feroit quelque petite réflexion, que vous ne donneriez pas tant d'argent pour vous enfourner dans un crime horrible, car il ne vous est pas permis de faire périr des hommes entre quatre murailles, comme s'ils étoient des chiens. Monseineur de Sartine, la fortune ne rit pas toujours; en faisant marcher ses favoris sur de belles fleurs, son ordinaire est de les précipiter dans des abymes affreux, et l'univers ne retentit que de plaintes contre elle. « Mais, direz-vous, pourtant depuis plus de quinze ans tout va bien. » Ne vous fiez point sur ce passé, monseigneur, ne vous y fiez point, il n'y a rien de si trompeur. Je puis vous citer un nombre infini de personnes qui avoient des charges plus considérables que vous, qu'après avoir resté dix, quinze, vingt ans à la cour, les Rois ont fait périr misérablement entre les mains des bourreaux ou dans des prisons, tels que Henri de Marle, grand chancelier de France, qui, après avoir été mis à mort, fut trainé sur la claie dans tout Paris. Enguerrand de Marigny, premier ministre de Philippe-le-Bel, pour avoir abusé de l'autorité royale, fut pendu à Montfaucon; et Semblancay, surintendant des finances, y fut pendu de même innocent, et malgré l'illustre nom que le Roy luy donnoit, car François Ier ne l'appeloit que son père, comme Charles IX appeloit le grand Coligny. Foucquet, en sortant de table avec Louis XIV, fut mis en prison pendant dix-neuf années, où il mourut. Le comte d'Essex, après avoir été pendant vingt-deux ans le galant de la reine Élisabeth, elle luy fit couper sa belle tête par la main d'un bourreau : ainsy ne vous fiez point au passé, monseigneur de Sartine, ne vous y fiez point, d'autant plus que vous êtes encore à temps de pouvoir faire passer tous ces faits qui peuvent, non-seulement ternir votre belle réputation, mais même vous causer de grands malheurs, pour des cas purement innocents. Il y va de votre honneur. Ne remettez donc pas au lendemain ce que vous pouvez faire la veille; monseigneur de Sartine, daignez vous rendre sensible aux larmes d'un malheureux; il est temps ou jamais que vous preniez une résolution à mon égard; que si vous me dites : « Tu le vois bien, ma résolution est prise, c'est de te faire périr à petit feu entre quatre murailles. »

« Hé! en travaillant ainsi, pouvez-vous espérer de faire une heureuse fin; vous voyez bien que quelque chose de surnaturel vous trouble vos sens, car encore sçavez-vous le temps que vous avez à vivre? Si vous ne craignez point Dieu, craignez les revers effroyables de la fortune, car en voyant Marie Stuard, reine d'Écosse, et veuve de François II, roy de France, qu'après dix-huit ans de prison, un infâme bourreau luy trancha la tête, et à Charles Ier, roy d'Angleterre, de même; ces exemples terribles devroient bien vous faire faire quelque petite réflexion sur l'inconstance de la fortune; mais au moins faites voir, monseigneur de Sartine, que votre cœur n'est point insensible aux humbles prières des malheureux. Je vous conjure donc, par vos entrailles paternelles et de miséricorde, de m'envoyer le bon avocat que vous m'avez promis de votre propre bouche, pour examiner le mémoire en question; mais daignez considérer que cela ne peut contribuer qu'à ôter les taches que ma longue détention a imprimé sur votre belle réputation.

« *Nota:* et que moy j'ay tout à perdre, si je ne puis venir à bout de prouver ce que vous croyez être impossible.

« Monseigneur, je vous prie de penser qu'en me refusant cette grace,.... grace que vous m'avez déjà promise, c'est me livrer au plus horrible de tous les désespoirs, car, vu que vous n'avez point de religion, que vous ne craignez point Dieu, que vous êtes un homme sans cœur, sans honneur, sans sentimens, sans pitié, sans compassion ni miséricorde, que vous n'avez de vigueur que quand il s'agit d'accabler des innocens, que vous ne me laissez un peu de vie que pour avoir le plaisir de me faire plus longtemps souffrir, périr pour périr, je vous proteste qu'au premier jour, je vais par mes cris implorer la miséricorde publique, oui, le Roy les entendra de Versailles; que, si vous dites que je suis un fou, je vous répondrai que c'est vous-même qui m'avez fait perdre l'esprit en me faisant souffrir les tourmens de mille morts pour une. Et ce sont des cruautés exécrables; je suis fou, je suis fou. Louis XV est un honnête homme; je sçai qu'il a des entrailles paternelles et de miséricorde, que sa pitié, sa compassion n'a jamais refusé tous les secours et les remèdes qui sont nécessaires pour conserver la vie ou redonner la santé aux prisonniers qui sont enfermés dans ses secrets. La folie est une maladie pire que la perte d'un membre; mais elle n'est point incurable. Elle se peut guérir par un bon raisonnement, ou en cessant de persécuter un malheureux. Que, si vous ne voulez point cesser de me persécuter; je vous conjure donc pour la cinquième fois, de m'envoyer un bon avocat en qualité de médecin, en vous assurant que je ne luy dirai point une seule parole qui puisse ternir votre réputation, ou daignez m'envoyer un de vos commis, celui qui a le plus d'esprit, et de bon matin. Ainsi vous voyez bien que je me prête à tout; que, si vous n'êtes point content du rapport qu'il vous fera, vous n'avez qu'à me faire mettre sur le champ, pendant trois mois, au cachot et au pain et à l'eau. Il me semble qu'à ce prix vous pouvez m'accorder cette grace, ou faites-moy transférer à la conciergerie, là on ne me laissera point périr faute d'examiner cette affaire.

« Le 16 du mois de septembre 1764, feu M. Guyonnet, lieutenant de Roy, vint me dire en présence de quatre témoins, qui sont encore tous en vie, les propres paroles que voici :

« M. de Sartine m'a ordonné de venir vous dire de sa part que, pourvu que vous fussiez un peu de temps tranquille, il vous accorderoit votre liberté. C'est un homme d'honneur : soyez sur qu'il vous tiendra sa parole. »

« Onze mois et deux jours, c'est un temps pour un homme qui souffre depuis dix-sept années. Ainsi, après onze mois et deux jours que vous m'eûtes fait faire cette promesse, vous vîntes ici; c'étoit le 18 août 1765, et, en votre présence, et celle de M. Duval et de la mienne, ce même lieutenant de Roy vous dit ces propres paroles :

« Monsieur, je ne suis point un traître, je ne parle jamais par derrière. Voilà ce prisonnier. Depuis qu'il est ici, il a toujours été sage; je n'ai pas une seule plainte à vous faire de luy. »

« Et alors il y avoit dix-huit ans que j'étois dans la souffrance, et dix-sept mois que ma partie étoit morte. Or, après m'avoir fait annoncer ma liberté par M. de Guyonnet, et en entendant son bon rapport, il est certain que, si ce que je veux vous prouver n'étoit point évident, vous n'auriez pas encore différé un mois à me rendre ma liberté. Cependant trois mois après, quand j'échappai, vous ne songiez pas plus à me rendre ma liberté qu'à vous crever les yeux. Mais enfin, présentement demandez à MM. de Rougemont, lieutenant de Roy, et Laboissière, major, s'ils ont une seule plainte à vous faire de moy : donc je suis tranquille ; si je suis tranquille, ne me poussez donc point au désespoir par un injuste refus, car je ne vous demande point un maitre de musique ny un maitre à danser, ce sont des gens que le Roy n'accorde pas à des prisonniers ; mais je vous prie à genoux, avec les larmes aux yeux, d'avoir pitié de moy, en m'envoyant un bon avocat, ou un de vos commis, ou, si vous voulez encore, le sieur Receveur, exemt, qui ne resta qu'un quart d'heure avec moy, et qui me promit de revenir en qualité de médecin. Ces trois dernières sont des personnes, que vous connoissez, et sur qui vous pouvez vous fier, et, par conséquent, il n'y a qu'une méchanceté, une vengeance outrée de votre part qui puisse me refuser cette miséricorde. C'est pourquoy je vais faire lire cette lettre à tous les officiers du donjon, chirurgien, porte-clefs, afin que tout le monde puisse servir de témoin que, si je sors des règles de la prison en faisant des cris et des hurlemens terribles la nuit et le jour, c'est vous-même qui m'y forcez, et ce sont des cruautés horribles, exécrables, que de pousser un pauvre malheureux par de mauvais traitemens ou par la longue souffrance de vous manquer de respect, afin de pouvoir dire : « Vous voyez bien quelles sottises affreuses ce prisonnier vomit contre moy. » Pour prendre de là occasion de faire périr un innocent avec quelque apparence de justice. Non, non, jamais, au grand jamais, on n'a commis de pareilles abominations dans les secrets du Roy. Mais sachez que ce ne sera point par le poignard, ni par le poison, ni par la corde, que vous vous procurerez votre sûreté; en me faisant périr aujourd'huy, soyez certain que demain la crainte vous forcera malgré vous à en faire mourir dix autres, et que vous ne sçaurez fermer l'œil sans avoir dépêché tous ceux qui vous auront servi.

« Mais, avant que de vous engager dans des crimes horribles, qui, malgré toutes vos précautions, causeront enfin votre perte, pensez que vous êtes encore à temps de faire passer tous ces traits pour des cas purement innocens. Je vous passe, avec l'épée à la main, de braver votre pareil; mais songez que vous bravez présentement tout ce que les loix ont de plus terrible. Faire des fautes, c'est le faible l'humanité; s'en repentir les reconnoître et les réparer, c'est rentrer dans tous les droits de la vertu : là, il y a de la grandeur d'âme. Monseigneur de Sartine, souvenez-vous que vous êtes homme, et sujet à toutes les vicissitudes de la fortune. Souvenez-vous que vous êtes juge, et que Dieu vous regarde. Punissez, cela est juste; mais ne vous vengez pas, et surtout d'une manière si horrible. Voilà vingt-cinq ans que mon corps pourrit entre quatre murailles; ce n'est pas faire souffrir une mort, mais c'est faire souffrir les tourmens de mille. Mon Dieu, je n'en puis plus, je n'en puis plus; miséricorde, miséricorde, je n'en puis plus. Cruel, ayez pitié de moy, ou, par compassion, faites-moy ôter tout à la fois le peu de vie qui me reste.

« Je suis avec un très profond respect,

« Monseigneur,

« Votre très humble et très obéissant serviteur,

« Danry,

« Ou mieux, Henry Masers, prisonnier dans le donjon. »

DE LALLY.

Le procès de M. de Lally ayant fixé l'attention de toute l'Europe, nous nous bornerons à une note succincte, pour arriver plus vite à deux lettres inédites, que nous avons trouvées, et qui nous paraissent fort remarquables.

Thomas Arthur, comte de Lally, gentilhomme Irlandais, dont les ancêtres suivirent Jacques II, roi d'Angleterre, lorsqu'il chercha un asyle en France, entra fort jeune dans la carrière des armes. Il se couvrit de gloire à Fontenoy, où il fut fait brigadier sur le champ de bataille par Louis XV. Comme on le jugea propre à rétablir nos affaires dans les Indes Orientales, il fut nommé gouverneur des possessions françaises dans cette partie du monde. Le 2 mai 1757, il partit de Lorient, et arriva à Pondichéry le 28 avril 1758. Il débuta d'abord par des succès;

mais une bataille perdue devant Madras, qu'il voulait prendre, le força à se renfermer dans Pondichéry, où il ne put se défendre long-temps. Obligé de rendre cette place à des conditions peu avantageuses, on l'accusa d'avoir vendu Pondichéry aux Anglais. Les contrariétés qu'il éprouva de toutes parts, le firent passer en Angleterre, d'où il sollicita la permission de se rendre en France. A peine arrivé, il écrivit au duc de Choiseul, premier ministre, une lettre où l'on remarquait ces paroles :

« J'apporte ici ma tête et mon innocence. J'attends vos ordres. »

Il fut mis, en vertu d'un ordre du roi, du 1er novembre 1762, à la Bastille, où il avait lui-même offert de se rendre. Le Parlement de Paris lui fit son procès ; et par arrêt du 6 mai 1766, il fut condamné à avoir la tête *tranchée en place de Grève*, ce qui fut exécuté le 9 du même mois, à cinq heures du soir. *Mais qu'ai-je donc fait?* s'écria-t-il, lorsque le greffier prononça l'article de sa condamnation.

M. de Lally-Tollendal, son fils, se pourvut en 1777 au conseil du roi, qui, le 25 mai 1778, cassa l'arrêt de 1766. Voici les lettres de M. de Lally :

A M. LE COMTE DE SAINT-FLORENTIN.

« Ce 27 mars 1764.

« MONSIEUR,

« M. Chevalier m'a communiqué le mémoire que vous luy avez envoyé, avec trois certificats, concernant la succession d'un nommé Lambert; je ne vois pas trop, à vous dire vray, ce que je peux avoir de commun avec cette succession.

« Il me souvient, il est vray, qu'à mon arrivée dans l'Inde, on m'a présenté un nommé Lambert, qui avait été cuisinier du sieur Lau, capitaine dans les troupes de la compagnie, qu'on disoit être le plus brave homme de l'Inde. On m'a demandé de le faire officier, et de permettre aux fermiers de l'employer en qualité de partisan; j'y ay consenti après m'être informé des usages du conseil du Nord. Dans ces sortes de nominations qui y sont fréquentes, la circonstance de cuisinier me rapelle ce fait, car d'ailleurs je ne sçay où, ny quand, ny comment le dit Lambert est mort, et en vérité, je ne m'en suis seulement pas informé.

« Ces certificats m'ont tout l'air de quelques bas témoignages suscités, et qui n'ont vraisemblablement pas couté cher, pour donner à entendre que je devrois quatorze chevaux à cette succession. Il se présente une petite difficulté, c'est que je n'ay jamais eu un cheval à moy dans l'Inde; c'est la compagnie qui me montoit, ainsi que les officiers principaux de mon armée.

« Le nombre de quinze chevaux, de prix sans doute, que ce boulanger donne à un enseigne d'infanterie pour sa monture, me paroit d'autant plus hyberbolique, que quoique général, je n'en ay jamais eu plus de deux. Il en doit être de même d'un trésorier que l'on affecte à la maison de cet enseigne; je n'ay jamais été assez puissant pour en avoir un dans la mienne, mais ce prétendu trésorier est aujourd'huy mon secrétaire; faut-il que je réponde du trésor? il ne me l'a en vérité pas confié, quand il est entré à mon service.

« Quant au sieur Trinquer Saint-Garçon, major de l'Inde qui a, disent ces certificats, vendu au camp les effets du défunt; je ne conçois pas par quel hasard, cet officier s'est trouvé au camp de ce partisan, quant il est mort. Il me semble avoir ouï dire, que l'ordonnance du Roy chargeoit le procureur du roy du conseil, de ces sortes d'inventaires; au reste, il est d'usage dans l'Inde, que tout le monde y meure insolvable, quelque bien qu'il laisse, à moins que l'héritier ne se trouve présent à l'agonie du décédé, encore le procureur du roy, conseiller et son greffier sous marchand, trouvent-ils le moyen de faire valoir leurs droits.

« Je suis, avec respect, monsieur,
« Votre très-humble,
« Et très-obéissant serviteur,
« LALLY. »

AU MÊME.

« Ce 13 décembre 1765.

« Monsieur,

« Il y a trois ans et six semaines révolues, que je donne à l'Europe entière le spectacle de l'innocence et de la vertu, écrassées par le crime et par les brigues d'une cabale, soutenue et accréditée, dont j'avois ordre de rechercher, et de chatier les déprédations dans l'Inde; l'obéissance et la soumission aux ordres du Roy ne peuvent certainement pas être un sujet d'opprobre et de persécution : c'est cependant mon vray crime vis-a-vis de mes ennemis.

« Je sçais qu'il est peu de siècles qui n'ayent fourni dans leurs cours un de ces phénomènes. Étois-je réservé pour servir dans celuy-ci d'exemple au siècle qui doit le suivre.

« J'ay essuyé une instruction, de la forme et de la rigueur de laquelle l'épreuve n'avoit point encore été faite, et malgré les maneuvres de mes calomniateurs, délateurs, accusateurs et témoins en même tems, pour inspirer à mes commissaires des préventions contre moy (maneuvres que toutes les règles de la justice proscrivent), ces mêmes commissaires n'ont pû ne pas rougir d'un amas d'absurdités, que leurs charge et leur devoir leur imposoit d'écouter, et de faire inscrire.

« On m'a représenté au Roy, à ses ministres, et au

public, comme un concussionnaire qui s'étoit enrichi dans l'Inde; c'est sur ce chef d'accusation seul, que j'ai été arrêté, que j'ai demandé à être arrêté, comme étant compris plus spécialement dans la plainte générale sur les déprédations qui s'y sont commises. Les Lettres patentes de sa Majesté qui ont ordonné l'instruction de mon procès, n'ont fait mention que de ce seul chef, et c'est sur ce même chef qu'on ne m'a seulement pas interrogé. De cinquante-sept témoins qu'on m'a confrontés, il n'y en a pas un seul qui ait osé m'en accuser; et comment l'eussent-ils osé, j'avois la preuve signée d'eux et de toute la colonie, que loin d'avoir disposé d'un sol de leurs deniers, j'avois laissé à leur caisse les appointements même de ma place, et que j'avois sacrifié tout mon bien pour retarder la perte de Pondichéry, qu'ils sçavoyent et avoyent signés unanimement, n'être due qu'au déffaut du secours de l'escadre.

« Pouvois-je ou devois-je prévoir, quand j'ai sollicité pendant un an entier l'examen de ma conduite, que me sentant les mains nettes, il étoit possible de me supposer quelqu'autre crime? mais mes ennemis me voyant arrêté, se sont retournés, et, sachant que ce crime, qu'ils avoyent annoncé contre moi, étoit une chimère, ils se sont concertés pour m'accuser de tous les autres crimes imaginables, dans l'objet d'écarter l'accusation, que dans ma qualité de commissaire du Roy, j'avois intentée contre eux, et que j'avois offert de prouver sur ce même crime de concussion et de déprédations, qui seul leur tenoit, et leur tient encore à cœur.

« J'avois annoncé trois cents pièces ou preuves (je crois même en avoir davantage), contre l'imposture des témoins qui ont osé m'accuser; ils n'ont pû en produire une seule contre moy; ils ont imaginé, pour m'empêcher de fournir ces preuves, de déposer que j'avois, *sans doute* (c'est leur expression uniforme), des intentions criminelles dans tout ce que j'ai dit ou fait dans l'Inde, et que ma correspondance avec le général anglois étoit, *sans doute*, suspecte. Je représente cette correspondance originale et nécessaire entre généraux, on ne m'en produit point une autre, et c'est sur des *sans doute* avancés, et sur le jugement qu'il plait à mes témoins, de porter sur mes intentions, qu'est fondé ce prétendu crime de haute trahison que plusieurs du nombre même des plus acharnés contre moy, ont déposé formellement n'avoir jamais eu dans l'idée, quoiqu'ils blâmassent d'ailleurs ma conduite.

« C'est cependant sur un titre d'accusation aussi vague et aussi frivole, d'une prétendue intelligence entre l'ennemi et moy (qu'aucun témoin n'a osé affirmer), que la Grand'chambre m'a refusé le secours d'un conseil après l'instruction, quoique mes commissaires me l'eussent promis réitérement pendant tout le cours de cette instruction, et qu'ils en eussent même cité le prétexte pour élaguer mes réponses, en me renvoyant toujours au temps auquel j'aurois ce conseil.

« Mais ce qui vous surprendra, c'est qu'une des raisons employées dans la Chambre, pour me refuser un conseil, est que je me deffendois bien tout seul, et que j'avois bien de la mémoire pour un homme de mon âge, sur des faits passés il y a neuf ans, et à six mille lieues; cette espèce de reproche est du genre des délits dont on m'accuse, mais mes ennemis ont rempli leur objet en me mettant hors d'état de produire plus de la moitié des pièces que j'avois annoncées contr'eux.

« Moy, soupçonné d'intelligence avec des Anglois! mais les Anglois connoissent mes principes depuis cinquante ans, mais le Roy connoit mes sentimens pour les Anglois; je les ay combattus et battus sous ses yeux, je n'ay cessé de les battre pendant les deux premières années que j'ai passées dans l'Inde. Il ne seroit pas question aujourd'huy d'Anglois dans cette partie de l'Inde où j'ai été employé, si j'avois été secondé par l'escadre dans une seule de mes opérations, et je ne crains point d'avancer que tous les Parlemens du royaume, et tout le clergé de France ensemble, seroient plustôt corrompus par les Anglois que moy; j'ose même en appeler au Roy sur ce chef, contre l'insinuation d'une vile portion d'indignes sujets, que j'ay punis pour l'avoir mal servi contre ces mêmes Anglois. Toute la défense qu'il m'a été permis d'opposer jusqu'icy à mes ennemis, se réduit à ce que j'existe, et c'est encore un de ces phénomènes qu'ils ne doivent pas supposer dans un homme de mon âge, et de mes malheurs; aussi sont-ils réduits de leur côté, à publier qu'il faudra bien qu'on me trouve coupable de façon ou d'autre, que leur cause est celle du ministère, que le ministère seroit déshonoré (c'est leur expression), si l'on ne trouvoit rien à me reprocher; j'ay toujours pensé et pense différemment, car je suis très persuadé que le ministre, en déférant au cris qu'ils avoient excités dans le public, ainsi qu'à leurs plaintes calomnieuses, n'a eu d'autre objet, en me remettant entre les mains du Parlement, que celuy de vérifier le sujet de ces plaintes, et de punir ceux qui ont osé les avancer sans preuve, sans quoy, quel est le général ou chef quelconque qui serait à l'abry de la mauvaise humeur de ses subalternes, si leur réunion contre ce chef suffisoit seule pour rendre sa conduite suspecte.

« Au défaut de délits réels, M. Paquier m'a signifié, ainsi qu'à quelques uns de mes parens, qu'il feroit des recherches rigoureuses de ma conduite militaire pendant tout mon séjour dans l'Inde, et qu'il la jugeroit par estimation, sur l'avis qu'il a pris, et qu'il prendroit de maréchaux de France, et autres généraux ; mais, outre que les Lettres-patentes du Roy ne soumettent point cet examen à son Parlement, qu'elles n'en font pas même mention, de pareilles recherches ne seroyent pas juridiques : un maréchal de France ne peut pas porter un jugement sur un fait militaire, qui luy seroit exposé par un conseiller qui n'est pas militaire, les ordonnances du Roy ont prescrit des formes pour l'examen des délits militaires, dont les maréchaux de France même, et autres généraux ne peuvent s'écarter. Voilà, monsieur, en peu de mots, la situation que j'éprouve depuis trois ans que je suis détenu icy.

« Je croyois toucher au terme de mes malheurs, lorsque les ordres du Roy ont appelé M. de Saint-Priest, en Bretagne : c'étoit la seule personne qui eût une teinture de mon affaire, par la connoissance qu'il

16.

avoit de mes pièces; un sentiment de justice et d'humanité vous a engagé à demander au Roy que mon procès ne fut mis sur le bureau qu'à son retour; c'est le premier adoucissement que j'aye reçu depuis que je suis à la Bastille; il est juste que j'en témoigne ma très-humble reconnoissance au ministre à qui j'en suis redevable.

« On me laisse depuis trois ans dans l'ignorance sur le ministre auquel je ressors icy; on m'a toujours donné à entendre que je dépendois des ministres qui m'y ont fait mettre: je me suis adressé à mes commissaires pour obtenir, après l'instruction faite du procès, les mêmes douceurs et les mêmes facilités qui avoyent été accordées au sieur de Labourdonaye et aux prisonniers du Canada, qui m'avoyent précédé, et qui étoyent accusés des même délits que moy; mes commissaires m'ont répondu que cela regardoit les ministres: mes parens et amis n'ont cessé de s'adresser à M. le duc de Choiseuil, comme ministre du militaire, et qui avoit signé l'ordre de ma détention, ainsi qu'à M. Bertin, qui avoit alors le département de l'Inde; ces deux ministres ont répondu que cela regardoit le parlement, de façon que je me suis trouvé dans le cas d'avoir dépendu depuis trois ans de tout le monde pour la partie des rigueurs, et quand il s'est agi d'obtenir quelqu'allégement, il s'est trouvé que je n'étois du ressort de personne; aussi ai-je continué à souffrir, et à être privé du soulagement qu'on ne refuse pas même au dernier des malfaiteurs, celuy de pouvoir se plaindre.

« Dans cette douloureuse perplexité, monsieur, je

me suis déterminé à m'adresser directement à vous, comme ayant le département de Paris, et par conséquent de la Bastille, à laquelle je suis condamné pour domicile, pour vous supplier, très-humblement, de vouloir bien avoir quelqu'égard au traitement inouï que j'essuye depuis si long-temps, au délabrement de ma santé, et au dérangement de mes affaires domestiques, en me permettant de recevoir deux fois la semaine, les visites de mes parens ou amis, dont le nombre se réduit au plus à cinq ou six personnes (1).

« Cette faveur est une conséquence de la première, que vous avez eu la bonté de m'accorder; vous n'êtes point fait pour obliger à demy, je la demande à M. le comte Saint-Florentin, comme grace; je la demande à M. le comte Saint-Florentin, ministre, comme une justice due à un sujet du Roy, faussement accusé, je luy demanderois même, si j'osois, de dire au Roy qu'il est prouvé que je ne l'ay pas volé, et que je défie tous les enfers réunis contre moy, de prouver que je l'ay trahi.

« J'ai l'honneur d'être avec un très-profond respect,

« Monsieur,

« Votre très-humble et très-obéissant serviteur,

« LALLY. »

---

(1) Plusieurs lettres de madame de Saint-Priest que nous avons sous les yeux, nous prouvent que cette dame obtint de M. de Sartine, la permission d'entrer à la Bastille pour voir M. de Lally, 1°, le 16 juillet 1764, 2°, le 27 novembre 1765.

Dans le cours de nos recherches, nous avons découvert le registre original et inédit des prisonniers détenus à Vincennes depuis 1685 jusqu'en 1746. Comme ce registre, écrit par les geôliers du donjon, porte le caractère d'authenticité qu'aime à trouver tout historien sage et tout lecteur sensé, et que d'ailleurs l'histoire du château-royal de Vincennes est non seulement étroitement liée à l'histoire de France, mais qu'elle peut contribuer à en éclaircir les points les moins connus, et peut-être les plus curieux; nous avons pensé que nous ne pouvions mieux faire que de terminer cet ouvrage par une liste de plus de trois cents prisonniers d'État, dont nous avons copié les noms, la date d'*entrée*, de *sortie*, de *mort*, et celles des *lettres de cachet*, avec la plus scrupuleuse fidélité.

REGISTRE

INÉDIT DES PRISONNIERS

DÉTENUS AU DONJON DE VINCENNES

DEPUIS 1685 JUSQU'EN 1746.

NOMS.	QUALITÉS.	ENTRÉES.	SORTIES.
ARDEL ET DES VALLONS.		le 6 novembre 1685, ordre signé le Tellier.	4 août 1690; mis entre les mains du Sr. Desgrez, par ordre du 1er août contresig. le Tel.
ELAMARE (Mlle).		le 8 mai 1686, ordre signé Colbert.	12 août 1690; mise entre les mains du Sr. Desgrez.
EGNAUT.	Notaire à Dijon.	le 8 novembre 1687, ordre du 7, signé Colbert.	18 juillet 1689; ordre du 17, signé Colbert.
APTISTE (Madame).		15 novembre 1687, ordre du 9, signé Colbert.	12 août 1690; mise entre les mains du Sieur Desgrez.
ÉMERY.		décembre 1687, ordre du 22 novemb. signé Colbert.	3 juin 1689; ordre du 1er. signé Colbert.
UART.		2 août 1688, ordre signé le Tellier.	25 juin 1689; pendu le même jour.
ORME (Mad. de).		17 août 1688, ordre du 12 signé le Tellier.	12 juillet 1689; ordre du 10, signé Colbert.
UHAMEL.	Curé de Lays.	11 septembre 1688, ordre signé le Tel.	29 août 1689; ordre du 12; condamné au bannissement.
ERNARD.	Valet du curé de Lays.		mis en liberté le 29 août.
ARIS. ROBERT.		11 sept. 1688. ordres signés de la Reynie.	le 1er. sept. pour être transférés dans les prisons de la Tournelle.
EMONNIER.	Curé de la Ric.	27 nov. 1688, ordre du 26 sig. le Tel.	2 août 1689; ordre du 28 juillet.
UCHESNE.		27 nov. 1688, ordre du 26 sig. le Tel.	3 sept. 1689; et pendu le même jour.

NOMS.	QUALITÉS.	ENTRÉES.	SORTIES.
BISET.		27 sep. 1688, ordre du 26, sign. le Tel.	19 sept. 1689, transféré dans la citadelle de Besançon; ordre du 15 contresigné le Tellier.
PRÉVOST.	Garde de Suart.	le 1er janv. 1689, ord. signé de la Reynie.	le 25 juin 1689.
DUMESNIL, dit la Bastille.	Garde du curé de la Hic.	15 janv. 1689, ord. signé de la Reynie.	2 août 1689.
JAQUINET.		17 janv. 1689, ordre du 16, sig. le Tel.	12 juillet 1689, ordre du 10, signé Colbert.
THOMAS.	Curé du Plessis-Gatiblé.	17 févr. 1689, ord. du 28 janvier.	8 août 1689, et pendu le même jour.
ESTIENETTE.	Garde de Mad. Baptiste.	23 févr. 1689, ord. sig. de la Reynie.	12 juillet 1689; ordre signé Colbert.
DE SOLLE.		19 mars, ord. signé le Tellier.	3 octob. 1689, transféré dans les prisons de la Tournelle, ordre du 30 sept. contresig. le Tel.
RAZES.	se disant médecin Spagirique.	24 mars 1689, ord. du 16, signé le Tel.	12 août 1690, ord. sig. le Tellier; mis entre les mains du Sr. Desgrez.
SCHOUTER.			22 avril 1689, ord. du 19, signé le Tellier.
CRUX.			28 avril 1689, ordre du 20, signé le Tellier.
LAMBERT ou Vallebois.			26 avril 1689, ord. du 20, signé le Tellier.
GLAZO.			9 mai 1689, ordre sig. le Tellier.
LUSEL.			26 may, ord. contre-s. Colbert.
ST.-VIGOR.			16 août 1689, ordre du 8, cont.-signé Colbert.
CHANDELIER.	Médecin.		21 sept. 1689, ord. du 14, contre-s. le Tellier.
SAULNIER.			25 octobre 1689, ordre du 14, contre-s. le Tel.
MORIN (Angélique).			idem, mise entre les mains du Sr. Desgrez.
LEMAIRE, HORQUET, GÉRARD, de NEUILLY, ALLAU.		7 novembre 1689, ordre du 4 octobre contresig. Colbert.	5 déc. 1689, ordre du 3, contre-sig. Colbert.
PAPIN.	Doyen de Boulogne.	13 nov. 1689, ordre du 4 oct. c.-s. Colb.	5 déc. 1689, ord. du 3, contre-signé Colbert.
LE MAIRE et le MEUNIER.	pour être auprès de Gérard.	9 nov. 1689.	

AU DONJON DE VINCENNES.

NOMS.	QUALITÉS.	ENTRÉES.	SORTIES.
Raoul-Foy.	Chanoine.	22 nov. 1689, ordre du 4 contresig. Col. le Meunier a été mis auprès de lui.	12 août 1690, mis entre les mains du Sr. Lauzillon, par ordre du 8, contre-s. Colbert.
Valset et Paradeu.		12 janv. 1690, ordre du 10 contresig. Col.	12 août 1690. 20 mars 1690, ord. du 15 janv., contre-s. Col.
Coudray.	Garde auprès de Razes.	. . . .	26 février 1690.
Héronet Doublens.		1er mars 1690, ordre du 19 févr. contresigné Colbert.	12 août 1690, mis entre les mains du Sr. Lauzillon.
Radigue (Mad.).		5 avril 1690, ordre du 4 contresigné le Tellier.	17 août 1690, ord. du 1er. c.-s. le Tel.; exilée à 30 lieues d'où sera sa Majesté.
Malet.		17 avril 1690, ordre du 10 c.-s. Colbert.	12 août, mis entre les mains du Sr. Lauzillon.
Letang.	Ministre.	17 avril 1690, ord. du 10 avril contresigné Colbert.	3 mai 1690, mis entre les mains du Sr. Lauzillon par ord. du 20 avril, contre-signé Colbert.
Vaubrugh (anglais).		11 mars 1691, amené de Calais, ordre contresig. Pontchartrain.	1er. février 1692, transféré à la Bastille par ordre du 1er. janvier, contre-s. Philippeaux.
Le Savoyard.		27 juillet 1691, ord. du 26 contresigné Philippeaux.	30 juillet 1693, ord. du 27 contre-signé Philip.
Barbe le Noir (Me).		12 août 1691, ordre du 1er. contresigné Philippeaux.	20 août 1693, ordre du 16 contre-signé Philip.
Farié.		18 août, ordre du 8 contre-sig. le Tel.	
Le Maire.		21 août 1691, ordre du 8 c.-s. le Tellier.	
Bastide.		11 mars 1692, ordre du 29 févr. contresigné Philippeaux.	15 mai 1692, mis entre les mains du Sr. Lauzillon, par ordre du 8 contre-signé Philip.
Des Portes (le Mis).		9 mai 1692, ordre du 5 contresigné Philippeaux.	mort au Donjon, le 17 février 1710.
Des Portes (Mme. la Marquise).		Idem.	15 octob. 1701, envoyée dans la communauté des filles de St.-Chaumont, par ordre du 12, cont.-s. Philip. et conformémt. à la let. de M. le Cte. de Pontchart.

NOMS.	QUALITÉS.	ENTRÉES.	SORTIES.
CHEVALIER.	Prêtre.	9 mai 1692, même ordre.	5 juillet 1695, ordre du 9 avril 1695, contre-signé Philippeaux.
RAUSON dit Gebert.		9 mai, idem.	
CHAFOT.		9 mai, idem.	8 mars 1695, ordre du 28 février, contre-signé Philippeaux.
de LORME.		9 mai idem,	6 août 1694, ordre du 22 juillet, contre-signé Philippeaux.
....(Madame.)	Cuisinière.	13 mai 1692, amenée par Desgrez, sans ordre.	
....(le sieur.)	Laquais.	13 mai 1692, amené par Desgrez, sans ordre.	
ÉLISÉE GERANT.	Ministre.	13 mai 1692, ordre du 5, contre signé Philippeaux.	27 juin 1694. mis entre les mains de Lauzillon et Rolland. ord. du 16 août 1693, cont.-signé Philippeaux.
GARDIN.	Ministre.	24 mai 1692, ordre du 5, contresigné Philippeaux.	
FRÉDÉRIC LANG (Allemand).		31 oct. 1692, ordre du 30, contresigné Philippeaux.	1er. nov. 1697, conduit au Port-à-Langlois pour prendre le coche et puis le carrosse de Lyon. On lui donna, par ordre de M. de Pontchartrain, 70 liv. et 30 liv. pour sa voiture.
ROGER.		20 févr. 1693; ordre du 18, contresigné Philippeaux.	29 août 1693, remis entre les mains du S. Desgrez. ordre du 16 contre-signé Philippeaux.
PAPUS.		11 octob. 1693, ord. du 9, contresigné Philippeaux.	26 octobre 1697. il alla chez les Pères de l'Oratoire de Notre-Dame des Vertus, par ordre du roi du 16.
ST.-VINCENT.		22 octob. 1693, ord. du 2, contresigné le Tellier.	1er. juil. 1694, ordre du 29 juin, contre-signé le Tellier.
du MIRAIL (Mlle).		16 mars 1694, ordre du 16, contresigné Philippeaux.	20 mai 1694, mise entre les mains de Fouques, exempt. ordre du 16, contre-s. Philippeaux.

AU DONJON DE VINCENNES. 253

NOMS.	QUALITÉS.	ENTRÉES.	SORTIES.
BOSRUS.	Curé de Moni.	31 mai 1694, ordre du 16, contre-signé Philippeaux.	7 février 1695, ordre du 4, contre-s. Philip.
MARTINET.		1er. juin 1694, ordre du 16 mai, contre-signé Philippeaux.	7 fév. 1695, ord. du 4, contre-s. Philippeaux.
....	Servante.	1 juin, ordre du 16 mai, contre-signé Philippeaux.	
CONRARD.		31 juillet 1694, ord. du 26, contre-sig. le Tellier. (il payait sa nourriture.)	30 sept. 1695, ord. du 13, contre-s. le Tellier.
SERSIUS.	Cuisinière.		7 août 1694.
BRIDONNIÈRE.		7 août 1694, ordre du 1er. contre-sig. Philippeaux.	28 juin 1695, ordre du 26, cont.-signé Philip.
BERTHE (Mad.).	Femme du sieur Conrard.	27 août 1694, ordre du 27, contre-signé le Tellier.	dernier mai 1696, ord. du 15 avril c.-s. le Tel.
SIMON VERET.		11 sept. 1694, ord. du 11, contre-signé Philippeaux.	2 nov. 1694, ord. du 19 sept., contre-s. Philip.
DUBOIS.	pour garder Bosrus, curé de Moni.	11 sept. 1694.	
MADELAINE.	pour être auprès de Mad. Berthe.	30 sept. 1694.	le 3 juillet 1695.
GOESBRIANT (le Mis. de)		27 mars 1695, ordre du 21, contre-signé Philippeaux.	17 avril 1695, ord. du 29 mars, contre-s. Phil.
DARDENNE.		29 mars, ordre du 28 contre-signé Philippeaux.	14 décemb. 1697, ord. du 5, contre-s. Philip.
GEBERT.			1er. avril 1695, conduit sur la front. de Flandre par ordre du 28 février contre-signé Philip.
CROSNIER.		16 juin 1695, ordre contre-signé Philip.	21 oct. 1701, ord. du 19 contre-signé Philip.
PROVOST (Mad.).		12 avril 1695, ordre du 6, contre-s. Phil.	20 oct. 1695, ord. du 16 contre-signé Philip.
WITTE (Pierre).		15 nov. 1695, ordre du 13, cont.-s. Phil.	26 octobre; il promit de se retirer en Hollande.
SAUGERMAIN.		2 déc. 1695, ordre du 31 nov. contre-signé Philippeaux.	18 juillet 1696.
CAFFONI (Denis).		5 décembre 1695, même ordre.	7 août 1696, pour être renvoyé chez lui suivt. l'ordre du 16 juillet.

PRISONNIERS

NOMS.	QUALITÉS.	ENTRÉES.	SORTIES.
Pigou.		6 décemb. 1695, ord. du 31 nov. contre-signé Philippeaux.	17 juillet 1696, ord. du 16, contre-signé Philip.
Maleville (Cather.).		7 décembre 1695, ordre du 30 nov. contre-sig. Philip.	24 juillet.
Mad. Guyon sous le nom de Mad. Besnard, et sœur Manon, une de ses femmes.		30 décembre 1695, ordre du 29 contre-signé Philippeaux.	16 octobre 1696, ordre du 9, contre-s. Philip.
Sœur Marthe, autre femme de la dame Besnard. (Elles étaient ses deux filles.)		30 décembre, même ordre.	
Betherat (Mlle).		30 décembre 1695.	17 janvier 1696, ordre du 16, contre-signé...
Couturier.	Abbé.	3 janv. 1696, ordre du 29 déc. contre-signé Philippeaux.	17 janvier 1696.
Bréderodes.		16 janvier 1696, ord. du 8 déc. 1695 c.-s. Philippeaux.	28 juillet 1696, *avec ordre de ne point approcher de Paris plus près que de 30 lieues.*
Poullioux.		2 mai 1696, ord. du 1er. c.-s. Philip.	3 juillet 1699, ordre du 28 juin, cont.-s. Philip.
de Serres.		1 mai 1696.	2 juillet 1699, ord. du 28 juin, cont.-s. Philip.
Frantion.		22 mai 1696, ordre du 21. c.-s. Philip.	3 juillet 1699, ord du 28 juin, c.-s. Philip.
Charbonnier (Augustin).		31 juillet 1696, ord. du 22, contre-signé Philippeaux.	3 juil. 1699, ord. du 28 juin, cont.-s. Philip.
Pardieu.		16 mai 1697, ordre du 13, contre-signé Philippeaux.	13 avril 1699, ordre du 12, contre-sig. Philip.
Platrier.		3 juin 1697, ordre du 1er. contre-sig. Philippeaux.	17 décemb. 1697, ord. du 16, cont.-s. Philip.
Charlon (Abraham). de Noisy.		3 mars 1698, ordre du 24 fév. contre-s. Philippeaux.	10 août 1698, ord. du 4, contre-signé Philip.
La Combe (de).	le R. P.	16 avril 1698, ordre du 10, mars contre-signé Philippeaux de Châteauneuf.	30 sept. 1698, ordre du 27, contre-signé Phil. le 9 décemb, on a ramené le Père de Lacombe sans ordre à Vincennes.

AU DONJON DE VINCENNES. 255

NOMS.	QUALITÉS.	ENTRÉES.	SORTIES.
Marie de Vaux.	Servante de Mad. Guyon.	4 juin 1698, ordre du 31 mai, contre-signé Philippeaux.	24 décemb. 1700, par l'effet d'une lettre de M. de Pontchartrain et de M. d'Argenson; mais rentrée bientôt après, et renvoyée, le 30 mars 1706, à la Salpétrière. ord. du 24 c.-signé Philip., Pontchartrain.
Marthe (sœur), autre *femme de la* dame Guyon.		4 juin 1698, ordre du 31 mai, contre-signé Philippeaux.	4 février 1704, par ord. du 2, contre-s. Philip., remise au curé d'Anonville.
Maure (de).		19 août 1700, ordre contre-signé Philip.	21 mars 1701, ord. du 9, contre-signé Philip.
Laval.		3 septembre 1700.	
Gautier.		3 septembre 1700.	
Falourdes.		16 oct. 1700, ord. contre-signé Philip.	
Valtour.		21 octobre 1700.	
Beldame.		26 octobre 1700.	mort le 9 mai 1701, et enterré dans le cimetière de la Ste.-Chapelle.
Vidal.		12 novembre 1700.	
Filaudrier.		12 novembre 1700.	
Banzy.		25 nov. 1700; s'est rendu prisonnier *volontairement* par ordre du roi du 29 nov. contre-sig. Philippeaux.	
Varin.		21 janvier 1701, ord. cont-s. Chamillard.	
Cafarot.		dernier mai 1701, ordre du 23 févr., cont.-sig. Philip.	4 avril 1701, ordre contre-signé Philip.
Nesle (de).		24 septembre 1701, ordre du 18, cont.-signé Philippeaux.	19 janvier 1705, ordre du 14, contre-signé Philip., de Pontchart.
Geraldin (Irlandais).		21 octobre 1701, ord. du 19, contre-signé Philippeaux.	
Crosnier.		21 nov. 1701, ord. du 9, contre-signé Philippeaux.	mort au Donjon le 28 octobre 1709.

PRISONNIERS

NOMS.	QUALITÉS.	ENTRÉES.	SORTIES.
de la Riccia (Napolitain).	Prince.	21 mars 1702, ordre du 8 fév. c.-s. Col. conduit par de St-Bonnet, cap. des gardes de M. le Cte. de Grignan.	26 sept. 1702, transféré à la Bastille, par ord du 25, cont.-s. Colbert
Nino.	Valet du prince de la Riccia.	21 mars idem, mais sans ordre.	27 octobre 1713, ordre contre-signé Colbert.
Quentin.	pour servir le prince.	13 avril 1702, sans ordre.	21 sept., sans ordre.
Bouxain.		29 avril 1702, ordre du 26, c.-s. Philip.	4 février 1707, transféré aux Nouveaux Convertis.
Banzy. Laval. Gautier. Bourbiton. Varin. Falourdet.		21 septembre 1702, ord. du 9, c.-s Phil.	
Vidal. Filaudrier père.		21 septembre 1702, même ordre.	
Conisber (le comte de) et de Montroyal.		31 janvier 1703, ord. du 28, c.-s. Chamil.	mort au Donjon, le 2 décembre 1712, inhumé dans la nef de la Ste.-Chapelle.
Champigny.	mis auprès de Nino, malade.	28 janvier 1703.	
Walstein (le Cte. de) avec quatre domestiques.	Ambassadeur de Portugal.	10 juillet 1703, ord. du 27 juin, contre-signé Philippeaux.	1er.sept.1703 ord. du 26 août, contre-s. Philip. conduit à Bourges avec ses quatre domestiq.
Thierry (dom).	Religieux de St.-Benoit.	6 août 1703, ordre du 24 juillet contre-signé Colbert.	20 février 1710, ordre contre-signé de Torcy.
Crussol (le Mis. de).		8 septembre 1704, lettre de cachet du 19 mai, contre-sig. Philip. de Pontchar.	1er. octobre 1706, conduit à Chaville, ordre du 25 septembre.
Brigodes.	Prêtre.	28 sept. 1705, lettre de cachet du 21, c.-s. Chamillard.	mort au Donjon le 17 février 1708.
Jerbron.	le R. P.	6 janvier 1707.	25 avril 1710; remis entre les mains du P. St.-Marthe, ordre contre-sig. Pontchartrain.
Planson.	Écuyer du Roi.	28 août 1709, la let. de cachet contre-s. Pontchartrain.	10 octobre 1709.
Galiot.		27 avril 1710, ord. contre-s. Philip.	22 mai 1710, ord. cont.-signé Pontchartrain.

NOMS.	QUALITÉS.	ENTRÉES.	SORTIES.
Pedro Jésus (dom).		10 nov. 1710, ord. c.-s. Pontchartrain.	13 juin 1711, ordre cont.-sig. Philippeaux.
Manuel de Maure.	Cordelier.	13 nov. 1710, ord. c.-s. Pontchartrain.	
Adolphe.		12 déc. 1710, ordre c.-s. Pontchartrain.	
Dusaux (Jean).		4 mars 1711, ordre c.-s. Pontchartrain.	
Mercier (Pierre).		4 mars 1711, ordre c.-s. Pontchartrain.	
Chevalier (mad.) et sa fille.		22 novembre 1711.	
Rousseau.		6 décemb. 1711, ord. c.-s. Pontchartrain.	
Champion.		14 juillet 1712.	
Chantepie (la sœur).		8 sept. 1712, ordre c.-s. Pontchartrain.	
Dusol (Jean).		8 sept. 1712, ordre c.-s. Pontchartrain.	
Parquet.	Bachelier de Sorbonne.	28 octob. 1713; ord. c.-s. Pontchartrain.	
Geral et sa femme.		16 décemb. 1713, ordre c.-s. Philip.	
Servien.	Abbé.	10 janv. 1714, ord. contre-s. Philip.	
Thierry.	le P. Dom.	11 janv. 1714, ordre cont.-s. Philip.	
Dorund (Thomas), Anglais.		9 fév. 1714, ordre contre-s. Philip.	
Bernonville (de).		5 avril 1714, ordre contre-s. Philip.	
Thun (le Cte. de) le jeune.		19 avril 1714, ordre contre-s. Philip.	
Schilbon (le Cte. de).		30 décembre 1718.	
. . . .	le laquais du Cte.	30 décembre 1718.	9 avril 1720, ordre contre-signé le Blanc.
Maltor.		6 janvier 1719, ord. contre-s. le Blanc.	19 mai 1720, pour être conduit à la Bastille, ordre cont.-s. le Blanc.
Bonrepos (de).			
. . . .	le laquais de M. de Bonrepos pr. le servir.	10 janvier 1719.	
Laval (M. de).	ex lieutenant-col. de dragons.	29 mars 1719, ordre contre-s. le Blanc.	6 avril 1719, ordre c.-s. le Blanc.
Du Vassal (le chevalier).	Capit. réformé.	29 mars 1719, ord. contre-s. le Blanc.	1er. sept. 1719, ordre contre-signé le Blanc.
Paster.		29 mars 1719, ordre contre-s. le Blanc.	24 juin 1719, ordre du 19.
Sandraski.		30 mars 1719, ordre contre-s. le Blanc.	7 avril 1720, ordre contre-signé le Blanc.

NOMS.	QUALITÉS.	ENTRÉES.	SORTIES.
....	laquais de Sandraski.	30 mars 1719, ordre contre-s. le Blanc.	7 avril 1720, ordre c.-s. le Blanc.
FRIDEBERG (de).		30 mars 1719, ord. contre-s. le Blanc.	2 avril 1720.
....	laquais de Frideberg.	Idem.	Idem.
ROUSSE (de).		30 mars 1719, ord. contre-s. le Blanc.	17 août 1719, ordre contre-signé le Blanc.
....	le laquais de M. de Rousse.	6 avril 1719.	Idem.
MOHY (de).		3 sept. 1720, ordre écrit de la main de M. le duc d'Orléans.	7 septembre 1720, ord contre-signé le Blanc.
MONTAUBAN (le chevalier de).		19 février 1724, ord. du 16, c.-s. Breteuil.	29 juin 1725, ordre du 28, cont.-s. Breteuil.
CHEVERON (du).	prévôt général de la connétablie.	23 mars 1724, ord. du 21, c.-s. Breteuil.	29 juin 1725, ord. du 28 contre-s. Breteuil.
BARRE (de la).	prévôt de la connétablie.	23 mars 1724, ord. contre-s. Breteuil.	28 juillet 1724, pour être conduit à la Conciergerie.
LEVASSEUR.	ancien commis de la Guerre.	23 mars 1724, ordre du 21, c.-s. de Bret.	29 juin 1725, ordre du 28, contre-s. Breteuil.
LE FÉRON.		24 mars 1724, ordre du 23, c.-s. Breteuil.	22 mai 1725, ordre du 20, contre-s. Breteuil.
DUPRÉ.	commis du sieur Farges.	24 mars 1724, ord. du 23 c.-s. Breteuil.	29 juin 1725, ordre du 28, contre-s. Breteuil.
MICHELIN.		24 mars 1724, ord. du 23 c.-s. Breteuil.	18 mai 1725, ord. du 6.
LENGLET du FRESNOY	Abbé.	25 mars 1724, ord. contre-s. Breteuil.	29 juin 1725, ordre contre-s. de Breteuil.
GENTY (Mme.), dite la Dragonne.		26 mars 1724, ordre cont.-s. de Breteuil.	5 sept. 1724, ordre du 3, contre-s. Breteuil, pour être conduite à l'hôpital ; reconduite à Vincennes et mise en liberté le 19 mai 1725; ordre c.-s. Breteuil.
LAPERELLE.		26 mars 1724, par ordre du lieutenant de police.	20 sept. même ordre.
MM. MONTFLEURY et M. GODIN avec sa femme.	....	28 mars 1724, reçus par M. le Mis. du Châtelet sans lettre de cachet. La lettre fut envoyée le 4 avril.	29 juin 1725, ordre ct.s. de Breteuil. Godin et sa femme le 27 mai.
QUÉROULAS (Me. de).		30 mars 1724, ord. du 23, c.-s. Breteuil.	29 juin 1725, ordre du 28, c.-s. Breteuil.
MARGON.	Abbé.	2 avril 1724, ord. du 1er. c.-s. Breteuil.	1er. septembre 1724, c-duit à la Conciergerie.

AU DONJON DE VINCENNES.

NOMS.	QUALITÉS.	ENTRÉES.	SORTIES.
Armand (Mme.).		8 avril 1724, ord. du 11 mars, c.-s. Bret.	27 mai 1724, ord. du 26, c.-s. Breteuil; pour aller faire ses couches.
Dulac (Mr. et Me.).		12 avril 1724, ordre du 11 mars, c.-s. Br.	29 mai 1724, ordre du 20, c.-s. Breteuil.
Mingue.		22 avril 1724, ordre du 11 mars, contre-signé Breteuil.	11 août 1724, pour être conduit à la Conciergerie, ord. c.-s. Breteuil.
Richebourg (Madame de).		29 avril 1724, ordre cont.-s. Breteuil.	29 juin 1724, ordre c.-s. Breteuil.
Mr. Fleury et Mme. Veuve Le Rouge, entrée sous le nom de Mlle. Fleury.		2 mai 1724, ord. du 30 avril, c.s. Bret.	4 mai 1724, ordre cont.-signé Breteuil.
Begon.		10 mai 1724, ord. c.-signé Breteuil.	29 juin 1725, ordre contre-signé Breteuil.
Fortin (Mlle).		11 mai 1724, ordre contre-signé, Bret.	20 mars 1725, ordre du 15, cont.-s. Breteuil.
Beaurepaire (Mlle).		Idem.	27 mai, ordre du 26, contre-signé Breteuil.
Fortin (Mlle).		Idem.	20 mars 1725, ordre du 15, contre-signé Bret.
Lainé.		Idem.	23 mai 1725, ordre du 20, cont.-signé Breteuil.
Beauport.		Idem.	29 juin 1725, ordre contre-signé Breteuil.
Potier.		Idem.	29 juin 1725, ordre contre-signé Breteuil.
Bella Fain (le Mis).	Brigadier des armées du Roi.	12 mai 1724, ordre du 24 avril, contre-signé Breteuil.	18 juillet 1724, transféré au grand Châtelet et doit rentrer à Vincennes après son jugement; ordre contre-signé Breteuil.
Ory (Mme).		18 mai 1724, ordre c.-s. Breteuil.	20 mars 1725, ordre du 15, c.-s. Bret.
Delambre.	Capitaine réformé.	19 mai 1724, ordre du 15, c.-s. Breteuil.	29 juin 1725, ordre contre-signé Breteuil.
Potic (Mme.)		19 mai 1724.	20 mai 1724.
Pelissier (Mme).		23 mai 1724, ordre du 20, c.-s. Bret.	29 juin 1725, ordre contre-signé Breteuil.
La mère du nommé Lempereur.		24 mai 1724, ordre c.-s. Breteuil.	30 mai 1724, pour être conduite à la Conciergerie.
Marquaix, dit Dijon.		18 juin 1724, ordre c.-s. Breteuil.	18 juin 1724, ordre contre-signé Breteuil.
Boucher de Savonière.		12 juin 1724, ordre du 17 mai, c.-s. Br.	29 juin 1725, ordre contre-signé Breteuil.

17.

NOMS.	QUALITÉS.	ENTRÉES.	SORTIES.
FRUBERT, sa femme et sa fille.		15 juin 1724, ordre cont.-s. Breteuil.	Sa fille Manon, 28 octob. le père et la mère le 31 octobre 1724, ordre contre-signé Breteuil.
MOREAU.		30 juin 1724, ordre du 28, contre-signé Philippeaux.	7 mai 1725, ordre cont.-signé Philippeaux.
DIJON.		30 juin 1724, ordre contre-s. Breteuil.	14 juillet 1724, pour être conduit à la Conciergerie.
AUDIBERT.	Capitaine réformé.	2 juillet 1724, ordre du 21 juin, contre-s. Breteuil.	29 juin 1725, ordre contre-signé Breteuil.
DURIEU DE MIRAGUET.	ancien officier.	7 juillet 1724, ord. contre-s. Breteuil.	14 juillet 1725, pour être conduit à la Conciergerie.
LEFÈVRE.	valet de Durieu.	7 juillet 1724.	2 juin 1725, ordre du 20 mai, cont.-s Bret.
ST.-CHERON (Me de).		14 juillet 1724, ordre du 12, contre-signé Breteuil.	29 juin 1725, ordre cont.-s. Breteuil.
LÉPINE.	ancien cocher.	16 juillet 1724, ord. c.-s. Breteuil.	
LAFRANCE.		22 juillet 1724, ord. c.-s. Breteuil.	23 mai 1725, ordre du 23, cont.-s. Breteuil.
LANGUEDOC.		22 juillet 1724, ord. c.-s. Breteuil.	23 mai 1725, ordre du 20, c.-s. Breteuil.
LEBRUN.	Capitaine réformé.	23 juillet 1724, ord. c.-s. Breteuil.	18 septembre 1724, ord. du 17, cont.-s. Bret.
DESHASLE.	Capitaine réformé.	23 juillet 1724, ord. du 19, c.-s. Breteuil.	29 juin 1725, ordre cont.-s. Breteuil.
CROISSY.		5 août 1724, ordre contre-signé Breteuil.	18 août 1724, pour être conduit au Châtelet.
GOUASIN (Mlle).		18 août 1724, ordre contre-s. Breteuil.	20 septembre 1724, ord. du 17, c.-s. Breteuil.
VILLERS (le chevalier de).		3 septembre 1724, ordre du 21 août, cont.-s. Breteuil.	
DE LA CHAPELLE.	Capitaine réformé.	7 septembre 1724, ord. c.-s. Breteuil.	13 sept. 1724; pour être conduit chez les Pères de la Charité à Charenton.
LE BLANC.		24 septembre 1724, ordre contre-signé Philippeaux.	7 mai 1725, ordre c.-s. Philippeaux.
ANGELY (Mlle).		5 octobre 1724, ord. c.-s. Breteuil.	20 mai 1725, ordre cont.-s. Breteuil.

AU DONJON DE VINCENNES. 261

NOMS.	QUALITÉS.	ENTRÉES.	SORTIES.
Mestres, Suisses (les nommés).		le 6 octobre 1724, ordre contre-signé Breteuil.	26 mars 1725, ordre cont.-s. Breteuil.
Dauphine.		6 octobre 1724, ord. contre-s. Breteuil.	
Lempereur.		6 octobre 1724, ord. contre-s. Breteuil.	29 juin 1725, ordre cont.-s. Breteuil.
Flucher.		6 octobre 1724, ord. contre-s. Breteuil.	29 juin 1725, ordre contre-signé Breteuil.
Claret.		29 novembre 1724, ordre contre-signé Breteuil.	29 juin 1725, ordre contre-signé Breteuil.
Deluigne dit Flamant		29 novembre 1724. ordre contre-signé Breteuil.	29 juin 1725, ordre contre-s. Breteuil.
St.-Simon (Mr de).	ancien officier.	26 décembre 1724, ordre du 22, cont.-signé Breteuil.	20 mars 1725, ordre du 15 c.-s. Breteuil.
St.-Pierre (Mr de).	ancien commis de la guerre.	10 janvier 1725, ord. du 4, contre-signé Breteuil.	
Gache (Mr de).	Capitaine réformé.	4 février 1725, ord. du 4 janvier, cont.-Breteuil.	2 juin 1725, ordre du 20 mai, c.-s. Breteuil.
Mesan (Mr de).		16 juin 1725, ordre cont.-s. Breteuil.	
Delestre.	Abbé.	25 juin 1725, ordre du 6 février, cont.-signé Breteuil.	
Filon.		15 mai 1732, ordre contre-signé Philip.	15 mai 1732, ordre cont.-s. Philippeaux.
Davy de la Fautrière.	Conseiller au Parlement.	16 juin 1732, ordre contre-signé Philippeaux.	16 juin 1732, ordre contre-s. Philippeaux.
Robert.	Conseiller au Parlement.	16 juin 1732, ordre contre-signé Philippeaux.	Idem.
Guillaume (Mad. veuve).		30 janvier 1734, ordre contre-signé Philippeaux.	23 mars 1734, sur une lettre de M. Hérault.
Guillermain (Geneviève).		30 janvier 1734, ordre contre-signé Philippeaux.	15 mai 1734, ordre cont.-s. Philippeaux.
Coutellier (Mad.).		30 janvier 1734, ord. cont.-s. Philip.	6 octobre 1734, sur une lettre de M. Hérault.
Barbe Lefevre.	servante de Mad. Coutellier.	30 janvier 1734, ord. cont.-s. Philip.	Idem.
Regnier (Mad.) dite Nisette et Catherine.		31 janvier 1734, ord. cont.-s. Philip.	4 avril 1735, sur une lettre de M. Hérault.

262   PRISONNIERS

NOMS	QUALITÉS.	ENTRÉES.	SORTIES.
JOUFFROY (Joseph).		31 janvier 1734, ordre contre-signé Philippeaux.	28 mars 1734, sur une lettre de M. Hérault.
DU RIS (Sébastien).		Idem.	18 décembre 1734, ord. contre-s. Philippeaux.
LANGLADE (Paul-François).		Idem.	28 avril 2734, lettre de M. Hérault.
LEGAY (Antoine).		Idem.	23 novembre 1735, ord. cont.-signé Philip.
LACOSTE (Françoise).		Idem.	23 juin 1734, ordre contre-signé Philip.
LOPPIN (Madame).		23 février 1734, ordre contre-signé Philippeaux.	4 juin 1734, ord. c.-s. Philippeaux.
PÉLAGIE (Mad.) dite Rousseau.		2 mars 1734, ordre du 22 février cont.-signé Philippeaux.	11 octobre 1737, ordre contre-signé Philip.
GALLOIS (Madame).		6 mars 1734, ordre cont.-s. Philip.	15 avril 1734, ord. du 12, c.-s, Philippeaux.
ROBERT de la MOTTE.		3 avril 1734, ordre cont.-s. Philip.	14 avril 1734, ordre contre-signé Philip.
BERTRAND (Mad.).		15 avril 1734, ordre cont.-s. Philip.	10 novembre 1737, sur une let. de M. Hérault.
JEANETTE (Mad).		21 avril 1734, ordre cont.-s. Philip.	11 octobre 1737, sur une lettre de M. Hérault.
BEAULIEU (Marie).	pour servir Madame Loppin.	5 mai 1734, ordre verbal de Mr. Hérault.	4 juin 1734.
COQUEREL (Madame Marie).		2 septembre 1734, sur une lettre de Mr. Hérault; la lettre de cachet était cependant du 21 septembre, contre-signée Philippeaux.	10 octobre 1737; ordre contre-signé Philip.
SONETTI de Flambermant.		10 octobre 1734, ordre contre-signé Philippeaux.	mort le 21 février 1735.
GAULT (Madame).		16 octobre 1734, d'après un ordre du 14, contre-signé Philippeaux.	27 octobre 1734, ordre contre-signé Philip.
ROUSSEL (Mlle) dite la sœur de la Croix.		27 novembre 1734, ordre contre-signé Philippeaux.	16 août 1735, ordre contre-signé Philip.
CREBILLON (le fils).		8 décembre 1734, ordre contre-signé Philippeaux.	13 décembre 1734, ord. contre-signé Philip.
SABINET (Louis).		18 décembre 1734, ord. c.-s. Philip.	23 novembre 1735, ord. contre-signé Philip.

NOMS.	QUALITÉS.	ENTRÉES.	SORTIES.
Lestache.		4 août 1735, ordre c.-s. Philippeaux.	6 août 1735, ordre contre-signé Philip.
Chanlatte (Mad.).		10 août 1735; ordre c.-s. Philippeaux.	17 août 1735.
Laurent-Michel.		10 août 1735, ordre c.-s. Philippeaux.	18 novembre 1735, ord. contre-signé Philip.
Valentin (Jean).		10 août 1735, idem.	Idem.
Bellot (Antoine).		10 août 1735, idem.	Idem.
Rey.		10 août 1735, idem.	25 août 1635.
Varennes.		11 août 1735, idem.	Idem.
Perrin.		21 août 1735, ordre c.-s. Philippeaux.	2 octobre 1738.
Boyer.			10 mai 1736.
Douine (Marguerite).			23 novembre 1735.
Gruyert (Marie).			23 novembre 1735.
Lesquiou.		la lettre de cachet était la même pour les dix prisonniers.	28 juin 1736.
Housset.	....		20 octobre 1737.
Royer.			20 octobre 1737; mais son père pria M. Hérault de le laisser en prison *encore quelque temps.*
Chanty.			20 octobre 1737.
Le Clerc.			Idem.
Deschamps.			Idem.
Taxil.		1er septembre 1735.	3 sept. 1735, sur une lettre de M. Hérault.
Sanné.		20 septembre 1735, ord. c.-s. Philip.	11 octobre 1735.
Coudrette.	Abbé.	26 octobre 1735, ordre du 3, cont.-s. Philippeaux.	3 décembre 1735, d'après une lettre de M. Hérault.
Terrasson.	Abbé.	27 octobre 1735, d'après une lettre de Mr Hérault.	27 octobre 1740, ordre de M. de Marville.
Fleur de Bourroy.	Abbé.		
Dangely.			23 novembre 1735, ord. contre-signé Philip.
Thomasseau de Landry.			12 janvier 1737; ordre du 6, contre-s. Philip.
Gouveriau de Blandé.			23 novembre 1735, ord. contre-s. Philippeaux.
Drouinot Deschamps.			
Descarsins.			23 novembre 1735, ord. contre-s. Philippeaux.

NOMS.	QUALITÉS.	ENTRÉES.	SORTIES.
Marc des Essars.	Abbé.	28 octobre 1735, lettre de cachet du 3, c.-s. Philippeaux.	2 décembre 1735, pour être conduit à la Bastille, contre-signé Phil.
Peltier.	Abbé.	6 février 1736, ord. c.-s. Philippeaux.	23 février 1736, ordre du 19, cont.-s. Phil.
Brancas de Villeneuve (le Cte de).		19 février 1736, ord. c.-s. Philippeaux.	14 mai 1736, ord. du 17 mars, contre-signé Philippeaux.
Boyer dit Basile.	Prêtre de l'Oratoire.	28 octobre 1739, ordre c.-s. Philip.	15 septembre 1742, ordre du 10, contre-s. Amelot.
Pecquet.		29 septembre 1740, ord. du 26, cont.-s. Amelot.	
Querouart (le Mis de).		20 avril 1742, ord. c.-s. Philippeaux.	4 juillet 1742, ordre du 30 juin, c.-s. Philip.
Brissay (le Mis de).		6 fév. 1743, ord. du 3, c.-s. Philip.	22 mars 1733, ordre du 19, contre-signé Phil.
Jourdain.	Prêtre de l'Oratoire.	19 avril 1743, ordre du 15, c.-s. Philip.	5 novembre 1743, ord. du 27 octobre, contre-signé Philippeaux.
St.-Rémy (le Mis de).		23 août 1743, ordre du 20, c.-s. Philip.	3 novembre 1743, pour se faire guérir et a fait la soumission de se rendre après son rétablissement; ordre contre-signé Maurepas. Le Roi le releva de sa soumission, lettre du 1er décembre, contre-signée Philippeaux.
Fréron.		23 janv. 1746, ordre du 21, c.-s. Philip.	12 mars 1746, ordre du 11, cont.-s. Philip.
Destrées.	Abbé.	25 janvier 1746, ord cont.-s. Philip.	24 mars 1746, ord. du 20, cont.-s. Philip.

DIALOGUE PAR MIRABEAU.

M. DE P.... ET L. D. H.... (1).

M. DE P....

« J'ai lu votre instruction populaire, et je suis parfaitement et supérieurement content du projet et de l'exécution. Je donne ma voix à tous vos principes; non que j'aie étudié ce que vous appelez la science économique. Je n'en avais jamais tant lu de suite; mais toutes les fois que j'en ai vu des expositions de détail dans vos écrits, ou que nos conversations se sont rapprochées de ces matières, je me suis toujours trouvé d'accord avec vous. Aujourd'hui je le suis encore davantage, et mon contentement raisonné vient à l'appui de mon contentement d'opinion. J'ai peut-être été arrêté en trois ou quatre endroits, où j'aurais voulu d'abord des expressions plus développées et moins susceptibles au premier aspect de prêter à un sens effrayant pour les faibles; mais à l'examen, j'ai compris

---

(1) Le manuscrit de Mirabeau est très-difficile à déchiffrer, et nous avons lieu de croire qu'il est resté inédit.

que mon embarras, à cet égard, provenait de mon peu d'habitude, et je suis demeuré content.

L.

« Et moi s'il vous plaît, je ne le saurais être que vous ne vous soyez mieux ou plus expliqué. Nous avons eu des expressions qui dans les premiers temps ont effrayé quelques gens qui voulaient l'être, comme aussi les lecteurs (et ceux-là sont le plus grand nombre), qui, sitôt qu'un mot leur paraît s'écarter d'une expression qui leur est familière, suivent le son, laissent le sens et l'on ne les tient plus. Il faut sans doute compatir à cette disposition de la paresse de l'esprit autant qu'il est possible ; mais la nomenclature de notre science a été raisonnée et méditée trop profondément par la tête la plus forte, la plus réfléchie et la plus exacte de notre siècle, pour pouvoir se prêter beaucoup à ces petites et vaines délicatesses. Son premier instituteur observa de ne point faire de note, mais professant et exposant une science absolument nouvelle, il était impossible que ses expressions ne le fussent pas, si ce n'est par les sons, du moins par les idées. Plusieurs donc ont choqué d'abord ; le plus grand nombre a passé en usage, chez ceux même qui ne nous entendent pas; quelques-unes effraient encore, on s'y accoutumera en saisissant l'ensemble, et jusques-là peu importe d'être en butte aux jugements téméraires de qui n'a pas encore la clef du bon sens. Mais ce qui me vient de vous est tout autre chose ; autant votre génie m'en impose, autant votre droiture me fait une douce et puissante loi. Dites donc ce qui vous arrête, et croyez qu'il ne tiendra pas à moi de vous satisfaire ou de me réformer.

P.

« J'obéis avec la confiance que je vous dois, après vous avoir répété que ce sont peut-être et sans doute de très-faibles objections que je vais vous faire. Mais c'est mon premier sentiment dont je vous rends compte avec une simplicité qui serait un sujet de risée pour les gens moqueurs ; mais qui, dans tous les sens, n'a pas besoin d'excuse vis-à-vis d'une ame comme la vôtre. Je commence donc par vous dire que la manière dont vous avez énoncé le principe du devoir filial en plusieurs endroits, m'a paru un peu sèche, *le père a fait les avances de la vie et de la subsistance ; voilà le principe du devoir filial.* Ailleurs vous développez la sanction de la loi naturelle qui proscrit le fils réfractaire, comme le premier des ingrats, et par la raison de l'intérêt de tous ses consorts.

L.

« Eh bien ?....

P.

« Eh bien, ne vous paraît-il pas manquer quelque chose à cette énonciation ? la trouvez-vous assez onctueuse pour une ame sensible et timorée, assez religieuse enfin, s'il faut trancher le mot ?

L.

« Prenez garde, je vous prie, que nous faisons profession de reprendre, pour ainsi dire, la morale en sous-œuvre, nous regardons l'intérêt personnel comme le point commun à tous les individus qui composent l'humanité, et nous en faisons le point central de la société.

P.

« Permettez qu'ici d'abord je vous arrête : pensez-vous que ce soit ennoblir l'homme, que de négliger en lui la faculté vraiment distinctive de son espèce, cet attrait qui le porte à l'élévation de l'ame, à l'attrait pour le bien moral, par la seule considération de son excellence?

L.

« Non sans doute; mais nous pensons que pour le faire jouir de ces affections nobles, il faut d'abord lui soumettre ses besoins naturels, tous fort impérieux s'ils ne sont satisfaits, et qui tendent à l'asservir s'il ne les apaise; qu'il ne saurait satisfaire ses besoins qu'au moyen du succès de ses travaux; qu'il ne peut réussir dans ses travaux qu'à l'aide de ses semblables; que cette aide réciproque est ce qui commence la société; que l'extension de la société, toujours sur la même base, donne les commodités à plusieurs et surtout celle du loisir, et que ce n'est qu'au sein du loisir physique, que peut naître, croître et s'élever en hauts et salutaires branchages, la douce, haute et constante moralité.

P.

« Poursuivez, je vois que je vous ai arrêté mal-à-propos.

L.

« Au sein de la société prospère, selon qu'elle est plus ou moins bien ou mal ordonnée, le sort appelle plus ou moins d'individus à l'abondance ou ce qu'on nomme l'abondance; la Providence élève plus ou moins aussi de ces ames privilégiées, capables de ce noble essor que les moralistes invoquent et veulent diriger, et que vous nous reprochez de négliger ; mais de même que la société serait bientôt pauvre et nulle si l'on n'y mettait en action que les riches, et en apprentissage que ce qui compose la plus complète éducation des gens de cette classe, ainsi manquera-t-on toujours (je le crains bien du moins), l'objet de timorer la généralité des mœurs sociales, par les seules leçons de la morale, qui dans le courant de la vie ne sont pour le pauvre accablé sous le faix des travaux journaliers, que de la routine ; pour l'industrieux éveillé par l'appât du gain, irrité par l'aspect de fortunes subites, que du son qui ne bonifie rien; pour le riche enchaîné par l'orgueil à la suite des bienséances, de tous les genres de cupidité venteuse, que de la graine pour les sots. Voulant se délivrer de la morale, la jeunesse poussée par ses fougues, attirée par ses prestiges, la franchit, l'âge mûr la quitte pour ses affaires, la vieillesse qui se désabuse de tout n'y saurait prendre, et c'est tout cela néanmoins qui compose la société.

P.

« Quoi donc ? Est-ce que vous voudriez nier que le sentiment du juste et de l'injuste ne soit comme empreint de la main de Dieu dans le cœur humain, et d'une manière si claire et si précise quand il n'est point offusqué par ses passions, en affaires, par l'habitude de l'injustice, que ce sentiment forme en lui, comme une notion qui non-seulement éclaire ses premiers mouvements, mais encore éclaire ses décisions ?

L.

« Non sans doute, et si ce sentiment n'était dans le cœur de l'homme, nous n'espérerions pas de l'y mettre. Dieu seul s'est réservé de créer. Il créa tout dans l'ordre de sa justice, qui est lui-même ; elle présida à l'ordre naturel, c'est-à-dire à l'ordre physique qu'il prescrivit à la nature ; et ce sont les lois de ce grand ordre, relatives à la multiplication, au bonheur et à la perpétuité de l'espèce humaine, que nous expliquons. Ces lois sont simples, elles sont conformes à l'intérêt prochain, momentané, constant et perpétuel de l'homme, et, pour cela même, Dieu, par la nature, a donné à l'homme un attrait, un penchant général, impérieux et inséparable pour son intérêt qui est inséparable de l'ordre. En cela, ce don paraît lui être commun avec toute autre espèce animale, mais l'instinct chez la créature privilégiée s'étend à l'industrie sans bornes, et parvient jusques à l'intelligence. L'industrie de notre espèce a pu dérober, en quelque sorte, au grand ordre, le secret de la végétation, solliciter la fécondité de la terre qui lui fut donnée, et déterminer la mère universelle, la nature, à lui substituer l'héritage commun. Cet héritage n'est rien pour qui le néglige, mais il est sans bornes pour qui sait le faire valoir; tout travail est sûr d'y doubler sa mise, et c'est là la source de la prospérité humaine et de sa perpétuité. C'est à ce centre commun que tous les intérêts individuels doivent tendre. A ce prix, ils ne sauraient être trop ardents et trop achetés.

L'intérêt particulier et personnel, occupé de soi seulement, sert son semblable, aussi personnel, aussi séquestré que lui; le secours réciproque et mutuel, ame de tout, n'est composé que d'intérêts exclusifs, qui loin de se croiser, se servent d'échelons pour aller tous puiser au sein inépuisable de la nature. Pour arriver équitablement et favorablement à ce terme commun, tous n'ont que leur droit à étendre, tous n'ont que leur intérêt propre à servir; c'est là tout leur devoir : nul écueil ne se présente sur la route, si ce n'est d'enfreindre le droit d'autrui; mais la route une fois ouverte, l'écueil est visible; qui veut y toucher fait embarras, peut arrêter tout le reste, mais s'y brise le premier. Vous avez vu comment nous développons tous les pas de cette marche prospère; je vous en esquisse ici l'ensemble. Trouverez-vous à dire maintenant que nous n'allions pas plus loin que l'intérêt calculé, physique et terrestre, et que nous nous contentions de démontrer la sanction temporelle de la loi divine, et les inconvénients visibles de l'injustice ici-bas?

P.

« Vous ne prétendez pas me dépayser par votre éloquence, et nous sommes à présent, comme toujours, en présence l'un de l'autre, de bonne foi. Souffrez donc que je vous demande s'il ne serait pas à craindre qu'on induisît de ce que vous dites de l'indifférence des hommes pour les moralités, que l'instruction religieuse est purement inutile, si ce n'est à ceux qui en sont chargés; que la jeunesse l'écoute, l'apprend même et ne l'entend pas; que l'âge mûr la néglige et l'oublie; que la vieillesse en la supposant timide n'en retrouve plus que l'écorce, et qu'en prenant le tout ensemble, elle n'influe aucunement sur les mœurs. Vous qui faites profession de désirer le bien de l'humanité, vous lui feriez un grand mal, selon moi, si de telles erreurs s'accréditaient et s'appuyaient de vos principes. Vous savez que les temps sont dangereux à cet égard, et le libertinage de l'esprit fort à la mode. Tout se confond dans ces sortes de matières; la considération des personnes, la salubrité et la sainteté même des principes, ne serviraient qu'à donner une autorité de plus à la divergence et à la dissolution des idées; terrible brèche à cette unité sociale que vous prêchez.

L.

« Je pense entièrement comme vous à cet égard. Vous touchez au point le plus délicat, et qui depuis quelque temps me blesse ; car surtout je ne voudrais point faire de mal. Je vais répondre exactement sur les trois points que renferme votre objection ; sur moi d'abord, car à mon avis je suis quelque chose ; sur nos principes ensuite, sur les conséquences enfin du système économique, relativement à la religion que nous professons. Quant à ce qui est de moi, personne n'avait droit à mon opinion, si ce n'est ma famille et ceux à qui je dois l'exemple ; par une suite néanmoins de la sorte d'hilarité abondante et de confiance qui règne dans mon premier ouvrage, que je donnai, pensant de bonne foi n'être jamais connu, j'établis net ma façon de penser sur ce point, et ses motifs, à la tête (si je m'en souviens) du chapitre des colonies. Cet ouvrage est encore des miens le plus connu ; j'avais près de 42 ans quand il parut ; ce n'est pas après cet âge-là qu'on gagne beaucoup à devenir esprit fort : ma conduite, pendant 16 ans qui se sont écoulés depuis, et que je savais fort bien être l'époque de notre âge, où l'on fait ce qu'on appelle rabâcher, n'a pas prouvé que je fusse fort intéressé, et toutefois ce ne peut être que par intérêt qu'on se fait hypocrite. Je me croyais donc, et devais me croire très dispensé de faire jamais d'autre profession de foi ; mes discours d'ailleurs et l'éloignement que j'ai marqué, en toute occasion, pour les systèmes démolisseurs en ce genre, n'ont jamais été équivoques. Le public n'est pas obligé de tenir registre de mes discours et de mes sentiments ; il en est pourtant que difficilement on prête. Il y a trois ans environ qu'on fit paraître ce certain *système de la nature*, qui n'est pas du tout de ma portée, et qu'on l'étiqueta du nom du défunt secrétaire de l'Académie, intitulé tel, et dont le nom ne s'orthographie pas comme le mien ; vieillard respectable d'ailleurs en son temps, et qui n'a pas mérité qu'on flétrît sa mémoire. Parce que quelques gens qui me font l'honneur de me méconnaître, et qui ne pensent pas qu'il puisse y avoir deux hommes qui écrivent, disent que j'avais fait un livre contre Dieu, quelques zélés voulaient que je donnasse un démenti à cette idée ; je me contentai de répondre, que si l'on mettait dans la gazette même que j'avais empoisonné ma mère, je l'y laisserais. On n'est choqué que de ce qui nous approche, et le projet aride, odieux et insensé de réduire la nature en république, fut toujours aussi distant de moi que le parricide.

P.

« Aussi serait-ce nous faire soupçonner de subterfuges que de parcourir cette carrière-là ; tous vos travaux tendent à établir, à démontrer, à enseigner la loi naturelle et par conséquent la religion naturelle, car tout est religion dans une ame comme la vôtre, qui le sait mieux que moi? mais la religion révélée, qu'au fond tous vos discours attaquent et rien de plus, c'est celle-là qu'on vous accusera de décliner.

L.

« Si c'est dans mes écrits, ce serait tant pis pour moi, si c'est dans mes principes tant pis pour mes accusateurs. J'y ai regardé, je l'ai dit même hautement dans une des premières assemblées qui se sont tenues chez moi; sur quelque propos léger qui échappa : *MM., dis-je, je suis bien aise de profiter de cette occasion pour renouveler ma profession de foi; quelque persuadé que je sois que la science économique est la science de l'ordre divin relative au bonheur et au perfectionnement de notre espèce; quoique en conséquence je m'y livre tout entier et aie résolu de continuer jusques à ma fin, quoique tout y soit calcul, que ma raison n'ait rien à dire contre le calcul et ma conscience contre ma raison, toutefois si j'eusse trouvé qu'elle contrastât en quoi que ce puisse être avec la loi qui nous fait tous sortir d'un même père et membres d'un même corps, loi de charité qui la fait consister en l'amour de Dieu par-dessus tout, et celui du prochain comme soi-même, loi d'équité qui se résume en un seul point, de ne faire à autrui que ce qu'on voudrait qui nous fût fait à nous-mêmes, loi d'unité, de forces de sentiments et d'intérêts, loi qui depuis dix-huit cents ans sut convenir à tant de nations diverses; si je pensais, dis-je, que la science économique pût contraster le moins du monde à ses décrets, je renoncerais tout-à-l'heure à ma science, mais c'est tout le contraire, et vous le ver-*

rez pour peu que vous le veuillez voir. Telle est donc ma façon de penser déclarée : jugez après cela si je pense que l'instruction religieuse soit inutile. Je la révère et la chéris, et à ne considérer la chose qu'en politique, qui est le point auquel je me suis volontairement borné, je penserais encore de même ; c'est la seule instruction que nous ayons, car je ne regarde comme instruction que celle qui embrasse l'universalité des hommes frères, tout le reste est apprentissage, étude si vous le voulez ; j'appelle ainsi tout ce qui nous apprend à servir les autres, mais il n'y a que ce qui nous apprend à nous servir nous-mêmes, qui soit instruction, et, je le répète, nous n'avons encore que celle-là. Si l'on en abusa, si dans quelques lieux on pouvait en abuser encore, c'est faute de celle que nous voulons y ajouter.

P.

« En abuser, dites-vous ; voilà par exemple de ces expressions qui vous seraient reprochées, comme si vous vouliez ajouter quelque chose à la religion.

L.

« Non, mais à l'instruction des peuples. Notre objet en ceci est le même que celui de la religion ; elle voudrait ne faire qu'une ame de toute la grande famille, et nous qu'un corps : tant qu'il y aura tant de distance entre l'instruction du riche et celle du pauvre, quand même l'une ou l'autre pourrait être bonne avec ce levain d'exclusion, il y aura toujours deux corps dans la société, celui des lettrés et celui des ignorants, inégalité morale venant à l'appui de l'inégalité physique, dédain et fourberie d'une part, méfiance et crédulité difforme de l'autre, injustice et réparation des deux.

P.

« Et pensez-vous pouvoir empêcher cette inégalité morale, tandis que tout votre plan tend à la justifier au physique et à en montrer l'utilité? indépendamment du loisir et des moyens, rendrez-vous les facultés égales?

L.

« Non, quand l'homme n'a voulu ou pu savoir que ce qu'il sait, il n'a à se plaindre de personne. Il laisse avancer dans la carrière dont on lui a donné les éléments ceux que leur attrait ou leurs commodités ont rendus plus érudits ou plus versés dans la science. Mais songez donc de quelle science il s'agit ici; de celle des *droits et des devoirs* de l'homme, des *avances* qui en sont la base, de la *propriété* qui en résulte, de la justice par essence enfin; est-il aucune créature humaine qui n'apporte son droit à cette instruction en recevant la vie? et celui qui en connaît l'importance peut-il sommeiller en sûreté en présence des passions irritées de l'homme qui les ignore et qui n'a d'autre frein, je l'ose dire, que le ciel tonnant selon lui au gré de ceux qui lui imposent des chaînes, ou la crainte de la publicité de ce que l'association de ses tyrans appelle son forfait.

P.

« Quoi! tout de bon, vous pensez que la généralité de votre instruction rendra la généralité des hommes meilleurs? l'êtes-vous vous-même?

L.

« Non, monsieur; mais nous ne tenons la science encore que de la pointe de l'esprit. Tous élevés au milieu d'un sol de matériaux de ruines, nous n'eûmes pour principes que des injonctions, qui, transmises en dégénérant d'âge en âge, autorisent, en quelque sorte, le silence blasphématoire d'un certain fou qui prétendit que la tyrannie était le nœud gordien de toute société. C'est du premier fait que part le tempérament et la croissance : celui que nous préparons aux générations futures nous fut refusé. Toutefois j'en ai vu plusieurs qui de bonne foi m'ont assuré que nos principes leur avaient rassis l'ame et rassuré l'esprit; mais c'est le désordre physique et social qui fait les méchants; le propre de l'instruction persuasive est de déterminer l'action, et c'est la réformation des désordres sociaux qui rendra les hommes infailliblement meilleurs, quand on saura comment et pourquoi le désordre est calculé folie. Tout chez nous, en un mot, tend à l'unité. Long-temps la soumission demandée et la soumission refusée ont divisé les pauvres humains. Ont-ils donc trop de force contre les cas majeurs pour qu'il faille ainsi les user par opposition? Notre plan est de tout rapprocher, et surtout les prêtres et les philosophes, mais c'est uniquement en montrant à fond le plan de la nature, et ne résistant que par cette exposition même, à ce qu'elle réprouve visiblement.

P.

« Voilà le premier point de votre tâche bien rempli, et ce que vous venez de me dire entraîne en quelque sorte sur le second, dont l'objet est de justifier vos principes de toute imputation possible, relative à l'esprit de révolte et d'irréligion. Je suis, vous le savez, tout persuadé sur cet article, mais je ne serai pas fâché de demeurer convaincu.

L.

« Je vous en ai fait le tableau, tout à l'heure, quand vous m'avez accusé d'éloquence. Je ne demande pas mieux que d'en développer la progression. L'homme ne peut être mû que par son intérêt propre : de là ses deux mobiles, que Dieu lui-même mit en œuvre, la crainte et l'espérance. Le plus grand nombre n'est touché que de l'intérêt présent; Dieu le voulut encore, car la racine de cet intérêt est dans nos besoins, qu'il nous donne pour continuel mobile. Des besoins physiques, l'homme s'élève aux besoins moraux; des appétits physiques aux appétits moraux, de la loi physique à la loi morale; c'est cette progression que nous développons. Tout ce qui est du règne de la foi n'appartient point à notre étude, mais tout ce qui est du règne des œuvres est de notre ressort; et nous trouvons au terme de nos inductions calculées, que la foi ne commande que les œuvres de l'intérêt physique et personnel. Le droit de l'homme, ici-bas, est de vivre; et ce droit inhérent à son existence, est la racine de tous ses autres droits. Le devoir de l'homme ici-bas est de se servir de son droit et de l'étendre, et ce devoir est la base de tous ses autres devoirs. Dans ce devoir, il trouve celui de respecter le droit d'autrui, symbole, gage et garant du sien propre; à cela près, le monde entier est à lui, il doit tout prétendre, il peut tout acquérir. Ce qu'il lui faut surtout acquérir pour l'extension de son droit, qu'il n'obtient que par le travail et en proportion du travail, c'est des secours, c'est des services, c'est des forces; de là, l'aide réciproque, l'équité dans les échanges, dans les conventions, dans la conduite, dans les sentiments; et cette démonstration qui parle à l'intelligence, qui évoque et persuade la raison, développe et fait triompher à demeure le germe d'équité naturelle que Dieu plaça dans tous les cœurs. Les conséquences suivies qui en résultent, s'élevant d'auprès du berceau même de l'homme naissant, s'enlacent dans ses langes, soutiennent son enfance, ombragent son adolescence, contiennent sa jeunesse, confortent son âge mûr, couronnent sa vieillesse, et du même jet, embrassant tout l'ordre social et politique, étendent ses foyers domestiques sur la surface entière de l'univers. Voilà notre exposition morale en quelque sorte; voyons par quels degrés physiques nous les appuyons sur l'évidence, sur le calcul. Le premier besoin de l'homme est la subsistance, et c'est dans ce besoin commun à tous ses semblables, qu'il trouve à satisfaire tous ses autres besoins, ses désirs, ses fantaisies, ses goûts de toutes les espèces. Si lui seul avait faim, il trouverait sans doute à repaître sur la surface de la terre, mais il n'y trouverait que cela; c'est parce que tous les autres ont faim comme lui, que les travaux variés, succincts et multipliés à l'infini par l'industrie et l'opiniâtre labeur, se combinent de toutes parts pour l'accommoder et l'enrichir de toutes les manières. Voilà le point décisif entre la vérité et l'erreur; chemins si divers dont l'un mène à la mort, l'autre à la vie. L'homme aveugle et confiant en son propre sens, a cru que les mêmes appétits ardents à l'infini, n'avaient qu'une carrière bornée, et par cela même étaient faits pour s'entre-croiser et se combattre; il a vu sans vouloir le voir, que l'inépuisable sein de la nature était délégué par le Créateur au soin maternel de concilier cette contrariété apparente; qu'elle ne demandait à l'homme que son travail, et se chargeait de doubler la mise de ce travail en renaissant de sa fertilité inépuisable; il a voulu sortir de ce cercle bienfaisant d'équité et de munificence; il s'est fait une route de discorde, d'exclusion, et bientôt de rapine; cette route plus ou moins rapide mène inévitablement à la mort des sociétés, des familles, des individus : l'autre au contraire mène, par la voie de justice, à la prospérité des états, à la multiplication de l'espèce, population toujours profitable, toujours apportant de nouvelles richesses, parce qu'elle offre un surcroît de travaux; à l'extension des familles, au bonheur des individus. Tout le lien de ce cercle prospère est l'union, la concorde, l'aide réciproque, par le seul moyen de l'équité, qui renferme la restitution des avances, l'exercice des droits et des devoirs, la connaissance et le respect de toutes les propriétés, et surtout celui de la propriété divine, qui est d'être le centre de tout amour, de toute justice, de toute bonté, et l'objet unique de toute adoration.

Faut-il, monsieur, faut-il après cela remettre sous vos yeux la marche de nos inductions calculées, l'origine des dépenses, leur source, leurs avances, leur distribution, leurs effets, leur reproduction, leurs rapports entr'elles, avec la population, avec l'agriculture, avec l'industrie, avec le commerce, avec les richesses d'une nation, la table enfin de ce qui fut profondément déduit dans nos livres, et dont le résultat vient de vous passer sous les yeux, dans le manuscrit que vous me rendez; vous n'y trouverez que la démonstration physique de ce que je viens de vous dire, et les échelons de calcul qui doivent conduire toute intelligence humaine aux grands résultats que je viens de vous développer.

P.

« Ce que je trouve de plus excellent dans votre science, c'est qu'elle rappelle et exécute cet ordre de notre divin législateur, *Sinite parvulos venire ad me*, «Laissez les petits venir à moi;» vous ne rejetez point le peuple, vous voulez que tous les hommes soient également admis à la connaissance et à la démonstration de leurs droits et de leurs devoirs.

L.

« Et ceci nous ramène au troisième article de mon engagement, qui est de justifier les conséquences du système économique, relativement à la religion que nous professons. Cette universalité dont vous vous louez, singularité sans doute, si la science de l'ordre naturel était regardée comme un système philosophique, est je crois ce qui nous rapproche le plus de la religion ; c'est du moins une preuve de notre bonne foi, et certainement ce que j'estime le plus d'entre nos discordances avec la .... politique.

P.

« On n'a garde de vous confondre avec tous les gens à secrets ; mais plus votre morale est pure, complète et solidement fondée, plus on prétendrait induire de là que cette morale et ses conséquences embrassent toute la religion à laquelle notre raison éclairée peut consentir; que l'adoration du Dieu du ciel, ainsi que l'appellent les lettrés de la Chine, la résignation à ses ordres, à nous annoncés par la nature, l'équité, le sentiment et les œuvres fraternelles envers les hommes, composent tout le culte qu'exige de nous l'Être Suprême, et que s'il en faut un extérieur, ce n'est que pour le peuple, à qui l'appareil et les cérémonies en imposeront toujours.

L.

« Pour le peuple ? oui sans doute ; il lui faut une religion et des temples, où l'hommage direct de l'auteur de tous les biens, la réunion de toutes les voix et l'unité des prières ramènent la famille entière au souvenir et à l'extérieur de cette égalité primitive et essentielle, dont Dieu, de sa main paternelle, imprima le sceau respectable sur la tête de tous ses enfants. Il faut un culte et des cérémonies au peuple, et surtout à l'ordre du peuple le plus inepte à connaître et discerner les conséquences radicales de la vie ; cela signifierait les grands et les puissants héréditaires. Rien est-il plus digne de pitié que ces avortons d'indépendance éphémère, dont le premier mécompte est de croire gagner beaucoup à secouer le joug des rites dans leur jeunesse ? Que mettent-ils à la place ? rien que des vapeurs ...... des sophismes, et finalement des incertitudes et des terreurs. Mais que de maux ne font-ils pas sur leur route, par le désordre et l'abus frénétique ou brutal de tous les moyens que l'ordre social mit dans leurs mains ! combien d'attentats contre leurs pareils et contre eux-mêmes ! Voilà le peuple lâche et féroce qu'il faudrait brider avec un mors d'airain, s'il était dans nos principes et dans le vrai de traiter un ordre d'hommes quelconque comme les fauves. Mais ils sont hommes, plus enfoncés dans l'erreur que les pauvres, puisqu'ils pensent comme eux que l'opulence et ses attributs font le bonheur, tandis qu'ils sentent tous les jours le contraire, et par conséquent plus à plaindre. Le même remède sera bon à tous également, l'*instruction*. Par elle le peuple instruit de ses droits et de ses devoirs, de leur principe et de leurs conséquences, n'aura plus besoin des superstitions toujours promptes à saisir, envelopper, régir son ignorance, amuser son inquiétude, consoler son dépouillement, et abuser de sa crédulité. Par elle le riche et le puissant ne pourront, sans une ivresse brutale et généralement réprimée, faire aux autres et se faire à eux-mêmes tout le mal que leur défendait inutilement l'instruction religieuse, qu'ils n'écoutent plus et dont ils affectent de dédaigner l'autorité.

P.

« Et croyez-vous qu'ils respectent davantage la vôtre ?

L.

« La nôtre ? et qui sommes-nous ? le laboureur, le meunier, le boulanger, nous leur donnons la loi du pain, et tout le reste s'y trouve.

P.

« Cependant ils y résistent aujourd'hui.

L.

« Et à quoi ne résiste-t-on pas dans l'ivresse ? et la fausse science en est une : notre travail actuel est de les éclairer. Tout tient à l'opinion sans doute; or, comme instituteur à ma manière et scrutateur des opinions, je puis dire que j'ai toujours trouvé le peuple qui fut à ma portée, plus capable d'entendre et de sentir que les gens du monde et surtout les savants. Ajoutez encore que je n'ai point, moi, le don de me mettre à la portée des simples; la Providence m'institua l'apôtre des échos; j'ai tâché de me gêner, de m'assouplir à des méthodes; vous le voyez, j'ai voulu ouvrir la carrière, j'ai cru devoir le faire, j'ai fait de mon mieux, mais ce n'est point mon talent; cependant j'ai toujours été mieux entendu (je ne dis pas écouté, mais entendu) des gens de la campagne; ils s'étonnaient même de me voir m'échafauder pour si peu. Rien ne semblait nouveau pour eux; et certainement pour peu que la religion populaire en eût été attaquée, je me serais aperçu que je les scandalisais, sorte de remarque pour laquelle j'ai le tact très-fin. Mais voyons de plus près en quoi ceci peut contraster avec la religion révélée : serait-ce que nous soumettons au calcul des devoirs inconnus jusques à elle? Ce dernier point n'est pas vrai; la religion naturelle faisait loi dans le cœur de l'homme, et Dieu connaissait l'homme juste et repoussait l'homme coupable, avant toute révélation. Serait-ce affaiblir la foi que de mettre ses résultats d'accord avec la raison physique des choses et à la portée de l'intelligence bornée? C'est ce qu'ont voulu faire tous les bons prédicateurs de l'Évangile, bien instruits d'ailleurs qu'il reste dans la religion, ainsi que dans la nature entière, assez de matière à la soumission de l'esprit. Serait-ce que la révélation paraît tomber où sa nécessité devient douteuse, et qu'elle est au moins douteuse sitôt qu'on démontre que les lois de l'ordre qui renferment tout ce qui peut rendre l'homme obéissant, résigné, bon et utile, étaient à la portée de l'homme et de son expérience physique, sur sa tête et à ses pieds? Et que serions-nous nous-mêmes sans la révélation, si le système complet de la réunion des devoirs physiques et moraux, et des vertus physiques et morales, à partir de la cendre végétale où fermente et s'amollit l'écorce qui renferme le germe du froment, et s'élève jusques au pied du trône de l'Éternel, nous a si peu coûté! Si nous démêlons le faible des hauts instituteurs des nations les plus célèbres et les plus puissantes, serait-ce à la force de nos lumières isolées, serait-ce à l'avantage du calcul que nous le devrions, si la trace avant nous n'avait été toute frayée? La connaissance des droits et des devoirs tient à celle de la propriété sans doute; mais toujours les hommes eurent une idée de cette dernière, puisque, seule, elle peut être la règle de la justice et que toujours et partout il y eut des tribunaux; et cependant ils s'égarèrent dès le premier pas, et le moral leur échappa comme le physique; serait-ce à nous à révoquer en doute la mission d'hommes grossiers qui se sont élevés de toute l'étendue de la charité au-dessus du plus pur stoïcisme? c'est à ces jalons éternels que je me suis accroché pour étendre et développer la science, et c'est avec une satisfaction toujours nouvelle que j'ai trouvé, que j'ai pu dire à mon camarade, à mon **fermier, à mon pâtre, qu'il était vrai, qu'il était clair** que le Père Tout-Puissant de mon ame, était aussi le Père-Soigneux de mon corps, que la justice était également le régime salutaire de l'une et de l'autre, de le dire et de le prouver. A l'égard de la révélation, de sa vérité, de ses preuves, de la profondeur de ses mystères, elle n'a pas besoin de notre appui téméraire; nous ramenons les hommes à la soumission par la voie de la raison, à la raison par le calcul de l'intérêt; nous tendons à tout rapprocher, et, loin de porter à l'esprit de révolte et d'orgueil, nous pensons que rien ne peut être dans l'homme, rien, dis-je, de bon, rien d'élevé, rien de sage qui ne nous ait été révélé.

P.

« Je suis plus que content, et depuis long-temps je me reproche de vous en avoir trop dit.

L.

« C'est peut-être parce que je vous en ai trop répondu; mais ne vous reprochez pas en ceci mon exubérance; diverses circonstances m'avaient depuis quelque temps inquiété, et préparé sur cet article. Dernièrement encore, je reçus une lettre de mon plus ancien ami, homme sage, et du sens le plus droit et le plus sain; au sujet de la cessation des Éphémérides, il me marquait en propres termes : *Cet excellent journal semblait fait pour trier dans les ouvrages des philosophes modernes le froment de l'ivraie, et pour garantir les* vrais économistes des reproches qui pourraient rejaillir sur eux, s'ils étaient confondus avec les écrivains qui s'efforcent de séparer la nature de son auteur. Ce mot suppose la chose possible, et n'a pas peu aidé à la résolution que j'ai prise de m'expliquer encore une fois sur cet article, sorte d'exercice que je n'aime pas du tout; mais il s'agit de la maladie de notre siècle, il faut bien en subir le préservatif.

P.

« A cet égard vous n'aviez qu'à publier ce que vous venez de me dire. Il me ferme la bouche sur la seconde objection que j'avais à vous faire, attendu qu'elle paraît avoir quelque adhérence avec ce genre-là.

L.

« N'importe, j'ai fort à cœur de connaître les choses qui vous ont fait quelque peine. Je ne saurais trouver de meilleur juge entre les gens qui ont négligé de lire nos livres; et quand vous m'aurez cité toutes les expressions qui vous auront, au premier sens, paru mériter quelque adoucissement, je serai rassuré du moins sur toutes les autres, ne pouvant, à cela près, prendre à tâche de parer à toutes les fausses délicatesses des ignorants.

P.

« Eh bien donc, c'est une expression qui m'a paru

crue au premier aspect, dans votre chapitre des Droits et des devoirs politiques. Vous dites : *tout est fondé sur la loi physique, même les vertus.*

L.

« Je vous en fais juge. Si l'on vous demandait de désigner entre les vertus celle qui vous paraît être la première, ou pour mieux dire, le sommaire de toutes les autres, laquelle choisiriez-vous?

P.

« Ce serait la justice, sans doute.

L.

« J'en conviens : eh bien donc quelle sorte d'exercice pourrait avoir la justice dans un tel état de société, qu'un grand nombre des individus qui la composent, se trouverait privé, par le désordre physique, de la part et portion sur laquelle ils avaient dû compter?

P.

« Je vous demanderai d'abord, comment cela se peut faire.

L.

« Par le désordre social : selon l'ordre naturel, nul

enfant ne doit naître et s'élever, que sur les avances que son père ou tout autre lui feront. Jusques-là, sa portion est assurée. Une fois adulte, s'il a un supplément d'avances à consommer pendant un apprentissage qui ne peut être fructueux pour lui qu'au futur, il vivra encore sur ses avances, deviendra habile, et son travail un jour payé en proportion de sa mise, lui fera retouver en salaires, et la rentrée de ses avances et le profit de son travail sur lequel il vivra : s'il n'a ni avances ni industrie privilégiée, il ne pourra offrir que l'emploi de ses forces, c'est-à-dire son travail ; il n'aura que le salaire d'un manœuvre grossier, mais pourtant ce salaire journalier le fera vivre, et ce salaire est son patrimoine, sur lequel il a droit de compter. Voilà, selon l'ordre, l'état constant et assuré des choses. En cet état, la justice a son jeu libre et son emploi facile ; il ne s'agit pour elle que de maintenir l'ordre et l'exécution des conventions naturelles, et tout va de soi. Mais dans le cas contraire, quand les dépenses désordonnées prennent la vogue, c'est toujours elles qui décident de la direction des travaux, qui nécessairement seront toujours à l'ordre des dépenses. Celles-ci une fois déroutées, elles déroutent tous les travaux, et par conséquent tous les apprentissages, et bientôt se refusent à salarier le travail grossier. Voilà d'abord une confiscation de fait, du patrimoine d'une très-grosse portion des individus qui composent la famille sociale. Mais la rupture de ces derniers anneaux du cercle des travaux et des dépenses tourne aussitôt en dégradation du fonds ; d'ailleurs les dépenses désordonnées, portées d'elles-mêmes aux excès, accroissent bientôt le désordre; le fonds décroît à vue d'œil; les dépenses sont forcées à se resserrer, et leur resserrement proscrit tout autant de travaux, frustre tout autant d'apprentissages, jusques à ce qu'enfin tout croule à la fois. Or, voici le point de ma question: vous jugez bien que, tandis qu'un malheureux état parcourt le cercle progressif de décroissance entre ces hommes qui subissent plus ou moins lentement cet arrêt de proscription, et qui se trouvent voués au sort affreux de toute population surabondante, il doit s'élever bien des querelles, et que la fraude et la violence doivent y régner tour à tour; je vous demande ce que peut faire la justice pour remédier à tant de maux.

P.

« Elle doit redresser le principe, arrêter le désordre, et rétablir l'ordre des dépenses.

L.

« Fort bien; je ne vous arrêterai point à la forme, en vous demandant comment cela se peut faire, car cela nous mènerait à parcourir le plan entier de la science, sous peine de broncher à chaque pas; mais je m'en tiens au fond de votre réponse, pour vous montrer que vous-même, perdant de vue le moral, oubliant le ciel vengeur, l'enfer inévitable, la sanction de la loi, la peine du crime, les remords rongeurs, la satisfaction de bien faire, et autres motifs très-réels, mais qui n'ont de prise que sur les ames rassurées sur la nécessité, vous courez droit au principe physique, dont le rétablissement seul peut ramener le règne de l'ordre et le pouvoir de la vérité. Ai-je donc tort de dire que tout dépend du physique, même les vertus?

P.

« Vous avez raison, et je n'en doutais point; mais ne pouviez-vous pas donner à vos expressions plus d'étendue? il faut compatir à la faiblesse des ames susceptibles, et ne pas donner prise aux interprétations des esprits louches et dévoyés.

L.

« Je vous le répète, vous ne nous avez point lus; j'ai tort de dire *nous*, car je suis presque le seul qui me sois servi de ces expressions que vous trouvez trop hardies; mais je me suis expliqué en tant d'endroits sur leur principe et leur application, qu'il est impossible que, si l'on n'a mauvaise volonté, l'on me soupçonne d'équivoque métaphysique; rien n'est si loin de nous, qui ne calculons que les réalités physiques.

P.

« Il est tout simple qu'on se souvienne de soi-même, et qu'on se rappelle tout ce qu'on a écrit, du moins quant aux principes; mais il ne faut pas toujours croire avoir été lu, et surtout bien lu,

L.

« Aussi n'ai-je perdu presque aucune occasion, dans le courant, de me dégager en ce genre de l'allure terre à terre, qui pourtant est celle qui nous est prescrite par la nature de notre travail. Il m'en coûte si peu d'ailleurs pour élever ma pensée, que j'aurais plus de tort qu'un autre de matérialiser les objets; mais il faut surtout les réaliser; c'est la science, c'est la justice. A cela près, voyez ici même dans une forme de méthode, naturellement si sèche et si raccourcie; vous y trouverez néanmoins ces mots : *Si nous écartons ou feignons d'écarter de notre étude la morale isolée de son principe physique, ce n'est pas que nous méconnaissions son influence divine, ce sentiment pur qui ennoblit l'homme, élève son intérêt, et donne à l'amour de l'ordre, l'odeur du culte et de l'encens.* Qu'avez-vous à dire après cela?

P.

« Rien, je vous assure, et je suis satisfait.

L.

« Et moi, j'ajoute encore que vous auriez pu remarquer que l'expression qui vous a paru crue, n'est que dans le deuxième cours de l'*Instruction populaire*. J'ai dit expressément que celui-là était réservé aux lettrés en ce genre, c'est-à-dire, à ceux qui se destinent aux emplois de l'administration. Or, ceux-là nécessairement auront lu les ouvrages économiques, et étudié les livres classiques de la science. Ils ne s'étonneront, ni ne s'effraieront, ni ne s'égareront par des expressions vraies, qui ne seront plus inusitées pour eux, et qui pour lors, à ce que j'espère, seront familières à tout le monde.

P.

« Ma troisième difficulté me tient plus à cœur. C'est sur la copropriété des fonds de terre que vous semblez attribuer au souverain ; opinion qui ne me paraît ni vraie ni prudente.

L.

« Oh! pour le coup, vous avez lu d'autres de nos ouvrages, ou cette prévention vous est venue de quelqu'un; car si je ne me trompe, ce que vous trouvez de plus fort sur cet article dans l'*Instruction populaire*, c'est ceci : *Je ne peux pas me mettre dans la tête que ma terre n'est pas à moi seul, qu'il y ait deux propriétés, celle du souverain et la mienne, dans le produit d'un même champ.* Cela ne dit que la copropriété du produit net; et quant à celle-là, pas un économiste ne vous la cédera, car c'est la pierre angulaire de tout l'édifice social économique. Je ne vous nierai pas que plusieurs d'entre nous, et notre instituteur entre autres qui pèse plus à lui seul que tous les autres ensemble, y ajoutent la copropriété du fonds, et ils ont de bonnes raisons prises dans la justice calculée sur les règles de l'ordre naturel.

P.

« Et lesquelles, je vous prie?

L.

« Vous savez que l'homme ne peut avoir de droit originaire et naturel au globe de la terre ; elle les donne aux fils des hommes, mais en commun. Quand un homme donc dit : cette terre est à moi, et à moi tout seul; et que les autres hommes le lui accordent, cela ne peut dire autre chose, sinon j'ai mis tout mon fait à cette terre-là, et je ne l'en saurais séparer aujourd'hui; ainsi donc, j'ai la propriété du site où gît mon dépôt, et personne n'y peut rien prétendre que, de mon consentement, il n'ait acquis mon dépôt; car il me ferait injustice, non pas de prendre le terrain qui est à tous, mais de s'emparer de mes avances qui en sont inséparables. Voilà le seul principe de ce genre de propriété, à laquelle tous les hommes consentent, 1° parce que cela est juste; 2° parce qu'ils ont tous intérêt à l'emploi que je veux faire de ce terrain, emploi qui le rendra productif pour tous, et à la persuasion que j'aurai que ce terrain est à moi pour toujours, puisqu'elle autorise ma confiance, qui fera que je mettrai tout pour le faire valoir.

P.

« J'entends cela, et je l'approuve d'autant plus que

cela fonde la propriété foncière en droit naturel, et non converti.

L.

« Il s'ensuit de là, néanmoins, que vous n'avez de droit naturel sur cette terre que le produit de vos avances, et que tout ce que vous y prétendez au-delà, et que l'usage même vous autorise à y prétendre, n'est que d'usage et d'opinion; or, dans le produit de votre terre, les *avances souveraines* n'y sont-elles rien ?

P.

« Qu'entendez-vous par là, je vous prie ? Est-ce la justice, la police et la défense qui font que mon champ n'est point envahi ?

L.

« Non, je ne les fais point entrer dans ceci, ni même l'instruction que je considère comme faisant partie de la police, mais les chemins, les pavés, les canaux, les débouchés enfin, sans lesquels vos produits invendus ne pourraient renaître, mais les travaux publics qui empêchent vos fonds d'être inondés et emportés; tout cela, et tant d'autres points inutiles à déduire, n'entre-t-il pas pour une part considérable dans les avances qui font produire votre terre ?

P.

« Ne confondons pas, je vous prie. Il me semble que les premiers objets que vous avez mis hors de rang dans cette question, tels que la justice, la police, etc., sont vraiment ce qu'on peut appeler *avances souveraines*, à parler votre langage néanmoins; car on pourrait, naturellement parlant, les regarder comme services qui ont une solde ou portion convenue; mais je conçois l'inconvénient qu'il y aurait à ne considérer la souveraineté que comme un service. Je dis donc, que ce sont là les avances souveraines, et que comme telles elles doivent avoir une part à retirer sur le produit. Mais quant aux travaux publics dans votre système qui est le bon, à savoir que le souverain ait sa part réglée sur le produit net, qui croisse et décroisse avec lui, je regarderai les travaux dont vous me parlez, comme des suites d'un arrangement qui intéresse la puissance publique à votre produit particulier, et dont elle est récompensée par le produit de mon travail.

L.

« Regardez-les comme il vous plaira, ce seront toujours des avances appliquées à la conservation ou bonification de votre champ; et comme ce sont de telles avances qui font votre droit à la propriété de votre champ, de pareilles avances doivent faire son droit à la copropriété.

P.

« Votre fermier avec ses avances primitives coopère

bien plus directement au produit de votre champ, aussi a-t-il sa part sur le produit, mais il n'en prétend aucune à la propriété du fonds.

L.

« Prenez garde, le possesseur des avances primitives n'a rien à prétendre au fonds, parce que ces richesses n'en sont point inséparables; aussi quoique sa coopération au travail productif soit directe, son droit ne peut porter que sur le produit, comme celui de tous les autres travaux qui tous y coopèrent par adhérence, plus au moins directement, mais toujours inévitablement. L'inamovibilité des avances est, comme nous l'avons vu, le seul titre naturel à la propriété foncière; mais ce titre ne saurait, sans injustice et désordre, être frustré, et c'est ce titre qui donne aux avances souveraines droit à la copropriété du fonds, puisque ces avances en travaux, tels que nous venons de les dire, sont réellement inséparables du lieu où elles furent placées, et qu'elles ont pour objet et pour effet la commodité de l'exploitation du fonds.

P.

« Mais ce que vous appelez ici *avances souveraines*, sont elles-mêmes le fruit de ce dont vous leur voulez attribuer le fonds; car sans cela, où le souverain les aurait-il prises?

L.

« Ne confondons pas le souverain et la souveraineté.

Sans contredit, les souverains des états, tels que vous les voyez aujourd'hui, n'ont de richesses que les tributs ; ces tributs sont une portion des revenus, et par conséquent des fruits de la terre. Ainsi ce sont les produits qui font les avances. Mais tout fait cercle dans la nature, comme vous savez. Toute la science consiste à bien discerner le commencement de ce cercle ; l'erreur consiste à s'y méprendre. Prenons donc la souveraineté à sa source : elle exista avant le souverain ; elle sortit tout armée du sein de la justice naturelle et nécessaire ; elle vécut dans la première famille qui commença la première société. Supposez cette famille seule, et se faisant un patrimoine par son travail. Elle arrache, elle *épierre*, elle défriche, elle unit le terrain, voilà les avances foncières, et le titre à la propriété. Il lui faut un canal pour conduire l'eau d'un ruisseau voisin au sein de son domicile, et une partie de ce canal est au dehors de son domaine, et par conséquent de sa propriété ; il lui faut un chemin pour amener plus aisément, avec ses bêtes de somme, le bois de la forêt voisine. A qui appartiennent ce canal et ce chemin hors du domaine de la famille ?

P.

« A celui qui les a faits, sans doute.

L.

« Mais qui est-ce qui les a faits ?

P.

« La famille en corps, comme les autres travaux.

L.

« Mais il me semble que, quant aux autres travaux, l'on s'est partagé les soins domestiques; les enfants ont gardé les bestiaux, les forts ont abattu, les faibles ont fagoté, et les patients ont défriché.

P.

« Eh bien, les forts et les patients ont fait le canal et le chemin.

L.

« Ils leur appartiennent donc à eux tout seuls.

P.

« Non, car tout ce qui se fait par la famille, est pour le corps entier de la famille.

L.

« Et si tout à coup l'on disait au fort : l'entretien et le perfectionnement du chemin et du canal sera désormais votre affaire; nous fournirons la contribution, pour les frais sur lesquels roulera votre entretien, mais désormais vous n'aurez plus aucun droit sur la propriété du domaine.

P.

« On lui ferait tort, tant que l'héritage commun serait censé appartenir à tous par indivis; mais sitôt que la famille subdivisée en différentes branches en viendrait au partage, qui implique renoncement à **tout le reste**...?

L.

« Eh bien, n'aurait-il pas droit à avoir sa part?

P.

« Je le veux, mais ici vous prétendez pour lui au droit de copropriété à toutes les parties.

L.

« Sans doute, et voici pourquoi : *Frères, dirait-il, vous voulez me donner une part : j'en serais content comme les autres, si vous ne m'occupiez ailleurs pour le bien général du domaine; mais tandis qu'il vous est utile de partager, parce que chacun de vous est libre de vaquer à sa chose particulière, le partage me nuit à moi, qui, occupé désormais pour le bien de tous, deviens, par cet arrangement, étranger à tous, et serviteur de tous. Ainsi donc, ce partage qui est loi et titre pour chacun de vous, doit, selon justice, être censé comme non avenu, par rapport à moi; j'étais part-prenant naturel à la propriété du domaine, et je le suis encore au même titre; ou si quelqu'un de vous veut me priver de mon droit, qu'il renonce à passer sur ce chemin qui est à vous tous, et non point à moi seul, quoique seul j'en aie l'entretien et la juridiction active; qu'il renonce à l'usage du ruisseau.*

P.

« Votre principe de droit en ceci n'est-il pas un peu métaphysique?

L.

« Rien de métaphysique, monsieur, dans l'ordre naturel et économique des droits et des devoirs, dans la justice par principe et par essence.

P.

« Je ne suis pas versé comme vous dans ces sortes de matières; mais selon vous-même, le résultat de la justice, relativement aux hommes, doit être leur rapprochement; il ne peut provenir que de la confiance; or, trouvez-vous un principe plus propre à effrayer les propriétaires que celui de leur donner un copartageant à leurs droits, tel que le souverain, qui ne va point sans ses gens?

L.

« Toutes les inquiétudes et les terreurs relatives à l'état actuel des sociétés, sont dans la nature même des choses, et résultantes de l'état d'ignorance et de désordre invétéré. Il fallut bien, en commençant la démonstration de ces grandes vérités, s'attendre et se résigner à heurter de front tous les préjugés à la fois, et de part et d'autre, à les effaroucher, à les ameuter, mais il n'est pas permis de composer avec la vérité. Le succès du plus grand nombre de maximes tranchantes que nous avons avancées, doit nous rassurer sur le tout; quant à l'objet de vos craintes, considérez-le, s'il vous plaît, des deux points de vue opposés. Car c'est la méthode nécessaire de la prudence. Pour décider de laquelle des deux parts, ou du propriétaire ou du souverain, doit être la répugnance pour l'énonciation claire et précise de la loi de l'ordre, il s'agit de décider de quel côté penche la balance du droit actuel.

P.

« Je vous entends. Il n'est pas question, selon vous, de savoir si les souverains étudient la thèse du droit, puisque, mettant le fait de leur côté, ils prennent tout, et que ceux mêmes qui en usent autrement, pensent faire grace. Or je réponds à cela, que la confusion du fait et du droit serait une mauvaise et dangereuse manière de raisonner; que l'opinion et le sentiment naturel de la justice opposeront toujours la *vigne de*

Naboth, le droit de la propriété, etc. ; que vous êtes venu éclairer, corroborer ce principe, et en développer les conséquences; et que vous détruisez votre propre ouvrage, en le mélangeant aujourd'hui de cette copropriété.

L.

« Penseriez-vous, comme autrefois le vulgaire des lecteurs, que nous avons voulu privilégier la propriété foncière? C'est la propriété purement dite ; elle est la base de tout droit, et la propriété foncière n'en est que le résultat. Nous avons dit, il est vrai, combien il était important qu'elle fût sacrée comme toutes les autres, mais uniquement parce que chacun devait avoir sa part sur ses fruits.

P.

« Eh bien, c'est à cette immunité que vous attendez, à ce qu'il semble, en associant au propriétaire le souverain.

L.

« Pourvu que ce ne soit qu'un semblant, qu'avez-vous à dire? or, je vous demande, le propriétaire avait-il compté acheter une souveraineté ou en hériter? S'il ne connaissait ni le souverain, ni l'impôt, tant pis pour lui, car il était au plus dur état de l'ignorance, qui est de voir l'injustice à tout et partout. Mais il le payait de fait et d'obligation, et par conséquent ne le possédait pas ; et tandis qu'il croyait à lui tout seul toute sa terre, le souverain, d'autre part, croyait à lui toute sa province, et d'un souffle, à la moindre résistance, l'aurait écrasé. Tant que l'un murmure dans son coin, tandis que de loin l'autre le dépouille, cela va comme l'on voit les choses aller ; mais non pas vers le rapprochement, à ce qu'il me semble ; il s'agit donc de réunir ces deux parties à l'ordre de la nature : je vous demande aux dépens de qui, relativement aux deux erreurs contre-pointées, se fait ici la réunion, et si c'est au propriétaire à se plaindre de la loi de l'ordre, telle que je l'ai démontrée ci-dessus.

P.

« Prenez garde ! vous rentrez dans le fait ; mais il était usurpation manifeste qui ne peut prescrire, et contre laquelle le droit naturel proteste toujours ; au lieu qu'aujourd'hui, en vertu de sa copropriété foncière, le souverain va avoir droit à s'ingérer dans la manutention de mon fonds, à juger du bon ou mauvais usage, à en ordonner, à me traiter comme son fermier ; et mon titre de propriétaire est précaire désormais.

L.

« Un moment : vous avez sans doute approuvé la loi fiscale, telle que nous l'avons prononcée d'après l'ordre naturel ?

P.

« Sans doute; c'est, de tout le plan économique, ce qui me paraît le plus important et le plus nécessaire au bien général de l'humanité.

L.

« Ce plan porte néanmoins sur la copropriété souveraine du produit net.

P.

« Je l'avoue, et je vous la passe.

L.

« Toutefois cette copropriété mettrait bien aussi, selon vos terreurs, le souverain en droit de s'immiscer dans l'usage que vous faites de votre terre; car une terrasse qui ne rapporte rien, lui vaudrait deux boisseaux de blé, si elle vous en valait vingt-cinq de produit total et dix de produit net. Mais ce n'est pas ainsi qu'il faut envisager par les difficultés de détail, le plan de l'ordre qui dans son ensemble pourvoit à tout. D'abord *la propriété* y est annoncée dans toute sa pompe, dans toute sa dignité; on la voit sortant du sein de l'essence divine, revêtue d'une autorité créatrice, et faisant loi primitive, dont la sanction est confiée à la nature bienfaitrice ou vengeresse infaillible, selon que l'homme veut être obéissant ou réfractaire : la propriété inviolable de la personne amène la propriété inviolable des acquêts, et l'un et l'autre ensemble marquent du sceau de l'autorité divine la propriété foncière. enfin, dont l'immunité et l'indépendance tiennent la clef de la source des subsistances qui doivent se répandre sur la masse entière du genre humain. Au milieu, et au-dessus de toutes ces propriétés combinées et néanmoins toujours aisées à démêler, s'élève, mais seulement pour les maintenir et les défendre, la propriété souveraine, qu'en langage figuré l'on appellerait la part du ciel : c'est en effet la part de la justice. Il faut qu'elle soit dominante dans un état; par l'instruction, elle attirera et multipliera les bons; par la force, elle contiendra les méchants. Tel est l'emploi de cette part, qui solde les frais des agents de la justice dominante : ce n'est point aux hommes à la faire cette part; ce n'est point à eux à donner, à accorder; la justice a tout réglé.

P.

« Permettez que je vous arrête. Rien n'est si dangereux et si repoussant dans des temps de désordres visibles et cumulés, que ces expressions tranchantes qui éloignent de vous tous les citoyens bien intentionnés, et qui déplorent les abus et prévoient des misères plus grandes. Toutes nos nations ont subsisté et joui de l'union et de la splendeur, sous la forme de réunion nécessaire entre le prince et ses sujets; dans tous les cas majeurs, de secours demandés par les premiers, de concessions volontaires et abondantes faites par les derniers, de zèle et d'amour réciproques, résultant du rapprochement passager du prince et des sujets, zèle éteint aujourd'hui par la bassesse, la flatterie, l'orgueil, et tous les assortiments de la cupidité et de la servitude. Ce n'est point de là, ce n'est pas de ces assemblées que sont sortis l'esprit fiscal, la graine vivace des traitants, les emprunts d'état, les créations de charges, et tant d'autres scorbutiques irritants de la circulation passagère, qui ont corrompu la masse des états. Les députés des nations s'assemblaient, concouraient au but général, offraient leurs cadeaux et leurs doléances, et quant à l'objet présent, accordaient les plus fortes subventions, selon les circonstances, sans jamais stipuler pour les générations futures que l'antique et raisonnable immunité. Hélas! vous réprouvez d'un mot ces fastes honorables du concert social, vous voulez unir et........

L.

« Ne nous écartons pas des principes, je vous prie; sans cela, nous ne tenons rien. Qui vous a dit que nous réprouvions les assemblées nationales? vous aurait-on dit encore que parceque nous ne voulons que la monarchie, nous voulons que le prince lui tout seul fasse tout? Il n'en est rien, bien au contraire, tout concert entre le prince et les sujets, et tout ce qui y tend est favorable et nécessaire; mais nous prohibons aux uns et aux autres le droit de prononcer sur l'impôt, parce que ce serait leur livrer la propriété, les droits et les devoirs, tout enfin ce que Dieu s'est réservé à lui-même, et prescrit par l'ordre physique, sous peine de destruction et de mort. Je ne répondrai point à vos exemples par des exemples; nous ne finirions pas. Peut-être serait-il aisé de trouver aujourd'hui des peuples que les assemblées nationales ont conduits à l'excès du désordre, provenant de l'abus des emprunts d'état et des impositions indirectes; peut-être en est-il d'autres, que ces assemblées et leur pouvoir ont conduits à l'anarchie et au démembrement; mais encore un coup, laissons les exemples. La science de l'ordre naturel, découverte depuis peu, doit fonder et consolider des états, non pour des lustres, des olympiades et autres périodes historiques de l'oiseau sur la branche, mais pour des siècles, et jusques aux révolutions majeures du globe que nous habitons. Les monarchies d'aujourd'hui ont duré, dit-on, plusieurs siècles ; oui, les montagnes n'ont pas changé de place; mais le régime, mais le fond, mais la forme, mais les lois, mais les mœurs! L'on compterait quatorze monarchies successives, conquérantes, distinctes et séparées, en traces de sang et de feu, dans l'unité prétendue de celle qui vante le plus son antiquité. Si la vérité est une, combien de manières d'être destructives contre une bonne, supposé encore qu'on l'eût trouvée! Laissons cela; le pire des désordres sociaux, sans doute, est une soi-disant constitution d'état, où le prince croit pouvoir imposer à volonté, et mesurer la contribution de ses sujets sur ses besoins, c'est-à-dire sur ceux de tous les ravisseurs qui nécessairement l'entourent; besoins intitulés *besoins d'état :* vous ne nierez pas ce point-là, et la vérité en est palpable. Cette forme de pillage graduel, circulaire et bientôt universel, qui dévaste un empire et le réduit à la constitution des états barbaresques, est néanmoins le terme nécessaire de l'opinion pratique que le peuple peut concéder, car il s'ensuit qu'il peut refuser. S'il refuse, il faut que le souverain cède ou qu'il l'emporte; si le souverain l'emporte, le terme de ses conquêtes sera l'état dont nous parlions tout-à-l'heure; s'il cède, c'est alors le peuple ou ses représentants qui gagnent du terrain, et le propre de l'homme est de vouloir toujours gagner; on ne s'arrêtera qu'à l'anarchie, qui rentre encore dans l'état ci-dessus. Si le peuple au contraire accorde sans cesse, et n'a dans ses représentants que des organes de sa docilité, la cupidité du fisc et de ses part-prenants trouvera bientôt le bout de leur patience; car tout a son terme enfin, surtout pour qui ne connut et ne calcula jamais les barrières physiques; et ce terme en ceci, l'on sait quel il est. Notre plan, en entier conforme à celui de la nature, tend surtout à établir l'esprit de famille pour esprit national. Il est donc bien éloigné de réprouver les assemblées, soit provinciales, soit nationales, exemptes surtout de grands frais, et propres à entretenir le concours d'idées et de correspondances entre le père et les enfants; mais il prohibe à tous la juridiction de l'impôt, parce que cette question est renfermée dans la grande loi de la propriété, sortie toute faite du sein de l'Éternel, et par lui confiée à la nature. Nous soutenons la copropriété des fonds acquise de droit à la souveraineté par les raisons que je vous ai déduites ci-dessus; et nous ne la croyons nullement dangereuse, parce qu'il n'a sa part que sur le produit net, de même que le propriétaire en cette qualité n'a que le produit net. A la vérité le propriétaire a la disposition pleine et entière à lui tout seul de son champ; aussi n'avons-nous pas dit que le souverain fût copropriétaire de la juridiction des fonds, de même que le propriétaire foncier, copropriétaire comme tout autre du patrimoine public des chemins, rues, places, canaux, etc., etc., n'a nulle juridiction sur tout cela, parce que chacun a son métier et son emploi dans la société; son intérêt est le seul aiguillon dominant qui ait droit de le provoquer, et la souveraineté n'y intervient que dans le cas où la réclamation du tiers lésé requiert que l'on fasse régner justice.

P.

« Je vous entends, je vous suis, je consens même, et néanmoins je résiste : tant d'autres auront moins de docilité que moi, que je me crois en droit de vous conjurer de ne mettre point en avant des vérités si dures, jusques à ce que les esprits aient reçu celles qui les entourent et les encadrent pour ainsi dire, de manière à leur servir comme de préservatif; vous savez qu'on abuse de tout en des temps malheureux, et je crains que vous n'affaiblissiez l'idée de la propriété, en attendant l'instruction générale qui doit lui rendre toute sa force.

L.

« On peut tout craindre; aussi avons-nous observé

de ménager beaucoup cette expression, et je doute, encore une fois, que vous la trouviez exactement dans toute l'*Instruction populaire.*

P.

« Vous y dites que le *Souverain peut être propriétaire particulier de fonds comme un autre, mais que ces deux qualités n'ont rien de commun.* Je désirerais que vous eussiez touché, en passant, quelque chose d'un principe du droit public ancien, et que je crois salutaire et conforme à l'ordre naturel, à savoir que le domaine particulier du souverain doit servir à son entretien et à celui de sa famille, de manière que l'impôt provenant de la contribution du peuple soit tout entier consacré à son objet naturel, qui est l'avantage du peuple.

L.

« Et où cela nous mène-t-il, je vous prie ? Qui, selon vous, doit veiller à l'exécution de cette loi ?

P.

« Ceux que vous préposez à la sauvegarde de tous les autres; l'instruction publique, le préjugé général et bien fondé.

L.

« Ce n'est pas à moi à récuser cette sauvegarde qu'on

nous a tant reprochée, mais toute sa force consiste dans le dernier mot que vous avez dit : il faut pour que la réclamation publique ait force, qu'elle soit *bien fondée;* et celle-là ne l'est pas.

P.

« Expliquez-moi ceci, je vous prie.

L.

« Elle est dangereuse par les conséquences; un mot vous le prouvera : car si le peuple a le droit de régler l'emploi de l'impôt, le souverain aura celui de régler l'emploi des fonds, et voilà toutes les propriétés et toutes les juridictions qui vont empiétant les unes sur les autres. Arrêtez-vous un moment sur cette difficulté, considérée comme fondamentale; elle vous aidera à écarter toutes les difficultés de détail, que le souvenir, la présence et la prévoyance des abus vous offriront sans nombre. Ensuite, je suppose la chose exécutable, vous voulez donc induire le souverain à épargner sur l'impôt, pour acheter beaucoup de terres pour soutenir son faste et celui de sa famille? Qu'arrivera-t-il de là ? Ce qui arrive dans tout héritage; ou que, suivant le plan, le souverain et sa famille subdivisée acquerront toutes les terres devenues vastes et négligées, domaines de grands seigneurs; ou que, dans le sens contraire, ils le dissiperont, et arriveront de la sorte au pied du mur de la loi, forcés à l'enfreindre, ou à l'hypothèse ridicule de régner le bâton blanc à la main. Ne vaut-il pas mieux (en supposant que la chose fût à notre choix, et que l'ordre naturel des propriétés n'eût pas prononcé), que le souverain soit propriétaire absolu de sa part, comme tous les autres, et qu'il n'ait, comme tous les autres, pour mobile de sa bonne conduite, que son intérêt, devenu visible par l'instruction publique et générale?

P.

« Mais ne comptez-vous pas beaucoup trop sur la raison des princes?

L.

« Mais à défaut de cette confiance, ne compteriez-vous pas beaucoup trop sur celle des peuples?

P.

« L'une est la raison générale, l'autre une raison particulière; il n'y a pas de parité. D'ailleurs le besoin et le travail sont la véritable école des hommes.

L.

« Quant à ce qui est de la raison générale, permettez que je n'y compte qu'au moyen d'une bonne et générale instruction bien suivie. D'ailleurs ne dirait-on pas que le prince est seul? c'est l'homme du monde qui l'est le moins jusque dans sa chambre. On y flatte, il est vrai, le moindre de ses signes; mais la raison générale décide de la forme de ses propres courtisans. Au reste, il n'est point question ici de la forme constitutive du gouvernement, qui ne saurait être trop ferme, trop stable, et composée de manière à exciter l'émulation, et surtout de l'instruction. Le besoin et le travail du peuple, et celui du souverain, ne sont pas les mêmes, sans doute; mais le dernier est le plus fort et le plus pénible; et le besoin et le travail respectifs, par le moyen de l'instruction, apprendront à s'entre-chérir et respecter l'un l'autre; ce sera le terme, mais il faut commencer.

P.

« Et cette instruction confiée au prince, sera dépravée sous un prince dépravé, sera négligée sous un prince négligent.

L.

« Dépravée, non; cela ne peut être : la vertu attire et saisit au premier aspect l'homme même qui n'y mord pas, mais il n'en est pas de même du vice; il a besoin de tous ses assortiments et de l'irritation de nos appétits désordonnés pour entraîner l'homme. Le mensonge, l'ingratitude et l'injustice ne prennent point, par l'instruction, l'homme surtout qui reçut de bons principes. Quant à ce qui est de négligée, ce qui par degrés la conduirait à dégénérer et à pervertir, j'avoue que la chose est possible, et qu'elle doit même arriver plus ou moins : la société pour lors dépérira. Nous n'avons pas prétendu atteindre au point de la perfection dans les choses humaines; ce serait folie et orgueil. Alors donc, l'on tentera à se redresser; je crois que nous en aurions besoin aujourd'hui. Daignez reprendre notre instruction en entier, voir d'où nous partons, voir où elle nous mènerait, et chercher à y adjoindre seulement ce que peuvent indiquer de mieux, toujours sur la voie de l'ordre naturel, des hommes politiques et soumis en tout aux volontés de la Providence.

FIN.

TABLE DES MATIÈRES
CONTENUES DANS CE VOLUME.

B.

	PAGES.
Bussy Rabutin. — Ses ouvrages, ses chansons, son arrestation, et sa détention à la Bastille...........................de	99 à 101
1re lettre à Colbert...............de	102 à 103
Louis XIV permet à Bussy d'aller habiter chez son médecin.....................	105
2e lettre à Colbert..................	107
3e lettre à Colbert..................	108
Bussy revient à la cour. Le froid accueil qu'il y reçoit, le détermine à se retirer. — Sa mort............................	109

C.

Cahusac............................... 130

F.

Fréron. — Sa liaison avec l'abbé Laporte, etc.. 142

G.

	PAGES.
GROUBENTALL DE LINIÈRE..................	3
Son arrestation...................	6
Démarches du père de Groubentall, pour obtenir la liberté de son fils............	23
Liberté rendue au prisonnier..........	29
Lettre à l'abbé Du Laurens, sous le nom d'abbé de *Saint-Albin*................	31

L.

LA BEAUME (madame la marquise de).......	
Elle copie le manuscrit de l'*Histoire amoureuse des Gaules*, falsifie l'ouvrage, et le fait parvenir au Roi................de	99 à 100
LALLY (de).......................de	235 à 236
1re lettre au comte de Saint-Florentin...	237
2e lettre, au même................	239
LAPORTE (l'abbé). — Sa naissance et ses débuts dans la carrière des lettres.............	139
Son exil de Paris.................	140
Détention à la Bastille. — Liberté rendue au prisonnier......................	141
Sa liaison, et sa satire contre Fréron...	142
Ses compilations et ses ouvrages.....de	143 à 145
Sa recette pour son *Traité pratique de la cuisine*............................	146
Sa maison et sa mort............de	146 à 147
LATUDE (de).....................de	147 à 154
1re lettre à M. de Saint-Florentin......	154
Lettre au major de la Bastille.........	156

TABLE DES MATIÈRES.

PAGES.

1re lettre à M. de Sartine.............	157
2e lettre à M. de Saint-Florentin......	162
1re lettre à madame de Pompadour.....	168
2e lettre à M. de Sartine.............	169
1er mémoire au Roi..................	171
Plan d'observation..................	179
2e lettre à madame de Pompadour.....	180
Lettre à M. Quéné, médecin du Roi....	182
3e lettre à madame de Pompadour.....	183
2e mémoire au Roi..................	191
4e lettre à madame de Pompadour.....	196
3e lettre à M. de Sartine............	207
4e lettre au même...................	210
5e lettre au même...................	213

LAURENS (l'abbé du). — Son éducation. — Ses premiers ouvrages, et son départ pour la Hollande.......................de 2 à 4
   Son arrestation, et sa mort.......... 36

LE MAISTRE DE SACY. — Sa naissance et son éducation. — Persécution qu'il éprouve. — Son arrestation et sa détention à la Bastille.........................de 111 à 112
   Ses occupations dans la prison........ 115
   Liberté rendue au prisonnier........de 115 à 116
   Trait d'humanité. — Sa retraite et sa mort.........................de 116 à 117

LUBERT (le Président).................. 136

M.

MAILLI (madame de). — Sa réponse à un impertinent................................. 134

	PAGES.
MIRABEAU (le marquis de). — Ses ouvrages...	119
Ordre pour le conduire à Vincennes. — Erreur des historiens à ce sujet..........	120
Liberté rendue au prisonnier..........	121
Ouvrage composé dans la prison.......	122
Sa conduite envers son épouse........	123
Manuscrit de Mirabeau.............	265
MONCRIF. — Bastonnade donnée au poète Roy.	136

P.

PRIEUR (l'abbé).......................	37
Sa naissance......................	39
1re lettre à M. Coger...............	42
2e lettre au même.................	43
1re lettre à Helvétius...............	45
2e lettre au même.................	48
Lettre à l'abbé de Lubersac...........	52
Lettre au roi de Prusse..............	53
Arrestation de l'abbé Prieur..........	55
Son interrogatoire..................	56
Leçon de langue française donnée au lieutenant de Police....................	59
1re lettre au lieutenant de Police.......	60
Lettre supposée à un frère, dans laquelle le prisonnier exhale les sentiments d'horreur et d'indignation qu'il éprouve........de	63 à 69
Mort du prisonnier.................	73

R.

REGISTRE. — Recueil inédit, contenant plus de

TABLE DES MATIÈRES.

	PAGES.
300 prisonniers au donjon de Vincennes, et dont aucun historien n'a parlé........de	247 à 264
ROUGEMONT. — Gouverneur du château de Vincennes............................	
Sa dureté envers l'abbé Prieur........	
1re lettre au lieutenant de Police......	61
2e lettre.......................de	69 à 70
ROY (le poète). — Erreur des historiens sur la naissance de Roy.....................	125
Son mariage..................de	125 à 126
Sa détention à la Bastille.............	126
Vers sur ses ouvrages............de	227 à 229
Satire contre les Académiciens.........	130
Détention à Saint-Lazare.............	131
Vers contre Voltaire.................	132
Vers sur la convalescence de Louis XV..	133
Bastonnade donnée au Poète.........	136
Sa présence d'esprit................	136
Sa querelle avec un cocher, et sa mort.	138
ROZOI (de). — Sa naissance. — Ses premiers ouvrages, et sa détention au Fort-l'Évêque.	75
Sa sortie de prison, et ses nouvelles compositions......................de	76 à 77
Nouvelle arrestation. — Détention à la Bastille........................de	83 à 84
Lettre au ministre...............de	84 à 88
Lettre à madame de Reich.........de	89 à 92
Liberté rendue au prisonnier.........	93
Ses nouveaux travaux. — Son dévouement, et sa mort héroïque...........de	93 à 96

S.

	PAGES.
Scudéry (mademoiselle de). — Son jugement sur mademoiselle de Bussy-Rabutin......	110
Supplément............................	97

V.

Voltaire. — Ses mots et ses vers contre le poète Roy........................	
Ses vers à l'occasion de ceux qu'on fit sur la convalescence de Louis XV.......	133

FIN DE LA TABLE.

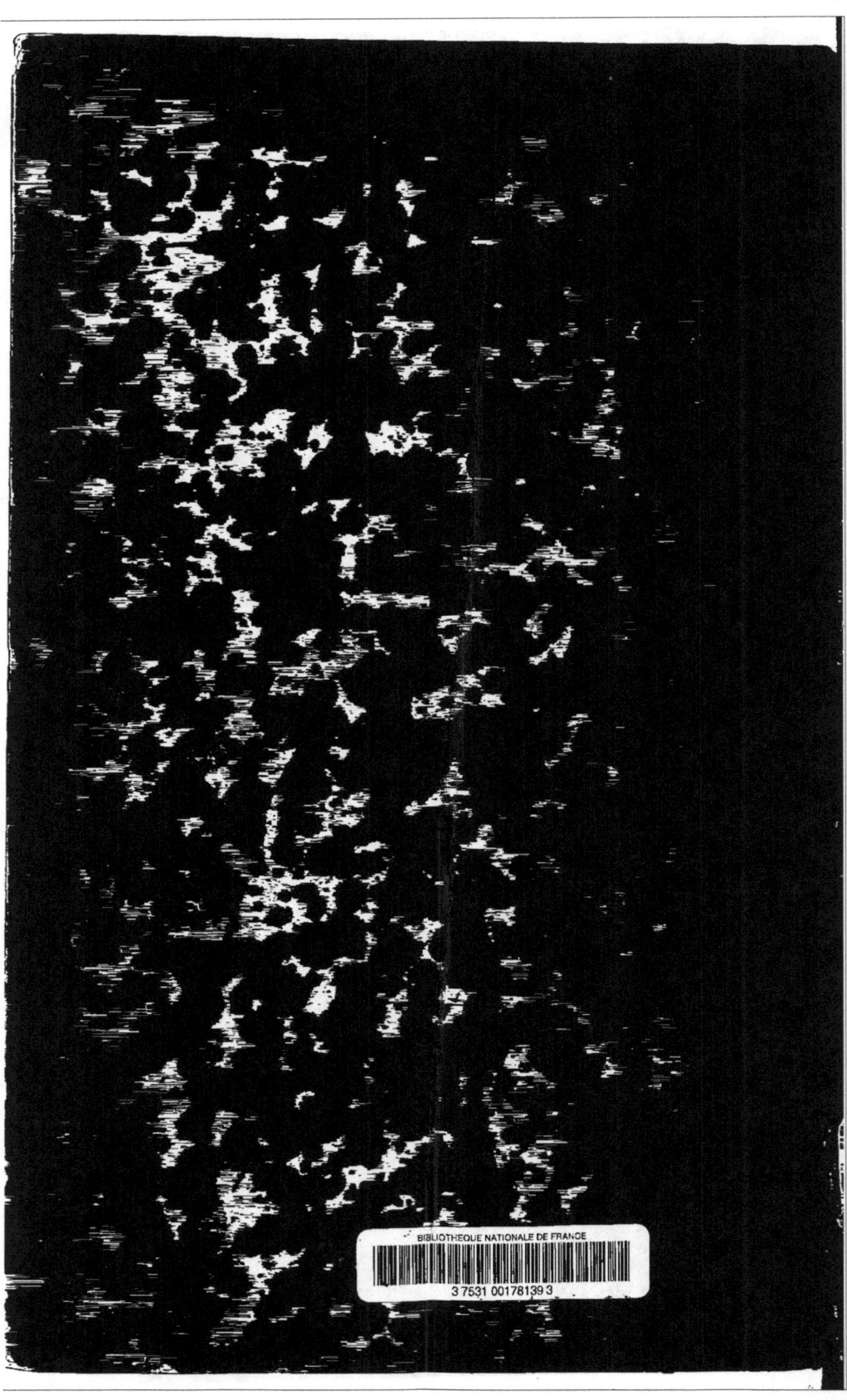

www.ingramcontent.com/pod-product-compliance
Lightning Source LLC
Chambersburg PA
CBHW072018150426
43194CB00008B/1156